파워 컬처 시크릿:
초일류기업의 DNA

| 일러두기 |

단행본이나 책자 제목은 겹낫표(『 』)로, 잡지나 보고서 제목은 홑낫표(「 」)로, 다큐멘터리나 영화 제목은 홑화살괄호(〈 〉)로 표기했습니다.

파워 컬처 시크릿

유만석 지음

초일류기업의 DNA

가디언

프롤로그

최고의 기업을 만드는 문화의 힘

 일류국가와 선진기업의 본질은 무엇일까? 높은 국민소득, 발전된 경제, 탄탄한 인프라, 정치적 안정 같은 요소를 떠올리게 된다. 그러나 우리는 백범 김구 선생이 주창하신 '문화국가론'에서 그 핵심적인 통찰을 얻을 수 있다. 김구 선생은 단순히 영토의 독립을 넘어, 정신적 가치와 문화를 중심으로 세계 평화에 기여하는 '문화 선진국'을 지향했다. 오늘날 대한민국이 선진국 대열에 합류할 수 있었던 것은 비단 경제규모의 성장뿐만 아니라, K-컬처로 대표되는 강력한 문화적 영향력이 결정적인 역할을 했음을 부인할 수 없다. 진정한 선진국은 인류 보편적 가치를 지향하며 강하고 우수한 문화를 지닌 나라라고 할 수 있다.

그렇다면 일류기업의 특징은 무엇일까? 뛰어난 전략, 탁월한 경영성과, 그리고 지속적인 성장을 들 수 있을 것이다. 기업의 평균수명이 30년이 되지 않고 더욱 짧아지는 오늘날, 위기를 극복하고 끊임없이 변화하며 성장하는 기업들은 늘 주목받는다. 마이크로소프트, IBM, GE와 같은 전통적인 기업들의 성공비결에는 탁월한 전략과 더불어 우수한 기업문화가 필수적으로 언급된다. 아마존, 구글, 메타, 넷플릭스 등 글로벌 IT기업들의 성공신화 역시 그들만의 독특한 문화 없이는 설명하기 어렵다.

국내기업들은 어떠할까? 오랜 역사를 지닌 대기업이나 성공 신화를 쓴 IT·벤처 기업들의 경우, 문화의 중요성이 종종 간과되는 경향이 있다. 그러나 수많은 위기와 경제 불황 속에서도 꾸준히 성장해 온 기업들의 이면에는 문화적 관점에서 주목할 만한 노력과 힘이 숨겨져 있다.

SK의 '따로 또 같이' 경영과 SKMS

SK는 이러한 문화의 힘을 보여주는 대표적인 사례다. 1953년 전쟁의 폐허 속에서 창업하여 석유에서 섬유에 이르는 수직 계열화를 완성했고, 현재는 첨단소재, 바이오, 그린, 디지털을 아우르는 비즈니스 포트폴리오를 구축하며 미래를 선도하고 있다. 유공(現 SK이노베이션), 한국이동통신(現 SK텔레콤), 하이닉스 등 굵직한 인수합병을 통해 중요한 고비마다 큰 도약을 이루어 왔다. 일반적으로 M&A 성공률이 20~30% 이하로 지극히 낮다는 전문가들의 주장을 고려하면, 지속적인 성장은 단순한 인수합병의 성공을 넘어선 남다른 숨겨진 노력의 결과라고 할 수 있다.

물론 최고 경영층의 미래를 내다보는 혜안, 탁월한 전략, 그리고 과감한 의사결정은 중요하다. 하지만 이와 더불어 기업문화라는 소프트웨어에 기울인 남다른 노력과 정성은 의외로 간과되는 경우가 많다. 저마다 업종과 성장과정이 다른 기업들은 시스템을 포함한 문화가 다를 수밖에 없으며, 특히 규모가 크고 역사가 오래된 기업은 더욱 강한 특성을 지닌다. 하지만 SK를 구성하는 회사들은 업종과 역사의 차이에도 불구하고 일체감과 동질성을 유지하면서 각자의 특성 또한 존중된다. 이는 그 저변에 깔린 보이지 않는 힘, 즉 '문화의 힘' 때문이다.

SK에는 1979년 최초 정립되어 50년 가까이 경영활동과 기업문화의 토대가 되고 있는 성문화된 경영철학이자 실행원리인 SKMS(SK Management System)가 있다. 경영환경 변화에 따라 14번의 개정을 거치며 진화·발전해 왔으며, 최고 경영층뿐만 아니라 모든 구성원이 직간접적으로 참여하며 경영활동의 '당연한 원칙'으로 자리 잡았다.

SKMS에서 그룹의 개념은 "스스로의 필요와 판단에 따라 SKMS를 근간으로 경영철학을 공유하고, 경영활동에 상호 협력하기로 합의한 회사들로 구성된다"고 명시되어 있다. 이는 단순한 지분관계를 넘어 경영의 영역별로 자율적인 판단에 따라 상호협력을 추구한다는 의미이다. 경영철학을 토대로 시스템과 인프라를 함께 발전시켜 나가면서 문화의 동질성을 유지하며, 각 회사는 이사회를 중심으로 자율 책임경영을 실천한다. 기업문화와 브랜드를 공유하면서도 각 회사의 경영은 독립적으로 이루어지는 이른바 '따로 또 같이' 경영이다. 상호협력을 위해 그룹 협의기구인 'SUPEX추구협의회'에 각 회사가 멤버로 참여하며, 산하에는 전문 영역별 위원회가 구성되어 인재육성, 사회적 가치, 거버넌스 등 문화적 시너지를 창출하는 영역도 포괄한다. SUPEX추구협의회를 통해 논의된 내용은 각 회사의 이사회를 통해 의사결정되고 실행된다. 이것이 SK가 계열 회사가 아닌 '멤버사'라는 용어를 사용하는 이유이며, 뒤에 살펴볼 구성원의 개념과 동일하게 주체로서 스스로의 선택을 강조하는 철학적 배경을 가진 것이다.

M&A성공의 핵심, 문화 융합

기업 인수합병 시 가장 중요한 우선순위는 문화와 시스템의 조화와 융합이다. SK는 SKMS 확산과 공감대 형성에 상당한 기간 동안 정성과 노력을 기울인다. 단순히 경영철학 공유를 넘어 경영 시스템과 인프라를 상호학습하고 발전시켜 나간다. 인수대상 기업이 가진 기존 시스템과 문화의 장점은 최대한 유지하면서도, 나아가 이를 다른 회사에도 확산·적용한다.

과거 유공 인수 당시, 소수의 경영자들이 SKMS를 바탕으로 인수 후 활동에 참여했고, 이는 유공이 SK로 융합하는 데 결정적인 기여를 했다고 평가된다. 당시 유공이 미국 메이저 기업인 걸프(Gulf)의 경영 시스템을 갖추고 있었음에도 SKMS가 가진 힘이 강력한 영향력을 발휘한 것이다. 한국이동통신(SK텔레콤)과 하이닉스 인수 시에도 동일한 방식이 적용되었다. SK텔레콤과 하이닉스가 단순히 브랜드뿐만 아니라 경영철학을 함께하기에 같은 SK라 할 수 있다.

특히 SK 하이닉스는 현대전자에서 출발하여 LG반도체를 인수했고, 이후 SK가 경영에 참여했으며, 성장과정에서 다양한 글로벌 기업 리더들이 영입되는 등 마치 용광로(melting pot)와 같은 다양한 역사와 문화적 배경을 지닌다. 그럼에도 하이닉스의 경영철학과 조직문화는 SK로서의 일체성을 공유한다. 이는 인수합병의 경우뿐만 아니라 모든 멤버사에서 경영철학 공유와 실천을 위한 고민과 논의가 일상적인 경영활동의 일부가 되어 있기 때문이다. 거의 모든 회의, 워크숍, 교육 등에서 빠지지 않는 핵심주제다.

물론 각 멤버사는 업종, 성장과정, 그리고 업무방식의 차이로 고유한 문화를 가지고 있다. 예를 들어 하이닉스, 텔레콤, 이노베이션은 저마다 독특한 조직문화를 지닌다. 이는 당연하고 바람직한 현상이다. 그러나 더욱 중요한 것은 기업문화의 동질성을 더 큰 차원에서 공유하고 유지하고 있다는 점이다. 문화에 대한 상호 학습과 발전이 쉽고 빠르게 이루어질 수 있으며, 그것이 곧 경쟁력의 원천이 된다. 한마디로 SK는 '문화에 의한 경영'을 추구한다.

지금까지 살펴본 사례들은 국가나 기업이 일류가 되기 위해서는 문화가 가진 힘을 얼마나 중요시해야 하는지를 명확히 보여준다. 그렇다면 문화란 무엇이며, 어떻게 이해해야 할까? 일류기업이 가진 문화는 무엇이 다를까? 강하고 우수한 문화는 어떻게 만들어나가야 할까? 이 책을 통해 이러한 질문들에 대한 해답을 하나씩 논의해 나갈 것이다.

문화: 조직의 본질이자 보이지 않는 힘

사회적 동물인 인간은 국가를 비롯한 다양한 형태의 조직을 만들었고, 그중 하나로 기업도 만들었다. 인간의 가장 위대한 발명품은 조직이라고 한다. 인간이 만물의 영장이 될 수 있었던 것은 조직의 역량을 활용했기 때문이다. 조직의 역량은 곧 문화를 말한다. 사람이 문화를 만들고 문화가 사람을 숨 쉬게 한다. 일하는 방식과 의사결정 기준, 가치관 등을 만들고 진화·발전시켜 온 것이다. 문화는 인간 역사를 통해 막강한 힘을 증명해 왔다. 그럼에도 우리는 평소에 문화를 크게 의식하지 않고 살아간다.

이는 아마 문화가 공기처럼 존재하기 때문일 것이다. 공기는 생명유지를 위해 반드시 필요하지만 평소에 잘 의식하지 못한다. 그러나 공기에 변화가 생기면 빠르게 인지하게 되고, 특히 공기 질이 나빠지면 바로 중요성을 느낄 수 있다. 반대로 상쾌하고 기분 좋아지는 바람도 있다. 문화도 이와 같다. 문화는 우리를 둘러싸고 있는 환경이자 살아갈 수 있는 조건이다. 조직에서 일을 하는 사람은 대부분의 시간을 조직에서 보낸다. 문화를 항상 경험하고 더불어 생활하고 있다. 누구나 문화가 중요하다고 말한다. 그래서 문화에 대해 잘 안다고 생각하지만 사실은 깊게 관심을 갖기 쉽지 않다. 늘 우리와 함께 숨 쉬고 있기 때문에 역설적으로 잘 의식하지 못하는 것이다. 느끼고 경험하는 것과 아는 것은 다를 수 있다.

대부분 사람과 관련된 것들은 눈에 잘 보이지 않고 그 효과나 영향도 시스템적이다. 역학관계가 복잡하여 원인과 결과를 쉽게 파악하기 어렵다. 한참 뒤에 밝혀지는 경우가 많고 원인이 무엇인지 명확하지 않은 때도 많다. 공기가 탁하면 공기 청정기와 마스크가 필요하다고 생각하는 것은 당연하다. 그러나 근본 원인을 입체적으로 생각해 보면, 이것보다 더 나은 대책을 강구하고 실천하는 것이 용이할 것이다. 누군가 물을 발견한 존재가 있다면 그것은 물고기는 아닐 것이라는 중국 속담이 있다. 사람은 스스로를 객관적으로 조망하려는 노력을 한다. 그것이 발전의 원동력이다.

높은 성과를 내기 위해서는 환경을 예리하게 통찰하고 기회를 포착하며 필요한 역량을 갖추는 노력이 필요하다. 정신없을 정도로 변화가 빠른 세상에서는 더욱 도전적인 능력이다. 어려운 환경일수록 세상을 읽어내는 통찰력과 민첩한 전략이 필요하다. 이는 똑똑한 기업의 필요조건이다. 동시에 강하고 빠른 실행력과 응집력이 필요하다. 민첩하고 실행력이 강한 조직은 구성원이 자발적이고 의욕적일 때 가능하다. 이러한 기업이 좋은 문화를 가진 행복한 기업이다. 행복한 사람은 창의적이고 개방적이며 스스로 동기 부여된다. 결국 똑똑하면서 행복한 기업을 만들어야 한다. 이 둘을 잇는 접착제는 리더십이며, 여기에 기업문화에 대한 지혜를 필요로 한다.

기업문화에 관심과 노력을 기울이지 않으면 전략이 아무리 훌륭해도 언젠가는 발목을 잡힐 수 있다. 경영학자 피터 드러커(Peter Drucker)는 "문화는 전략을 아침 식사로 먹어 치울 수 있다(Culture eats strategy for breakfast)"고 했다. 문화가 좋은 전략을 만드는 데 기여한다는 사실이 믿기 어려울 수 있다. 그러나 문화가 뒷받침되지 않으면 아무리 전략이 좋아도 실행력이 떨어지고 원하는 성과를 얻는 것이 어려울 수 있다. 인텔의 창업자 앤디 그로브(Andy Grove)도 "경영은 궁극적으로 실행을 통해서 성과를 만들어내기 위한 활동이다(Management is an activity to produce results through practice)"라고 말했다. 실행력의 요체가 바로 기업문화인 것이다. 좋은 기업문화는 열정과 응집력을 가져온다

지혜로운 리더십과 문화지능

구성원들이 행복하고 성취감과 성장감을 느끼는 문화가 열정과 응집력의 원천이 된다. 좋은 나라, 선진문화에 살면 개인의 노력과 재능에 따라 성공할 가능성이 높아진다. 일한 만큼 대우와 보상을 받을 가능성도 높아진다. 단순히 안전만 보장받는 경찰국가를 선진국이라고 하지

않는다. 인프라가 훌륭하고 천연자원이 풍부해도 선진국이 되는 조건으로 충분하지 않다. 좋은 문화는 하드웨어만이 아니라 소프트웨어가 좋아야 한다. 좋은 소프트웨어는 사람을 중심으로 이루어진다. 어떤 관점과 노력이 필요할까?

문화는 빙산이나 양파처럼 겉으로 보이는 것이 전부가 아니다. 자세히 들여다봐야 비로소 보이는 것이다. 학습이나 연구를 하지 않고 체험만 하면서 이해하려면 상당한 시간이 걸리는 것은 물론이고 파편적이고 잘못될 가능성이 크다. 전체적인 그림보다 당장 눈에 들어오는 것들에 신경을 쓰기 쉽다. 추측은 하겠지만 맞는지 확신은 없다. 무언가 잘못되고 일이 터지면 그때 가서야 문화가 문제라고 말한다. 문화는 원인이 모호할 때 탓하기 위한 대상이 아니다.

문화는 조직을 움직이는 힘이다. 좋은 문화를 가진 조직이 강하다. 국가든, 가정이든, 기업이든 조직이라면 모두 해당된다. 가장 높은 수준의 경영은 경영철학과 신념을 토대로 하는 문화에 의한 경영이다. 강하게 공유된 철학과 신념은 사람들이 같은 곳을 바라보고 힘을 모을 수 있게 하는 방향타와 같다. 조직 구성원이라면 누구나 문화를 이해할 필요가 있다. 특히 경영자와 리더는 일하는 방식과 의사결정에 더 큰 영향력을 가지고 있다. 좋은 문화를 만들기 위해 더 고민하고 노력해야 한다. 리더십 자체에만 관심을 기울여서는 한계가 있다. 동일한 리더십 이론과 기법도 환경과 맥락을 이해하면 효과와 시너지가 더 커진다. 아는 것이 힘이고, 지혜는 아는 것에서 나온다. 리더의 실력은 곧 지혜로움이다. 지혜로움은 어느 날 갑자기 득도하듯 생기는 것이 아니다. 위대한 리더십 사례를 많이 듣고, 다양한 리더십을 학습하면 도움은 되겠지만 핵심적인 요소가 빠져 있다.

리더십에 대한 이론과 방법론들은 흔히 리더의 개인적인 스킬과 자질에 초점을 두는 경향이 있다. 하지만 구성원은 모두 다르고, 개인의 특성과 조건에 따라 리더십을 달리 발휘할 필요가 있다. 동시에 개인들이 모인 조직은 상호작용을 통해 새로운 역학관계가 만들어진다. 리더는 개인과 조직을 통해 성과를 창출한다. 리더십은 개개인이 모여 다양하면서도 공통적인 목적과 특성을 갖는 집단을 대상으로 하는 경우가 훨씬 많고 중요하다. 리더는 개인에 대한 이해와 더불어 조직을 이해해야 한다. 두 가지 모두 중요하게 인식되어야 한다. 그럼에도 조직 차원은 간과하거나 혹은 이미 알고 있다고 가정하고 리더십을 다루는 경우가 많다. 리더십 스킬 개발도 중요하지만 지혜로운 리더가 되려면 그 토대가 되는 기업문화를 알아야 한다. 제대로 된 이해가 부족하거나 평면적이면 위험하다. 바탕과 기초가 튼튼하지 않으면 사상누각(砂上樓閣)이 된다.

출발은 기업문화를 입체적이고 다이내믹한 관점에서 보는 것이다. 기업문화는 지혜로운 리더십의 필요조건이고 리더십의 수준을 한 단계 높이는 충분조건이다. 그것이 문화에 대한 지능(Cultural Intelligence)이다.[1]

---

[1] 문화 지능은 이문화에 효과적으로 대처할 수 있는 능력을 말한다. 그러나 여기서는 기업 문화에 대한 지식과 이해의 의미로 사용했다. 기업문화는 조직문화와 같은 개념으로 혼용하여 사용한다.

이 책을 읽는 방법

이 책은 기업문화를 이해하고 실제 경영에 적용하는 데 필요한 모든 것을 담고 있다. 크게 세 가지 부분으로 구성되어 있으며, 기업문화가 왜 중요한지, 어떤 요소들로 이루어져 있는지, 그리고 어떻게 구축하고 관리해야 하는지를 다룬다. 물론 순서대로 읽는 것이 가장 좋지만, 필요에 따라 관심 있는 주제부터 읽어도 무방하다.

Part 1은 기업문화의 중요성과 훌륭한 기업문화가 갖춰야 할 조건에 대해 설명한다. 동시에 기업문화가 경쟁력과 성과에 핵심적인 주제로 부상한 역사적 배경을 짚어본다. 특히 SK의 경영철학이 어떻게 발전해 왔는지 구체적인 사례를 통해 이해를 돕고자 한다.

Chapter 1에서는 기업문화에 대한 본격적인 논의에 앞서, 기업경영과 문화의 관계에 대한 질문을 던지는 차원에서 몇 가지 사례를 살펴본다. 단순히 효율성을 넘어 시스템 경영, 그리고 궁극적으로 문화에 의한 경영의 중요성을 강조한다. 이 관점은 책 전체를 관통하는 핵심문제 제기이며, 중요성 때문에 일부 내용이 반복될 수도 있음을 미리 알려둔다.

Chapter 2에서는 좋은 기업문화의 조건으로 리더와 구성원 모두가 남다른 철학과 신념을 가지고 있어야 함을 논의한다. 구성원의 주체성과 스스로의 행복추구를 전제로, CEO부터 리더와 구성원이 각각 어떤 역할을 해야 하는지 생각해 본다.

Chapter 3에서는 기업문화가 경영의 주제로 떠오른 역사적 과정을 살펴본다. 역사는 현재를 이해하는 중요한 틀을 제공하기 때문이다.

Chapter 4에서는 살아있는 유기체이자 시스템으로서 기업문화와 경영철학의 진화·발전에 대해 논의한다. 특히 SKMS라는 성문화된 경영철학이 어떻게 정립되고 발전해 왔는지 살펴보고 그 시사점을 다룬다. 최소한의 약속인 경영철학과 신념에 기반한 실천이 곧 문화에 의한 경영을 의미하며 문화의 수준을 결정한다는 점을 강조한다.

Part 2는 기업문화를 체계적으로 이해하는 데 필요한 개념과 구성요소를 설명한다. 어떤 대상을 깊이 있게 이해하려면, 그 대상의 정의나 개념을 바탕으로 구성요소와 그 기능들을 파악해야 한다.

Chapter 5에서는 기업문화의 개념을 설명하고, 구성요소를 입체적인 관점에서 이해하는 틀을 제시한다.

Chapter 6부터 Chapter 8까지는 기업문화의 세 가지 핵심구성 요소인 기업관, 추구가치, 환경조성을 순차적으로 다룬다.

기업관은 기업경영의 목적이자 지향점으로, 가장 중요한 경영철학이라 할 수 있다. 추구가치는 기업관을 구현하기 위한 원칙이자 행동기준으로, 환경조성의 길잡이가 된다. 환경조성은 기업문화가 실제로 구현된 모습이자 해야 할 일들을 의미한다. 환경조성은 제도와 시스템인 하드웨어와 사람과 직접 관련된 소프트웨어로 구분된다. 다양한 구성요소 중 가장 영향력이 큰 소통, 리더십, 평가와 보상을 중점적으로 다룬다.

Part 3는 기업문화 구축과 관리를 위한 실질적인 방법론을 제시한다. 앞서 다룬 환경조성 요소인 소통, 리더십, 평가와 보상과 관련하여 실천 방법과 주요 이슈를 논의한다. 이어서 기업문화 변화관리를 위한 프로세스와 방법론을 경영철학 개정 사례를 통해 설명한다.

Chapter 9에서는 소통을 주제로, 전사소통 프로그램과 함께 조직 및 구성원 개개인에 대한 리더십이 상호 보완적으로 필요하다는 관점에서 1 on 1과 조직 활성화 미팅을 다룬다.

Chapter 10에서는 조직문화의 수호자로서 리더의 요건과 자기성찰을 중심으로 논의한다. 리더는 문화의 접착제이자 문화를 만드는 데 가장 결정적인 역할을 한다.

Chapter 11에서는 기업문화에서 가장 큰 영향력을 가진 제도인 평가와 보상을 다룬다. 평가와 보상이 가진 이슈와 바람직한 방향을 제안한다.

Chapter 12에서는 기업문화 변화를 추진하기 위한 방법론을 제시한다. 한편으로는 Chapter 4에서 다룬 경영철학 정립과 개정에 대한 실제 경험을 설명한 것이기도 하다. 문화는 자연스럽게 만들어지기보다 의도적인 변화를 통해 진화·발전한다는 관점에서 변화 추진 단계별로 설명했다. 특히 구성원의 공감과 참여를 이끌어내는 것이 가장 중요한 핵심 성공요소임을 강조한다.

마지막으로, 우리가 하루의 대부분을 보내는 '일'이 가진 이중적 속성을 살펴보고, '스스로'와 '자발성'이 행복하고 훌륭한 조직문화의 조건임을 다시 강조하며 마무리한다.

이 책을 통해 기업문화에 대한 좀 더 깊이 있는 이해를 바탕으로 기존과는 다른 관점에서 조직과 리더십을 바라보는 기회가 되기를 바란다. 이를 통해 조직에서 일하는 사람이라면 누구나 행복한 삶을 생각하는 계기가 되고, 리더의 위치에 있는 사람에게는 훌륭한 리더십을 발휘하는 기반이 되기를 희망한다.

책이 나오기까지 많은 분들의 도움이 있었다. 배움과 성장의 터전이 되어 준 SK, 책의 저술에 도움을 주신 SK아카데미 임규남 원장님과 이정권 팀장님, 부족한 초고를 다듬어 주신 위즈덤랩 이채우 대표님, 그리고 정성껏 편집해 주신 가디언 신민식 대표님과 출판사 여러분께 진심으로 감사를 드린다. 마지막으로 언제나 곁에서 따뜻한 마음과 힘을 주는 아내 노정실과 아들 유기현에게 깊은 고마움과 사랑을 전한다.

2025년 9월
유만석

차 례

프롤로그   최고의 기업을 만드는 문화의 힘   4

PART 1.
왜 기업문화가 생존과 성장의 핵심인가?

Chapter 1. 기업을 살리는 문화 경영
1. 人治, 시스템 경영, 문화에 의한 경영   25
2. 흔들리지 않는 기업의 나침반: 미션, 비전, 핵심가치   32
3. 복잡성을 넘어 본질을 추구하라   36
4. 산업보안 사례에서 배우는 교훈   40

Chapter 2. 탁월한 기업문화, 그 필수조건들
1. 기업경영의 주체로서 구성원   45
2. 구성원의 행복이 기업의 성장으로   47
3. 사람의 가능성과 잠재력을 믿는 문화   49
4. 리더부터 신입까지, 문화의 공동 창조자들   53

Chapter 3. 기업문화, 시대와 함께 진화하다

1. 기업문화: 인류학에서 경영학으로   59
2. 과학적 관리에서 인간 중심으로   60
3. 글로벌 경쟁과 기업문화의 부상   62
4. 한국 기업문화의 발전과 SK의 선도적 노력   67

Chapter 4. 살아 있는 유기체로서 기업문화

1. SKMS, 살아 있는 경영철학의 진화   71
2. 기업문화는 강력한 시스템   77
3. 당연함이 만드는 강력한 힘   79

PART 2.
기업문화, 그 본질을 해부하다

Chapter 5. 혁신과 성장을 이끄는 기업문화의 비밀

1. 문화는 인간이 가진 문제를 해결하는 방식   85
2. 기업이 가진 문제를 해결하는 방식, 기업문화   90
3. 기업문화를 구성하는 세 가지 핵심요소   97
3. 기업문화를 이해하는 새로운 프레임워크   104

Chapter 6. 기업관(Why), 우리는 왜 이 일을 하는가?

1. 기업관의 개념: 기업의 철학을 세우다   109
2. 기업과 나: 함께 성장하는 동반자 관계   111
3. 세 마리 토끼를 잡는 경영: 경제, 사회, 그리고 행복   116
4. 핵심 이해관계자를 파악하라   121

Chapter 7. 추구가치(How), 우리가 일하는 방식

1. 추구가치, 가치를 행동으로, 행동을 문화로   127
2. SKMS를 통해 배우는 가치 경영의 실제   138
3. 핵심가치, 몇 개가 적절할까?   147

Chapter 8. 기업문화 환경조성, 최적의 문화를 구축하다

1. 기업문화 환경조성의 의미와 중요성   151
2. 리더는 문화의 접착제: 조직을 하나로 묶는 힘   156
3. 행복하게 일하는 조직을 만드는 환경의 조건   158

PART 3.

기업문화 구축, 실행의 기술

Chapter 9. 소통 프로그램: 전사 소통부터 1 on 1, 조직 활성화까지

1. 전사적 소통, 막힘 없는 연결   167
2. 리더십의 두 바퀴: 개인과 조직을 동시에 성장시키는 전략   179
3. 1 on 1: 진정한 관계를 위한 시간   183
4. 조직 활성화 미팅: 시너지를 폭발시키는 힘   189

Chapter 10. 영향력 있는 리더가 문화를 만든다

1. 리더의 성공 방정식: 동기 × 역량 × 가치관   202
2. 리더십 자기 성찰: 진정한 리더로 거듭나는 길   211
3. 리더십의 함정: 실패를 부르는 요인들   214

Chapter 11. 평가와 보상: 문화가 심어지는 하드웨어

1. 평가는 성장이다, 성과관리의 본질   223
2. 보상: 직무와 사람의 균형   232
3. 성과급: 제도를 넘어 수용과 공감으로   237

Chapter 12. 기업문화 변화 추진: 지속 가능한 혁신을 향하여

1. 저항을 넘어 성공으로   249
2. 성공적인 문화 변화를 위한 단계별 실천 가이드   255

에필로그   스스로의 선택, 자율과 성과를 아우르는 문화   266

참고자료   275

PART 1

왜 기업문화가
생존과 성장의 핵심인가?

Chapter 1

기업을 살리는 문화 경영

문화는 기업이 가진 경쟁력과 힘의 원천이다. 그러나 잘못된 방식으로 어설프게 접근하면 장기적으로 기업을 망칠 수도 있다. 사소한 것들을 간과하기 쉽고 시간이 지나면 쉽게 노출된다. 기업경영에서 문화가 갖는 의미와 중요성을 사례와 질문을 중심으로 살펴본다.

1. 人治, 시스템 경영, 문화에 의한 경영

A사 마케팅 전략담당 임원이 최근 바뀌었다. 경쟁회사인 B사에서 영입한 임원으로 기술 전문성과 시장에 대한 이해가 높다는 평판이 있는 사람이다. A사는 지난 1년간 신제품 연구개발에 성공하여 양산을 앞두고 있다. 계획보다 다소 늦어지고 있지만 경쟁사보다 빠른 시장진출과 새로운 고객층 확보를 위해 노력하고 있다. 새로 부임한 임원은 변화를 시도한다. 과제와 직접 관련된 것이 아닌 행사나 프로그램 등은 모두 없애고, 일 중심으로 변화를 주문하고 있다. 직접 세부사항까지 일일이 챙기고 빠른 실행을 주문한다. 그는 협업과 합의를 중시하는 분위기가 속도의 문제를 일으키고 성과를 저조시키는 것이라고 강조한다. 변화를 기대하고 영입한 임원이므로 기존과 다른 방식으로 접근하는 것을 이해할 수도 있다. 같은 업종이지만 A사와 B사는 대조되는 문화를 가지고 있다. A사는 개인의 자발성과 협업을 중시한다. 집단지성을 중시하고 충분한 토의와 논의를 거쳐 의사결정이 이루어진다. B사는 탑다운(top-down) 방식의 일사분란한 실행과 낭비

없는 효율적인 관리가 우선한다. 소수의 탁월한 전문가가 내린 판단과 의사결정에 무게를 둔다.

구성원들은 혼란스럽다. 빠른 시장선점도 중요하지만 너무 다르고 불편하다. 억지로 맞추면서 일을 하긴 하지만 구성원들 일부는 다른 조직으로 이동을 희망하는 눈치다. 중간에 끼인 팀장들도 난감하긴 마찬가지다. 그래도 나름 전문성과 역량에 대한 자부심을 가지고 있었는데 무시당하는 것 같고, 기존 방식이 폄하되는 것 같아 자존심이 상한다. 조심스럽게 의견을 개진했으나 받아들이는 것 같지 않다.

이건 우리가 아주 흔하게 겪는 상황 중 하나다. 무엇이 문제라고 생각하는가? '별 문제 없다'고 말할 수도 있다. 회사는 메기 효과(catfish effect)처럼 변화의 촉매를 기대한 것일 수도 있는데, 약간의 잡음이 뭐가 그리 큰 문제란 말인가? 설명을 위해 다소 과장되게 묘사한 측면도 있을 것이다. 하지만 미묘하고 잘 드러나지 않지만, 관점을 조금 바꿔 생각해 보면 이는 인치(人治)의 예시다. 인치란 사람에 의해 좌우되는 경영을 뜻한다. 왜 그런지 함께 생각해 보자.

먼저 다음 페이지의 그림을 보자. 가로축은 사람에 대한 신뢰의 수준에 따라 경영의 방식을 구분한 것이다. 인치, 시스템 경영, 그리고 문화 경영으로 구분할 수 있다. 세로축은 경영의 수준을 표시한 것으로 지속가능성이 큰 경영을 의미한다.

한두 명에 의한 소수의 인치 경영은 기업의 초창기 혹은 규모가 작은

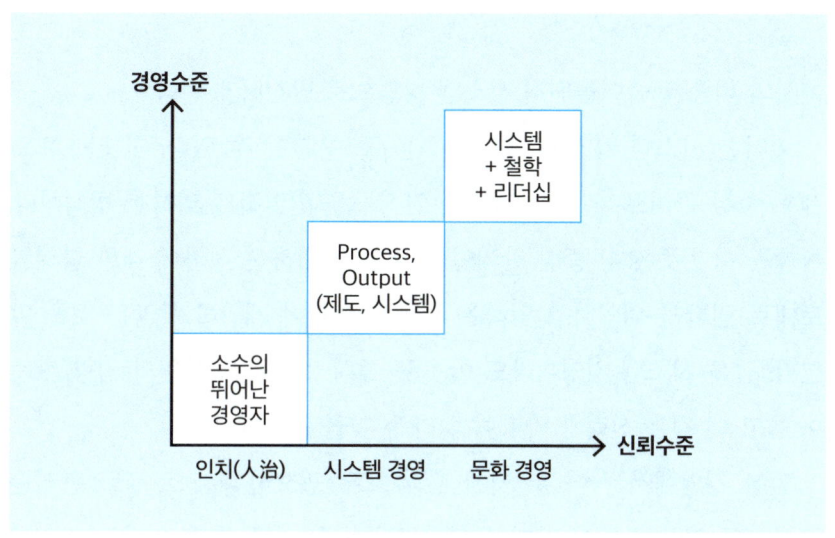

기업에서 흔히 볼 수 있다. 스타트업, 소규모 벤처 등을 생각하면 쉽다. 아직 제도나 규정, 절차 등이 없고 필요성도 크지 않다. 경영자가 모든 것을 파악하고 관리하는 것이 가능한 규모다. 성과는 '경영자가 얼마나 탁월한 역량을 가지고 있는가'에 따라 좌우된다. 그러나 의외로 규모가 큰 기업에도 여전히 인치는 발견된다. 정해진 절차, 규정 등이 있어도 이를 크게 신경 쓰지 않고 경영자나 리더가 자기 뜻대로 하는 경우가 그에 해당한다.

기업의 규모가 커지면 경영은 소수 리더의 관리 범위를 넘어서게 되고, 기능과 역할 또한 분리될 필요성이 생긴다. 권한과 책임이 나누어지고 제도와 규정, 시스템이 만들어지기 시작한다. 물론 리더의 전략적 판단력과 탁월성은 여전히 성과에 결정적인 영향을 미치지만, 일상 경영에서의 비중은 줄어들면서 시스템 경영으로 발전하게 된다.

이러한 시스템 경영은 크게 두 가지로 구분할 수 있다. 첫째는 프로세스 중심 관리로, 일하는 과정과 일정들을 면밀히 관리하는 방식이다. 둘째는 아웃풋(성과) 중심 관리인데, 이는 기대하는 성과에 대한 합의를 토대로 권한을 위임하고 일하는 과정에 일일이 개입하지 않는 것을 말한다. 같은 시스템 경영이라도 아웃풋 중심 경영은 구성원의 역량 수준이 높고 더 깊은 신뢰가 바탕이 된다는 것을 의미한다.

일상 경영에서는 이 두 가지 방식 모두 필요하다. 프로세스 관리는 구성원의 역량 수준이 낮거나 위험성이 높은 업무, 혹은 일하는 과정에 대한 합의가 필수적인 복잡한 일에 요구된다. 경영성과는 제도와 시스템이 얼마나 경쟁력 있는지가 결정한다. 흔히 사람이 없거나 바뀌어도 아무 문제가 없는 것을 시스템 경영이라고 말하며, 이는 바람직하고 지향해야 할 경영의 모습일 것이다.

가장 높은 단계는 문화에 의한 경영이다. 여전히 경영자의 탁월한 능력이나 시스템의 우수성도 중요하지만, 진정한 경쟁력은 경영철학과 가치관, 신념 등 문화의 힘에서 나온다. 제도와 시스템에 의한 일 처리 방식을 넘어, 경영철학이나 추구가치에 근간한 경영을 추구하는 것이다. 리더십, 제도, 시스템은 경영철학, 추구가치, 전략과 강하게 연결되어 있고, 구성원 전체의 경영철학에 대한 공유도와 수용도가 매우 강하다. 구성원이 일의 의미와 회사에 자부심을 느끼고 스스로 몰입하는 것이 당연하게 여겨진다. 구성원에 대한 신뢰가 높기 때문에 일하는 과정에 대한 미시적인(micro) 관리는 줄어들고, 집단지성과 조직의 응집력이 더 중시되고 영향력을 발휘한다. 경영철학을 통해 기업경영이 지향하는 목적에 대한 일치와 공감이 이루어져 힘이 한 방향으로 모이는 것이다. 즉, 경영철학을 진화·발전시키고, 구성원들이 이를 얼마나 공감하고 실천하는지에 역량을 집중하는 단계이다.

앞서 살펴본 사례로 다시 돌아가 보자. 기업의 규모가 커지고 시스템에 의한 경영이 이루어지면, 리더가 다른 경영 스타일을 가지고 있어도 크게 문제가 될 것 같지 않다. 그러나 실제로는 그렇지 않다. 이는 미묘하고 복잡하여 쉽게 드러나지 않지만, 장기적으로 조직과 구성원에 부정적인 영향을 미칠 수 있다. 인치는 규모가 작거나 창업 단계에만 나타나는 것이 아니다. 어떤 기업에서든 발생할 수 있다. 이미 높은 수준의 시스템을 갖추고 있기에 흔들리지 않을 것이라고 생각할 수 있지만, 이를 가볍게 생각해서는 안 된다. 회사 차원뿐만 아니라 단위 조직에서도 흔히 나타날 수 있는 현상이다.

다른 문화를 가진 회사에서 영입된 경우, 일하는 방식의 차이가 갈등으로 표출되는 경우가 종종 발생한다. 여기서 어떤 문화가 더 우수하다고 논하자는 것이 아니다. 사람마다 성격이 다르듯 기업문화도 모두 다르고 옳고 그른 것은 없다. 기업마다 독특한 성공 방정식을 가지고 있으며, 환경과 맥락에 따라 타당한 일 처리 방식이 있을 뿐이다. 영입이 잘못되었다는 것으로 결론을 내리면 그만일 수도 있다. 반대로 성과와 변화를 위해 조직 분위기나 문화의 일정 부분 희생이 필요하다고 말할 수도 있다. 그러나 변화의 속도와 크기가 빠른 환경에서 외부역량을 수혈할 필요가 있는 경우는 점점 더 많아진다. 문화에 적합한 사람을 영입하는 것이 중요함은 말할 필요도 없다. 다른 배경을 가진 리더나 구성원을 영입했을 때, 시스템과 문화에 잘 적응하여 성과를 창출할 수 있도록 지원하는 것이 중요할 것이다. 문화는 영향력이 크기 때문에 다른 문화에서 영입된 경우도 시간이 지나면 적응하고 변하는 경우가 많다. 그러나 이는 그렇게 단순하고 쉬운 문제가 아니다. 내부에서 승진한 리더도 마찬가지로 적용된다. 사례는 임원의 예를 들고 있지만, CEO로 가정하면 그 영향력은 상상 이상이다.

겉으로 보기에 특별히 문제가 없어 보일 수도 있다. 리더가 달라지면 맞춰야 하는 것 아닌가? 리더가 자신의 경험과 전문성을 토대로 일하는 방식을 만들어가는 것이 뭐가 문제란 말인가? 현재 위치까지 경험한 성공 방정식에 의존하는 것은 자연스럽다. 그러나 자칫 리더가 자신만의 색깔을 강조하고 기존의 기업문화와 일하는 방식을 가볍게 여길 경우, 장기적으로 조직을 망칠 수 있다. 이것 또한 결국 인치에 해당한다.

기업은 지속경영을 가정한다. 일정 기간 존재하다가 사라지거나 없어질 것을 가정하지 않는다. 환경변화와 전략 등에 따라 구조조정이나 M&A 등으로 기업의 생명이 달라지는 경우도 흔하다. 기업가치 제고 후 가치실현을 목적으로 하고, 지속경영을 가정하지 않을 수도 있다. 그러나 모두가 예외적인 상황을 항상 가정하고 경영활동을 하지는 않는다.

본질적으로 지속 가능성을 전제로 한다. 그래서 시스템을 만들고 이를 토대로 경영을 하면서 문화로 만들어가는 것이다.

기업에서 일하는 사람은 누구나 일정 기간 기업에 있다 떠난다. 길든 짧든 기간만 다를 뿐이다. CEO도, 임원도, 팀장도 기업과 영원히 함께 할 수는 없다. 따라서 기업에서 일하는 사람에게 중요한 자세 중 하나가 '일정 기간 기여하다 떠난다'는 것이다. 그 말은 재직기간이 유한함을 강조하는 것이 아니다. 기업에서 일하는 동안 자신의 선호가 우선하는 경영을 하면 안 된다는 것을 의미한다. CEO나 리더가 자신의 경험이나 가치관을 드러내서는 안 된다는 것이 아니다. 이는 매우 중요하고, 무시해서도 안 된다. 그러나 그것을 가장 우선하는 경영은 위험하다. 리더가 경험하고 성공해 온 문화와 다르다고 자신의 성공 경험만을 강조하면 안 된다. 특히 기존의 문화나 관행을 무시하는 듯한 자세나 행동은 독이 된다. 미래에 계속 이어질 다음을 고려해야 한다. 철학과 원칙이 중요한 이유다. 서로 다름의 조화 속에서 변화와 혁신을 위해 깊은 고민이 필요하다. 전략과 비즈니스 모델 혁신이 전제되지 않는, 사람에만 의존한 기업문화의 변화는 위험할 수 있다.

기업의 경쟁력과 성과는 전략의 우수성과 탁월한 실행력에 달려 있다. 실행력과 응집력의 근간에는 강하고 우수한 기업문화가 있다. 기업문화는 곧 시스템 경영을 통한 경험의 축적이다. 정해진 약속과 원칙을 지키는 경영을 말한다. 문화는 시스템을 토대로 하지만 시스템 자체가 문화는 아니다. 시스템의 성숙도와 힘은 경영 철학과 사람에 대한 신뢰를 실천하는 정도로 결정된다. 그것이 문화에 의한 경영이고 문화의 힘이다. 지속 가능성을 염두에 둔 일하는 방식과 의사결정, 시스템을 만들고 발전시켜 가야 한다는 것을 의미한다. 우수한 문화는 한두 사람의 가치관이나 선호에 의존하거나 흔들리지 않는다. 신중하면서 멀고 넓게 보는 체계적 접근이 필요하다.

이 점이 바로 이 책을 지속적으로 관통하는 메시지다. 인치와 시스템을 넘어 문화에 의한 경영을 지향해야 한다. 강하고 우수한 문화는 사람의 자발성에 대한 존중과 신뢰를 전제로 하고 있다는 것을 다양한 관점에서 다루게 될 것이다. 문화가 가진 힘을 인식하고 문화에 대한 통찰력을 얻어가는 여행을 함께 떠나자.

2. 흔들리지 않는 기업의 나침반: 미션, 비전, 핵심가치

최근 C사는 기존 사업에 새로운 비즈니스를 추진하면서 기업문화의 변화를 시도하기 위하여 기존 핵심가치인 '협업과 팀워크'에 더해 '빠른 실행과 도전'을 추가로 제시했다. CEO가 조직의 분위기가 다소 느슨해지고 치열함이 부족하다고 느꼈기 때문이다. 구성원들은 비즈니스 모델과 전략이 변한 것은 알겠으나 왜 빠른 실행과 도전이 핵심가치로 제시되었는지는 잘 모른다. 게다가 기존의 협업과 팀워크도 있는데 추가된 빠른 실행과 도전과의 관계도 불분명하다. 팀장을 중심으로 리더들은 이에 대한 실천과제를 제출하라고 지시받았다. '세상에 아름다움을 제공한다'는 미션과 이를 위해 '고객의 가치를 창조한다'는 비전이 있다. 미션, 비전도 헷갈리고 핵심가치와 관계도 잘 모르겠다. 연말 평가에서 실천 정도를 평가하겠다고 한다. 설명을 직접 들을 기회도 없는데, 전사 팀장 워크숍에서 CEO에게 실천계획을 발표하라고 한다.

경영철학 혹은 핵심가치가 없는 회사는 없다. 명문화되어 있지 않거나 명확하게 제시하지 않았더라도, 경영철학이 존재하지 않는 것은 아니다. 특히 역사가 길지 않은 회사일수록 명시적이지 않은 때가 많다. 이런 경우, 최고 경영자의 일하는 방식에 대한 신념과 가치관이 기업의 철학이자 문화로 암묵적으로 작동한다. 경영철학을 명문화할 경우, 흔히 미션(Mission), 비전(Vision), 핵심 가치(Core Value)로 구분하여 제시하곤 한다. 미션은 기업의 존재 목적을, 비전은 일정 시점 후에 그려지는 미래 모습을, 핵심가치는 의사결정 기준이라고 말한다. 그런데 여기서 우리가 생각해 볼 부분이 있다.

경영철학을 구성하는 내용들이 명확하지 않거나 회사가 지향하는 모습과 제대로 연계되지 않는 경우가 많다는 점이다. 미션과 비전이 명확하게 구분되지 않는 경우도 흔하다. 예를 들어, '세상에 아름다움을 제공하는 것'과 '고객 가치를 창조하는 것'이 어떻게 다르고, 왜 굳이 구분하여 설명하는지에 대한 명확한 설명을 찾아보기 어렵다. 또 어떤 경우에는 미션이나 비전과 핵심가치가 서로 연계되지 않는 경우도 많다.

미션이나 비전은 '고객 가치 창조' 또는 '인류의 삶에 기여'와 같이 추상적이고 대담한 내용인데, 핵심가치는 '협업과 팀워크', '도전과 빠른 실행' 등으로만 제시하는 경우가 있다. 물론 관련이 있을 수 있으나, 취지나 내용에 대한 설명이 없으면 직관적으로 이해하기 어렵다.

결정적인 문제는 구성원들이 이를 잘 모르는 것을 넘어, 심지어 관심도 크지 않다는 것이다. 자발적으로 수용하고 공감하기보다는, 하지 않으면 안 되니까 억지로 하는 척하는 것이다. 그렇게 되면 경영철학은 있으나 마나 한 것이 되고 만다. 회사의 경영철학에 대한 구성원들의 내재화 정도가 실천의 시금석이자 우수한 기업문화의 척도가 된다.

기업문화에서 경영철학의 중요성을 아는 기업은 여기에 많은 정성을 쏟는다. 우선 내용이 간단하고 명확하다. 경영철학이 구성원이 기업에서 일하는 목적과 명확한 연계성을 갖도록 이해하기 쉽게 제시한다.

> 기업경영의 궁극적인 목적은 '구성원의 지속 가능한 행복'이다. 이를 위해 행복추구의 터전이자 기반인 기업의 안정과 성장, 영구존속 발전을 이루어야 하고, 기업을 둘러싼 이해관계자의 행복을 동시에 추구해 나간다. 이해관계자 행복을 위한 가치추구가 곧 사회적 가치이다.
> 기업경영의 목적을 실행하는 원리는 자발적 의욕적인 두뇌활동과 최고의 목표수준인 SUPEX를 추구하는 것이다. 이를 문화로 만들어 실천해 간다.[2]

---

2 SK의 『SKMS』 14차 개정본(2020) 중 '경영철학'에서 일부 표현 및 내용 변화 인용.

내용이 명확하고 간단하다. 경영의 목적이 나와 무슨 관계가 있는지가 분명하며, 회사의 비즈니스 모델이나 전략이 변한다고 해서 매번 바꾸어야 하는 내용도 아니다. 상당 기간 지속 가능성이 있는 내용을 담고 있다. 궁극적인 지향점과 함께 구성원들이 정서적으로 공감하고 수용할 수 있는 실천방법을 담고 있다. 환경변화와 내부 필요성에 따라 지속적으로 진화하고 실천방법을 개발해 간다. 물론 말처럼 간단하지 않고, 내용도 추가설명이 필요할 수 있다. 문화를 내재화하고 시스템으로 실천력을 높이는 방안은 항상 고민해야 할 숙제다. 기업문화의 실천적 의미와 경영 시스템으로의 접목을 중요하게 생각하며, 수시로 다양한 워크숍이나 미팅을 통해 내용을 공유하고 실천방법을 논의하는 데 시간과 노력을 투자한다.(위 내용은 경영철학의 사례로 다양한 각도에서 다루게 될 것이다.)

경영 프로세스로 시스템화되어 있으며, 실천결과를 다양하게 공유하고 잘된 사례는 적극적으로 포상하고 전파한다. 경영철학과 핵심가치, 실행 원칙 등을 회사 로비, 사무실, 회의실, 강당, PC의 화면 보호기 등 어디를 가나 쉽게 눈에 띄고 알아볼 수 있는 형태로 게시한다. 문화의 발전과 철학의 내재화를 위해 다양한 방법으로 정성을 쏟는 것이다.

'새로 정립된 경영철학을 책자로 만들고, 핵심단어(key word)를 액자로 만들어 게시해야 할까요? 좀 구태의견하고 시대에 뒤떨어진 것 아닐까요?'
'우리의 방식, 의식(ritual)이고, 우리의 전통이고 문화 중 하나이다. 언제 어디서든 볼 수 있도록 하자. 책자도 발간하고 해설집을 만들고 업무수첩, PC 화

면보호기 등 다양하게 노출 기회를 늘리자.'

　기업문화와 경영이 한 몸처럼 움직인다. 모든 평가와 의사결정의 기준이 된다. 회사가 어려움에 처하거나 전략의 변화가 있는 경우, 더욱 경영철학에 정성을 들인다. 반복적으로 교육하고 학습한다. 응집력의 원천이 된다고 믿기 때문이다. 우수한 기업문화가 경쟁력의 원천이라는 확신을 가진 신념의 행동이다(act of faith).

　2002년 짐 콜린스(Jim Collins)와 제리 포라스(Jerry Porras)는 스탠퍼드 대학과 6년간에 걸친 18개 비전 기업과 업계 2~3위 기업 간 비교연구를 토대로 글로벌 베스트셀러인 『성공하는 기업들의 8가지 습관』을 발간한다. 그들은 위대한 기업의 특징으로 핵심가치에 대한 신념과 이에 근간한 행동, 강한 소속감과 유대감 등 '사교(cult)'와 같은 문화를 가지고 있다고 말한다. 경영철학에 대한 확신과 공유, 실천력이 매우 강하다는 것을 강조하기 위해 비유적으로 표현한 것이다. 미션, 핵심가치 등을 포함한 경영철학이 구성원의 공감을 토대로 실천될 수 있을 때 기업문화의 힘이 발휘된다는 것을 기억할 필요가 있다.

3. 복잡성을 넘어 본질을 추구하라

　이번에는 좀 다른 사례를 보도록 하자. 이미 많이 알려진 사례지만 문화의 관점에서 해석하고 응용해 보는 것도 시사점이 있다.

미 중앙 정보국 CIA는 제2차 세계대전 연합군의 비밀 첩보 작전을 수행하기 위해 만들어진 '전략사무국'인 OSS(Office of Strategic Services)가 전신이다. OSS는 적국을 대상으로 공작활동을 통해 중요 인사에 대한 암살, 후방 교란, 내란과 선동, 조직내 사보타주(태업) 등을 벌였는데 그 내용은 극비사항으로 분류되어 있었다. 시간이 지나 일부 기밀이 해제되었고, 내용에는 '물리적인 교란'뿐만 아니라 비밀리에 발간된 『손쉬운 방해공작: 실전 매뉴얼』(1944)도 있었다. 적국 내부에 침투하여 조직을 교란시키고 망치는 체계적인 방법을 통해 연합국에 기여할 수 있는 방법을 설명하는 책이다. 마치 TV 예능 프로그램 제목처럼 'X맨' 전략이다. 주로 의사결정, 회의, 절차의 효율성과 관련된 8개의 전략으로 요약된다. 몇 가지 예를 들면 '모든 문제를 위원회에 회부하고 위원회를 가능한 한 많이 만들 것', '모든 일을 합리적이고 절차대로 진행하자고 촉구할 것', '대화내용, 회의록, 결의안 등에 정확한 단어를 사용해야 한다고 실랑이를 벌일 것', '의사 결정을 빠르게 하는 어떠한 지름길도 절대로 허용하지 말 것', '연설을 하라, 가능한 한 자주, 길게 말할 것' 같은 것들이다.[3]

---

3 로버트 M. 갈포드(Robert M. Galford) 외 2명, 『회사를 망하게 하는 법』

현재 기업들에서 자주 발견되는 모습이면서 가장 경계하는 관료적인 문화의 전형적인 모습이다. 절차에 맞아야 하고, 예외를 인정하지 않고, 의사결정이 복잡하고 시간이 걸린다. 조직 간 협조를 원하면 문서나 공식 이메일로 승인을 받은 후 요청하라고 한다. 조직 간 권한과 책임 범위를 명확하게 따진다. 뭔가를 요청하려면 서류 작성은 필수이고, 정해진 다단계 결재라인을 거쳐야 한다. 책임과 권한, 보안이나 사고예방을 위한 상호 견제수단인 것 같지만, 없어도 아무 문제도 없는 것을 관행적으로 요구한다. 그런 형식적인 절차를 없애도 회사는 망하지 않는다. 그런데도 구성원들은 이런 행동을 쉽게 반복하고, 조직규모가 커지고 역사가 오래되면 자연스럽게 받아들여진다. 복잡성과 관료화가 초래되는 것이다. 이 문건의 시작 페이지에 이런 방법이 조직을 망치는 이유를 설명한다.

'적발 가능성을 최소화하면서, 조직을 망치는 간단한 행동인 동시에 상당히 미묘하지만 파괴적이다.'

'미묘하지만 파괴적이다'는 말이 바로 기업문화의 속성과 영향을 정확히 설명하는 말이다. 기업문화는 눈에 바로 띄지 않는다. 미묘하게 느껴지다가 뭔가 잘못되면 그제서야 눈에 들어오기 시작한다. 복잡함은 시간과 자원을 낭비하게 만든다. 조직 내에 시행되고 있는 것들은 '전문성과 고민의 결과'이고 뛰어난 지혜와 역량 혹은 권한을 가진 사람이나 조직의 결과물이므로 그대로 실행만 하면 된다고 생각하기 쉽다. 한편으론 의문을 제기하지 않고 동조하는 행동이 심리적으로 편하기 때문에도 나타난다. 사람들은 어떤 상황에서 행동의 방향이 명확하지 않거나 자신감이 없는 경우, 남들이 하는 것을 따라한다. 특히 권위나 다수의 압력에 쉽게 굴복한다. 자신감이 있는 경우도 마찬가지다. 대다수가 그렇게 하고 있고, 나만 다르면 불안하기 때문이다. 집단지성이 아니라 집단사고에 빠진다.

스텐리 밀그램(Stanley Milgram)의 복종실험이나 솔로몬 애쉬(Solomon Asch)의 동조실험을 참고하면 쉽게 이해가 된다. 밀그램의 실험은 어떤 결과를 초래할지 자신이 없는 경우 권위에 복종하는 현상을 말한다. 반대편의 피실험자가 고통을 호소하는데도 참가자들은 연구자가 시키는 대로 위험한 정도까지 전압을 올린다. 솔로몬 애쉬의 실험은 자기 생각이 옳음에도 다수가 맞다고 하면 틀린 답인지 알면서도 선택하는 심리를 잘 보여준다. 한 선의 길이를 다른 선 4개와 비교하면서 동일한 것을 찾는 실험인데, 참가자는 정답이 아닌 것을 알면서도 다수가 3번이라고 오답을 선택하면 그 답을 따라한다.

이런 현상은 기업에서도 자주 나타난다. 최근에 유행한 워케이션(workcation), 거점 오피스, 지정 좌석 폐지, 자율복장, 출퇴근 시간 유연화, 주4일 근무실험, 비평가제도, 등급 폐지(no rating), 수시 코칭, 리버스 멘토링(reverse mentoring) 등 수없이 많은 예가 있다. 조직마다 서로 배워가면서 시행하다 보면 거의 비슷한 제도를 채택하게 된다. 이는 대개

유행처럼 안 하면 안 될 것 같은 사회적 동조 압력과 전문가나 권위에 의존하는 경향성의 결과다. 물론 회사에 필요한 제도이고, 이 제도가 잘 작동한다면 다행이다. 그러나 깊은 고민 없이 시행하다 보면 회사 내에 복잡도만 늘어난다. 복잡함은 알게 모르게 또 다른 복잡함을 낳는다. 어떤 경우엔 제도끼리 서로 충돌을 일으키기도 한다.

제도와 시스템은 간단하면서도 업의 특성, 전략, 경영철학과 연계성을 가지고 있어야 한다. 업의 특성이 자유로운 사고와 발상을 요구하고, 자발성 등을 지향한다면 그에 맞는 제도가 시행되어야 한다. 개인의 탁월한 역량을 우선하고 선의의 경쟁이 핵심 역량이라면 그에 맞는 평가와 보상제도를 가지고 있어야 한다. 협업이 중요하고 집단지성을 강조하면서 평가는 개인 간 불필요한 경쟁을 유도하면, 기대하는 문화가 만들어지지 않는다. 문화에 대한 고려 없이 트렌드만 따르거나, 손쉽게 도입이 가능할 것 같은 것을 추구하다 보면 자칫 복잡성만 늘어난다.

4. 산업보완 사례에서 배우는 교훈

간단한 예시를 하나 더 들어본다. 좋은 기업문화를 가진 회사는 어디일지 생각해 보기 바란다. 절차와 규정이 복잡해지는 이유는 사람 중심으로 일하는지, 시스템으로 움직이는지 차이다. 겉으로 보기에는 아무것도 아닌 차이 같지만 깊은 곳에 문화와 철학이 있다.

어느 회사의 연구개발 센터를 방문할 일이 있었다. 정문 입구에서 조금 떨어진 주차장에 주차하라고 한다. 정문 경비실로 가서 신분증을 제시하고 방문 관련 문서를 작성한다. 신분증을 맡기고 출입 카드를 받고 다시 차로 돌아와 이동해서 센터 내부 주차장의 지정된 위치에 주차한다. 다시 해당 건물 입구에서 출입증을 제시한다. 만나러 온 사람에게 건물 입구 근무자가 전화를 하고 고객 응접실로 동행할 수 있도록 한다. 너무 당연한 것처럼 보이는 절차인가? 방문 전 사전에 담당자를 통해 방문 예약을 했고 세부사항도 이미 시스템을 통하여 다 등록했다. 그런데도 다음 날 입구에서 동일한 절차를 오프라인인 아날로그 방식으로 반복한다. 돌아올 때 정확히 역순으로 하고 나왔다. 이 회사의 핵심가치는 '고객중심 가치실현', '기술선도를 위한 개방과 혁신'이다.

또 다른 회사, 비슷한 목적의 방문이다. 이 회사는 기술경쟁이 심한 분야이기 때문에 산업보안이 매우 중요하다. 실제로 철저한 보안 규정과 절차를 강조하고, 내부 구성원은 지휘고하를 막론하고 이 규정을 지켜야 한다. 본사가 위치한 공장을 방문할 기회가 있었다. 공장 입구 경비실 근처에서 차량 창문을 내리고 신분증을 주고 방문 예약을 했다고 말한다. 차량번호와 신분증을 담당자가 확인하고 바로 출입증을 내준다. 가야 할 위치를 알려주고 주차장 위치가 설명된 약도를 준다. 그 뒤로 내부에서 이동은 자유롭다. 나올 때 차 안에서 출입증을 돌려주고 신분증을 돌려받고 출발한다.

문화에 의한 경영을 지향해야 한다. 개인의 가치관이나 선호에 지나치게 좌우되면 위험하다. 문화의 기반이 되는 시스템의 우수성은 경영철학과 리더십에 달려있다. 경영철학은 구성원들이 공감하여 수용하고 현실에서 실천되어야 한다. 제도와 시스템은 경영철학과 연계되어야 하고 복잡성을 주의해야 한다. 기업문화가 갖추어야 할 모습을 살펴본 것이다. 겉으로 보이는 것의 이면에 철학적인 가정이 깔려 있다.

탁월한 기업문화,
그 필수조건들

기업 구성원 모두는 문화를 함께 만들어가고 동시에 문화의 영향을 받는 사람들이다. 그렇다면 구성원에게 필요한 철학적 관점과 마인드셋은 무엇인지 함께 살펴보자. 그 바탕에는 기업경영의 주체는 구성원이라는 신념, 기업을 선택한 의미와 스스로에 대한 중시, 그리고 사람에 대한 믿음이 존재한다.

1. 기업경영의 주체로서 구성원

　기업경영의 주체는 구성원이라는 믿음이 문화의 중요성, 문화를 토대로 하는 경영의 가장 기본적인 전제이자 출발이다. 여기에 두 가지 관점이 필요하다. 하나는 구성원은 회사라는 실체를 이룬다는 관점이고 다른 하나는 '스스로 기업을 선택'했다는 관점이다.

　기업에서 가장 중요한 자산은 사람이다. '사람'을 직원도 종업원도 근로자도 아닌 '구성원'이라고 부르는 회사가 있다. 또한 모든 구성원은 미래의 경영자로 가정하고 대우한다. 지금은 구성원이라는 용어가 어느 기업이나 일반화되어 있다. 그러나 창업 초기부터 지금까지 몇십 년간 철학적 의미를 지닌 용어로 사용하고 있는 경우는 다르다. 직원이나 종업원은 직장에 다니는 또는 고용되어 일하는 사람이라는 뜻이다. 왜 '구성원'이라고 부를까? 회사를 구성하는 '주체'를 강조하기 위해서다. 영어로 직원은 employee다. 여기서 '-ee'는 고용된 상태의 수동태적 의미이다. 주체가 아니라는 뜻이다. 그래서 구성원에 해당하는 영어 단어로 employee는 사용하지 않기로 한다. 논의와 고민 끝에 구성원을 People 또는 Person으로 표현하기로 한다. People은 정확한 단어는 아닐 수 있으나 employee와는 다른 철학적인 의미를 부여해서 쓰기로 한 것이다. 용어가 중요한 것은 아닐지 모르지만 영어 단어 선택까지 고민한다는 것이다.

전통적인 기업경영에서는 주체와 객체를 구분한다. 자본주의 시각에서 구성원이 기업의 주인을 의미하는 것은 아니다. 기업의 주인은 주주이고 경영자는 대리인이다. 흔히 말하는 대리인 문제(agency problem)를 보는 관점이 대표적이다. 또 하나는 기업을 경영하는 관점에서는 경영자와 직원 혹은 종업원으로 구분된다. 주체와 객체의 구분이다. 그러나 '구성원'이란 개념은 통상적인 구분이 아닌 회사를 구성하는 '주체'라는 의미에서 주객을 구분하지 않는 철학적 의미를 담고 있다. 구성원 자체가 인격체로서 온전한 사람이라는 존재론적 관점인 것이다.

주체로서 구성원의 개념을 토대로 하면 실제 경영활동도 다르다. 우선 모든 구성원이 주체이기 때문에 각자가 하는 활동은 작든 크든 회사를 대표한다. 흔히 '회사가 무언가를 해줘야 한다'는 말을 할 때 구체적으로 회사가 누구인지를 생각해 보자. 나에게 회사는 팀장이고, 팀장에게는 임원이고, 임원에게는 CEO일 것이다. CEO에게는 누가 회사일까? 결국 모든 구성원이 회사다. 따라서 경영활동은 '스스로'를 위해서, '스스로'에 의해서 이루어진다. 제도와 시스템, 일하는 방식도 효율성보다는 자율적인 판단에 더 무게를 두게 된다. 느슨한 가이드 라인과 최소한의 원칙만 강조되고 나머지는 스스로 설계하고 운영하는 방법을 선호한다.

어떤 기업이든 자신들만의 용어가 있기 마련이다. 때로는 유행을 따라 만들어서 쓸 수도 있다. 그러나 철학적인 함의를 담고 있는 용어는 다르다. 중요한 것은 '왜' 그 용어를 쓰는지, 무엇을 의도하고 있는지가 명확해야 한다는 점이다. 이러한 용어들은 하루아침에 만들어지지 않는다. 사소해 보이지만 용어가 조직 내에 살아 숨 쉬는 데는 많은 시간과 노력, 그리고 철학적 고민이 필요하다.

2. 구성원의 행복이 기업의 성장으로

지금까지는 기업을 구성하는 존재로서 구성원을 논했다면, 다음으로 나는 기업에서 어떤 가치를 추구하는 사람인지 의미를 생각해 보자. 이는 자기 스스로 삶의 터전이자 행복을 추구하는 곳으로 기업을 선택했다는 것에서 출발한다. 그리고 그 가치를 실현하는 조건은 무엇인지 논의해 본다.

엔지니어로서 꿈을 실현하기 위해서, 사회적으로 명성이나 지위를 인정받고 싶어서, 돈을 벌어야 해서, 일단 취업은 해야 해서, 결혼도 하고 집도 구하고 차도 사야 해서, 연구실 선배가 있어서, 경쟁사 입사에 떨어져서 차선책으로 당분간 머물러야 해서, 잘 나가는 대기업이니까, 높은 보상과 보너스가 좋아서, 성장하는 회사에 입사하고 싶어서, 복리후생도 좋고, 조직 분위기가 좋다고 해서, 받아주는 곳이 여기 밖에 없어서, M&A로 이 회사에 편입되어서….

구성원들과 '기업이 무엇이고, 왜 기업을 선택했는지'를 자유롭고 격의 없이 토의하면 다양한 답변이 나온다. 물론 이런 속마음이 솔직하게 표현되기까지는 상당한 시간이 걸리고, 신뢰가 형성되지 않으면 어려울 것이다. 겉으로는 그럴듯한 말로 포장하는 것이 자연스러운 반응이기 때문이다. 이런 토의를 하는 이유는 기업을 선택한 이유를 함께 생각해 보기 위함이다. 모두 다를 수 있지만, 그 공통분모는 바로 행복이다.

저마다 기업을 선택한 이유도 다양할 것이고, 기업에서 기대하는 것도 다를 것이다. 경제적인 이유, 사회적인 성취, 적극적이거나 수동적인 선택 등 여러 가지가 있을 것이다. 어떤 경우든 선택은 선택이다. 자신의 가치를 실현하고 행복을 추구하는 터전으로 기업이라는 조직을 스스로 선택한 것이다. 이것을 인정하지 않거나 동의하지 않으면 다음 이야기는 전개될 수 없다. 이는 중요한 출발이자 전제이다.

자신의 행복을 위해 스스로 선택했다는 것은, 기업경영의 주체임과 동시에 행복추구의 책임도 지닌 주체라는 의미다. 사람은 스스로 행복을 추구해 나가야 한다. 그리고 스스로의 행복은 자신이 속한 공동체인 기업의 행복에 좌우된다. 즉, 기업의 안정과 성장 그리고 나의 행복은 직접적으로 연결된다. 성장에 어려움을 겪고 있는 기업 구성원과 성장 가도를 달리고 있는 기업 구성원 사이에는 굳이 설명할 필요가 없을 만큼 행복의 차이가 있다.

따라서 기업의 존재 이유와 그 속에서 자신을 누구라고 생각하는지가 매우 중요하다. 어떤 계기로든 한 번쯤은 깊게 생각해 볼 필요가 있다. 이는 기업뿐만 아니라 사회적 동물로 살아가는 인간의 모든 조직에 적용되는 기본 원리이다. 소속 욕구는 본능에 속하고, 행복을 추구하는 것도 본능이다. 조직의 목적에 공감하고 기여할 수 있을 때, 그리고 이를 통해 가치를 얻는 것이 가능할 때 행복이 가능해진다.

3. 사람의 가능성과 잠재력을 믿는 문화

기업이 구성원 스스로의 행복을 위한 터전이라는 말은 사람에 대한 존중과 성장 가능성에 대한 믿음이 전제가 되어야 한다는 것을 의미한다. 핵심은 '스스로'라는 단어이다. 이를 위해 인간은 자발성과 함께 성장욕구를 가진 존재라는 믿음이 있어야 한다. 인간존중의 경영, 사람을 중심으로 하는 경영이다. 유사한 개념으로 '성장 마인드셋'이 있다. 스탠퍼드 대학 심리학 교수인 캐럴 드웩(Carol S. Dweck)은 사람들은 두 가지 마인드셋을 가지고 있다고 말한다. 하나는 고정 마인드셋(fixed mindset)

으로 인간의 자질은 불변한다는 시각이다. 또 하나는 성장 마인드셋(growth mindset)이다. 현재 자질은 출발점에 불과하고 노력과 학습을 통해 얼마든지 개발할 수 있다는 믿음이다. 실패는 기회이고, 호기심이 많고 도전적이며 성장의 기회를 다양하게 추구한다.

성장 마인드셋은 곧 사람의 가능성과 잠재력에 대한 믿음이다. 구성원 스스로는 물론, 리더가 어떤 마인드셋을 가졌는지가 문화를 좌우할 것이다. 이런 개념이 등장하기 훨씬 이전인 1970년대부터 사람에 대한 믿음과 존중이 경쟁력의 원천이라는 신념으로 경영 원칙을 제시하고 실천하는 기업이 있다.

> 사람은 그 무엇과도 비교되지 않는 무한한 자원이다. 기업의 성패와 경쟁 우위는 사람에 달려 있다. 사람은 무한한 가능성과 잠재력을 가지고 있다. 그 능력을 3~10%도 발휘하지 못하는 것이 보통이다. 사람은 무슨 일이건 스스로 할 때 능력을 가장 잘 발휘한다. 어떻게 하면 그렇게 할 수 있도록 하는가가 문제이다. 자발적이고 의욕적일 때 가장 몰입도가 높아지고 행복한 구성원이 된다.[4]

인간존중이나 사람중심을 경영철학과 핵심가치로 외치지만 의외로

---

[4] 최종현 SK 선대 회장의 SKMS 어록 중 인용..

현실 경영은 다르게 이루어지는 경우가 많다. 회사의 제도와 시스템이 사람을 믿는 것인지 의심하고, 일탈을 방지하기 위한 것은 아닌지 검토해 봐야 한다. 모든 사람이 잠재력이 있고 선한 의도를 가진 것은 아닐 수 있다. 어느 조직에나 프리라이더(free-rider)가 있기 마련이고 개인의 이익을 더 우선시하는 사람도 있다. 소수의 일탈을 전체로 일반화하면 안 된다. 사람의 선한 본성과 발전 잠재력을 믿는 리더는 행동이 다르다. 구성원 개개인은 자신만의 독특한 개성을 가진 존재이고, 존중받아야 한다는 것을 행동으로 보인다. 인간의 자발성과 가능성에 대한 불신은 반드시 드러나기 마련이다. 특히 어려움에 직면하거나 스트레스 상황이 되면 부각된다. 중요한 의사결정을 할 때도 개인적인 친분과 선호가 우선 작용한다. 아닐 것 같고 모를 것 같지만 결국에는 모두 나타난다.

> 도둑 한 명을 잡기 위해서 백 명, 천 명을 의심하고 믿지 못하는 결과를 초래하기도 한다. 회사에 존재하는 각종 규정이나 사규가 그렇다. 예산 사용을 규제하고 감시하기 위해 전결 규정을 옥상옥(屋上屋)으로 만든다. 제도를 악용하는 사례를 근절하기 위해 감시 시스템을 다단계로 설치한다. 인원이 한정되어 교육 기회의 혜택이 모두에게 돌아가지 못한다는 이유로 AI나 외국어 교육 미이수자에게 불이익을 주는 규정을 만든다. 보안 규정을 어기는 한두 가지 예외적인 사항을 방지하기 위해 출입 절차를 이중 삼중으로 복잡하게 만든다 등.

회사의 제도를 변경하거나 새롭게 시행할 때, 보통 이를 악용하거나 일탈 행동을 조장할 가능성을 우려하는 경우를 많이 본다. 현실적으로 존재할 수 있다. 제도를 나쁜 쪽으로 이용하는 사람도 있을 것이다. 그로 인해 비용이 많이 들거나 잘못된 인식이 전염병처럼 번질 것을 우려한다. 사규 위반이나 비윤리적 행동 등에 대해 갈수록 징계나 처벌의 수위가 올라간다. 그러다 보면 회사가 마치 경찰국가처럼 변할 가능성도 있다. 위험은 사전에 대책을 수립하고 일탈로 인한 방해가 발생하지 않도록 하는 것이 중요하다. 그러나 '이 정도로 회사가 망하지 않는다'는 자신감과 구성원 전체의 가치관을 신뢰해야 한다. 선한 잠재력에 대한 신뢰가 토대가 되어야 한다.

인력개발이 투자인가 비용인가 의미 없는 논쟁을 하는 경우도 많고, 회사가 어려워지면 제일 먼저 교육훈련 예산부터 줄인다. 사람의 중요성을 주창하지만 행동이 달라지는 경우다. 사람의 성장 가능성과 자발성을 믿는 사람은 참여적이고 자유로운 대화 방식을 훨씬 선호한다. 장소나 시간에 대해서도 매우 유연하다. 제도의 운영방식을 고려할 때도 구성원에게 유익한 것이 무엇인지를 먼저 생각한다. 성과에 대한 피드백의 질과 방법도 다르다. 평가 자체보다 육성에 방점을 둔다. 과거에 대한 질책보다 미래 변화와 발전 가능성을 훨씬 더 강조한다. 그 반대는 통제와 견제 등을 위한 장치를 더 많이 생각한다. 만에 하나 있을지도 모를 예외적인 일탈 행동에 대한 제재와 처벌을 고려한다. 간단하고 별 것 아닌 문제라고 생각할 수도 있다. 그러나 사소해 보이는 것이 축적되어 문화가 된다.

4. 리더부터 신입까지, 문화의 공동 창조자들

    회사와 조직의 문화는 스스로의 행복을 추구하는 조직 구성원 모두의 역할이자 책임이다. 그럼에도 권한과 책임의 범위에 따라 역할이 조금씩 다를 것이다.

    최고 경영층인 CEO가 가장 중요한 역할임은 명확하다. CEO의 영향력이 얼마나 지대한지는 수많은 기업의 사례에서 보았듯 굳이 더 언급할 필요가 없다. 성공적인 CEO는 항상 기업문화의 혁신과 발전에 많은 노력과 공을 쏟는다. 급격한 환경변화, 다양한 규제, 수없이 많은 경쟁자의 출현 등에 맞서 전략 방향을 제시하고 이에 맞는 조직구조와 경영 프로세스를 설계한다. 전략실행에 필요한 제도, 시스템과 리더십을 정비해야 한다. 이 모든 것들을 효과적으로 달성하기 위해서 CEO는 기업 문화의 장단점을 명확하고 예리하게 파악하고 있어야 한다. 경영철학과 추구가치에 대한 끊임없는 점검과 진화·발전을 위한 노력이 병행되어야 한다. 변화가 필요하다고 판단될 때는 민첩하고 지혜로운 결단과 실행이 요구된다. 그래야 빠른 변화와 경쟁에 대응이 가능한 조직이 만들어진다. 경영철학을 제시하는 것만으로 부족하고 명확한 행동기준과 이에 연계된 제도를 설계해야 한다. CEO 및 리더는 전체 구성원을 아우르며 구체적인 실행방안까지 함께 만들어가야 한다. 결국 문화의 효과는 리더의 이해력과 실행이 좌우한다.

단위조직의 리더는 조직에서 허리의 역할을 한다. 제도와 시스템에 기초하여 조직의 일하는 방식을 결정하고 일상 경영활동을 하는 사람이다. 가장 중요한 역할 중 하나는 커뮤니케이션의 매개체이자 연결 핀이다. 소통은 리더의 책무이자 숙명이다. 회사의 전략을 공유하고 실행 과정을 현장에서 리드하는 역할은 의사소통이 핵심이다. 조직 간 협업과 조정(coordination)을 주도한다. 이 모든 것은 평소에 당연히 해야 하는 역할이고 역할 수행에 큰 문제도 없을 것이다. 문제는 상황이 딜레마에 있는 경우이다. 기업문화에 있어 리더의 가장 중요한 역할은 가치관의 혼돈이 있을 때 어떤 태도와 행동을 취하기로 결정하는지가 거의 전부를 차지한다. 아래의 상황을 하나의 예로 생각해 보자.

전사 경영지원 담당 김 상무. 회사의 분위기가 어수선하다. 일부 사업부를 매각, 정리하고 인원도 구조조정을 한다는 소문이 무성하다. 일부 사실이지만 근거 없는 소문도 많다. 구성원들은 서로 수군대고 불안해한다. 언론에도 지라시 성격의 보도가 나타났다 사라지기를 반복한다. 팀장들과 면담에서 좀 더 구체적인 분위기를 들었다. 구성원들도 회사가 어려운 것을 알고는 있지만 구조조정에 대한 구체적인 사항을 모르니 온갖 소문과 억측이 무성하다. 사적인 자리에서 구성원들이 팀장들에게 사실 여부를 물어보곤 하지만 답변이 궁했다고 한다. 곧 명예퇴직 신청을 위해 면담을 할 것이라는 소문도 돌고, 친구들과 가족도 걱정스러운 말들을 한다고 한다.

내가 김 상무라면 어떻게 해야 할까? 그리고 CEO라면 어떻게 해야 할까? 선택지는 두 가지다. 하나는 알고 있는 사실을 있는 그대로 공유할 수 있는 부분까지 솔직하게 공개하고 구성원의 이해를 구한다. 두 번째 선택지, 아직은 아무것도 결정된 것은 없다고 일단 입단속을 한다. 당신의 선택은?

기업문화와 리더십이 시험에 드는 상황이다. 이때 기업문화가 얼마나 강하고 원칙이 지켜지는지가 드러난다. 명시적으로 표현되지 않아도 투명한 정보공유와 소통은 건강한 기업문화의 조건이다. 그것도 가능한 한 자세히 자주 공유해야 한다. 조직의 분위기를 망치고 구성원의 사기를 꺾는 가장 확실한 방법은 회사의 소식을 외부를 통해 먼저 듣게 하는 것이다. 회사에 대한 소속감은 물론 기업경영의 주체라는 인식도 가질 필요가 없다는 메시지를 던지는 가장 빠른 방법이다.

회사의 구조조정과 더불어 매년 반복되는 성과급 사태도 대부분은 설명과 공감을 얻어 내려는 노력 부족이다. 언론에서 먼저 소문 비슷하게 추측성 보도가 되고, 내부에서는 아니면 말고 식의 소문이 퍼져도 아무런 설명이나 공유가 없으면 그럴듯한 소설이 회사 내에 팽배해진다. 며칠 지나고 사실이 밝혀지면 조용해지겠지 하는 생각은 스스로의 착각이다. 노사 간 의견 차이가 어떻고, 결정되지 않은 정보가 미리 나가면 혼란만 일으키고… 등은 모두 핑계다. 사실을 어디까지 얼마나 공유하는가는 전략적인 선택과 결정이다. 더욱 중요한 것은 타이밍이다. 의지가 있어도 시기를 놓치면 뒷북치는 헛고생이고, 구성원이 회사가 솔직하지 않다고 느끼게 만든다. 가능한 한 자세하게, 결과만이 아니라 과정까지 공유하겠다는 의지는 경영철학의 문제이다.

아직 공식적인 입장 정리가 안 되었거나 그래서 자신도 정확히 모르는 경우에도 아는 범위까지는 공유하겠다는 자세가 필요하다. 섣부른 예단이나 추측성 정보, 근거 없는 희망사항을 포함하면 안 된다. 자신이 아는 팩트만 정확히 설명하고 모르는 것은 모른다고 말하고, 구성원의 공감과 이해를 요청하는 것이 바람직하다. 회사가 구조조정을 검토하는데 구성원들이 그 사실을 모르리라 생각하는 것은 아둔한 판단이다. 구성원을 어린아이 취급하는 것이다. 회사가 어려울 때일수록 소통하지 않으면 감정이 더 상한다. 정보를 공유하고 함께 극복하자고 감성에 호소하고 공감을 얻어야 위기 극복이 가능하다. 물론 모른 척하고 그냥 밀어붙여도 문제는 해결될 것이다. 그러나 이러면 회사가 가진 정신이 약해진다. 따라서 감성적인 공감을 얻을 수 있도록 지속적이고 정성을 쏟는 소통이 중요하다. 솔직함만큼 좋은 방법은 없다. 리더십의 첫 번째 조건은 경영철학의 무장이고, 더욱 중요한 것은 구체적이고 관찰 가능한 행동으로 증명하는 것이다. 이것이 현실에서 명확하게 드러나는 때가 바로 '딜레마 상황'이다. 선택은 리더의 몫이다.

구성원은 어떤 역할과 자세가 필요할까? 구성원은 기업문화 특히 핵심가치를 자신의 것으로 실천하는 사람이다. 기업의 존재 목적과 가치관을 얼마나 수용하고 공감하는지를 스스로 점검해야 한다. 자신의 행복을 스스로 책임진다는 것은 다른 구성원들과 얼마나 많은 교집합을 함께, 크게 만들 수 있느냐가 관건이다. 자기 것만을 주장하고 차지하기 위한 욕심은 결국 조직을 망친다. 구성원 각자가 회사에서 기대하는 행복의 모습은 조금씩 다를 수 있다. 그러므로 먼저 서로 공통분모인 교집합을 찾아서 그 교집합의 크기를 함께 키우는 것이 지름길이다. 그러기 위해서 조직에서 함께하는 것이고 그것이 조직의 힘이다. 자신의 생각과 가치관을 적극적으로 표현하고, 상대방의 생각과 아이디어를 서로 존중하고 들어야 한다. 자기 의견만을 주장하면 조직의 시너지는 기대할 수 없고 나의 행복도 어렵다.

우수한 기업문화를 위한 조건과 CEO와 리더 그리고 구성원의 역할을 살펴보았다. 기업에서 행복한 구성원으로 더불어 살기 위해서는 막연한 기대감만 가지고는 어려울 수 있다. 기업의 주체는 구성원이다. 구성원은 스스로의 행복을 위해 기업을 선택한 것이다. 사람에 대한 믿음과 가능성에 대한 신뢰는 우수한 기업문화의 바탕이다. 문화를 만들어 가는 사람들은 조직 구성원 전체이지만, 맡은 역할과 책임에 따라 구성원마다 강조되는 행동이 조금씩 달라진다.

이제, 잠시 관점을 돌려 기업문화에 대한 관심의 역사를 살펴보기로 하자. 역사에 대한 이해가 현재의 깊이를 더한다.

Chapter 3

기업문화,
시대와 함께 진화하다

현대 경영학의 출발은 언제일까? 지금의 경영방식은 대부분 산업혁명 시기에 만들어진 미국식 경영에 뿌리를 두고 있다. 기업문화에 대한 경영학의 본격적인 연구는 1980년대에 시작되었다. 미국식 경영의 한계에 대한 인식에서 출발한 것이다. 이후, 다양한 연구가 이루어졌고 강하고 우수한 기업문화가 경쟁력의 원천이 된다는 믿음이 형성되어 왔다. 미국에서 시작되었지만, 우리나라에서는 이미 1970년대 중반부터 기업문화와 사람의 경영능력이 일류기업의 경쟁력이라는 신념하에 이를 정립하고 실천해 오는 기업도 있다.

1. 기업문화: 인류학에서 경영학으로

　문화 연구는 인류학, 사회학 등에서 시작되었다. 19세기 말에서 20세기 초반, 제국주의 시대 식민지 개척을 위해 국가나 인종, 민족을 연구한 것이 본격적인 출발이라고 할 수 있다. 식민지 국가에 직접 들어가 다양한 의식이나 사고방식을 관찰하고 연구했다. 특히 희로애락이나 생로병사와 관련된 것들이 주요대상이었다. 출생, 성인식, 결혼식, 장례식 등을 자세히 관찰했다. 이 모든 것들은 그 나라와 민족의 토속 신앙과도 밀접한 관련이 있다. 삶에 대한 사고와 살아가는 가치관을 파악하기 좋은 대상이고, 인종과 민족에 따라 공통점과 차이점을 비교하기 좋았기 때문일 것이다. 2024년 가장 많은 관객 수를 기록한 영화 〈파묘〉도 일본의 식민 지배 시기, 민족정신 말살 방법의 일환으로 저지른 만행을 모티브로 한 영화다. 한민족의 정신적 뿌리인 백두대간의 맥을 끊는다는 소름 돋는 발상을 한 것이다.
　그렇다면 기업 맥락에서 문화에 관심을 갖게 된 배경은 무엇이었을까? 어떤 새로운 시각이 필요했다는 것은 기존 패러다임이나 사고방식이 더 이상 설명력이 부족했다는 의미다. 미국의 과학철학자 토머스 쿤(Thomas Khun)이 말하는 패러다임 시프트(Paradigm Shift)다. 기존 이론으로 설명되지 못하는 것들이 출현하면 사고의 전환을 가져오는 계기로 발전해 간다는 것이다. 기업문화의 중요성이 부각된 것도 이와 맥을 같이한다.

2. 과학적 관리에서 인간 중심으로 [5]

현대 경영의 출발로 대체적으로 학자들이 동의하는 것은 프레드릭 테일러(Fredrick Taylor)의 과학적 관리법이다. 산업혁명 이후, 대량생산에 적합한 생산성 향상과 효율성 제고가 큰 이슈가 되었던 시기에 나타난 것이 테일러리즘(Taylorism)이다. 원래 펌프 공장 견습생으로 기업 경력을 시작한 테일러는 철강회사 조장으로 일하게 된다. 이때 발견한 것이 태업이었고, 작업량, 동작, 시간 등에 대한 과학적 분석과 관리 체계를 만드는 배경이 된다.

이 연구를 토대로 1911년 발간한 『과학적 관리법(The Principles of

---

[5] 기업문화 역사 관련 일부 내용, 존 칠드러스(John Childress), 『컬처 레버리지』 참고.

Scientific Management)』은 경영학과 산업 공학의 토대가 되었다. 이 책은 너무나 유명하기 때문에 안 들어본 사람이 없을 정도이지만, 제대로 정독한 사람은 별로 없다는 말도 있다. 노동시간과 동작을 연구하여 표준 작업량을 설정하고 이를 근거로 한 작업량 관리와 보상이 기본 골자다. 과학적 분석을 토대로 생산성과 효율성 향상을 꾀하고, 보상을 통해 기업과 노동자의 동시성장을 목표로 한 것이었다. 과학적 관리법에 대해서는 노동자에 대한 착취라는 관점과 더불어 비인간적이라는 비판도 많이 있다. 그렇지만 경영에 숫자와 데이터 도입과 더불어 인간 심리를 간파한 관리 방법을 최초로 제시하고 있다는 점에서 패러다임을 바꾼 경영학의 원조라 평가된다. 과학적 관리법은 전근대적인 방식에서 벗어난 체계적이고 시스템적인 관리의 시작인 셈이다.

과학적 관리법을 현장에 적용하여 성과를 보여준 사례가 포디즘(Fordism)이다. 자동차 제조공장의 컨베이어 벨트 생산방식으로, 포디즘은 테일러리즘을 보완하여 기계화된 대량 생산방식을 가능하게 했다. 전문화, 단순화, 표준화, 규격화를 통하여 생산성을 극대화한 방식이었다. 현재 공장에도 남아 있는데, 자동차가 컨베이어 벨트를 타고 이동하면서 조립되고 만들어지는 방식이다. 포드(Ford)는 T형 모델이라는 단일품종으로 자동차 대중화에 결정적인 기여한 것으로 평가된다. 그러나 이와 반대로 생산 현장의 비인간화, 획일화, 익명화를 가져왔다는 부정적인 평가의 대상이 되기도 한다.

과학적인 관리법을 통한 생산성의 혁명적인 변화와 더불어 사람과 근로환경에 대한 관심이 1920~1930년대를 거치면서 나타나게 된다. 그 중 대표적인 것이 미국 웨스턴 전기회사의 호손 공장 실험이다. 하버드 대학 엘튼 메이요(Elton Mayo) 교수팀이 1924년부터 1932년까지 수행한 연구다. 연구팀은 작업장 조명이나 임금 등 물리적 요인보다 소속감, 인간관계, 집단의식 등이 생산성에 더 큰 영향을 미친다는 사실을 발견했다. 통제와 관리만이 아닌 인간적 요소에 대한 관심이 필요하다는 새로운 관점이 경영학에 등장한 것이다. 이후, 경영학과 심리학 분야에서는 사람과 조직역학에 대한 연구와 이론 등이 등장하게 된다. 인본주의 심리학으로 대표되는 매슬로(Maslow)의 욕구 5단계설이나 더글러스 맥그리거(Douglas McGregor)의 XY 이론, 쿠르트 레빈(Kurt Lewin)의 조직역학(Group Dynamics) 등이 대표적인 것들이다. 물리적이고 기술적인 하드웨어 중심의 관리에 대한 대안으로 인간적 혹은 조직 역학적 요소인 소프트웨어에 대한 관심이 등장한 것이다.

3. 글로벌 경쟁과 기업문화의 부상

미국은 2차 세계대전까지 두 번의 전쟁을 통해 군수품과 물자의 공급 공장이자 패권 국가로 부상하게 된다. 경영학도 예외는 아니어서 미국을 중심으로 한 경영학 발전이 이루어지게 된다. 글로벌리즘(Globalism, 세계주의)은 곧 아메리카니즘(Americanism, 미국적 정신)이라는 말이 얼마 전까지도 미국인들에게는 당연하게 받아들여질 정도였다.

하지만 1970년대, 중동 전쟁으로 시작된 오일쇼크(Oil Shock)가 미국식 경영에 의문을 던진다. 석유수출국기구(OPEC)를 중심으로 한 산유국들의 전쟁은 유가상승과 전 세계적인 경제위기를 불러일으켰다. 이때 설명하기 힘든 예외로 부각한 나라가 독일과 일본이었다. 2차 세계대전 패전국인 두 나라가 1980년대 이후 세계시장에 다른 모습으로 등장한 것이다. 심지어 일본은 에드워드 데밍(Edward Deming)이라는 미국 품질관리 전문가가 1950년에 일본에 파견되어 전후복구를 위한 품질관리를 주도한 적도 있었다. 그는 통계에 의한 품질관리 전문가로 '측정할 수 없는 것은 관리할 수 없다'는 말(피터 드러커가 한 말로 유명해졌으나 원래 데밍의 주장이자 철학이기도 하다)로 유명한 사람이었으며 일본에 QC(Quality Control) 활동이나 TQM(Total Quality Management) 같은 기법을 전수한 사람이기도 하다. 어쨌든 독일과 일본은 세계대전을 일으킬 정도의 원천기술과 잠재력을 가진 나라이긴 하다. 심지어 전쟁 이후 산업기반 시설이 완전히 파괴되었음에도 빠른 시일 내에 회복을 넘어 불황의 시기에도 승승장구했다. 자신들이 표준이고 가장 우수하다는 인식을 가진 미국에는 놀라운 일이었다.

이에 일본과 독일에 대한 관심과 연구가 집중되기 시작했고, 특히 동양적 배경을 가진 일본을 향한 관심이 높아지기 시작했다. 전혀 다른 문화적 배경을 가지고 있을 것이라는 가정이었다. UCLA 교수인 윌리엄 오우치(William Ouchi)의 Z 이론도 그중 하나이다. 생산성이나 비용 등

효율성 측면만이 아니라 종신 고용을 통한 고용 안정, 응집력, 소속감, 역량개발 등 사람에 대한 장기적인 투자, 조직으로 일하는 방식 등 문화적 관심이 필요하다는 주장이었다. 물론 그 이전에도 사람 중심의 인본주의와 조직 문화에 대한 관심과 연구는 계속되었으나 이제는 기업이 속한 국가와 민족 문화에 관심을 두기 시작한 것이다.

70년대 후반과 80년대를 거치면서 발견한 것은 일본 기업의 경영방식은 소프트웨어적 요소에 차이가 있다는 것이었다. 그 차이가 어떤 것인지에 대한 연구가 집중되었고, 이것이 기업문화에 대한 학문적인 연구의 시작이라고 할 수 있다. 일본의 역사, 사회, 문화적 배경을 토대로 일본 기업만의 독특한 기업문화가 만들어졌고 이것이 경쟁력이라는 것이다. 일본 기업을 대상으로 일본식 경영기법과 성공비결에 대한 관심과 연구가 집중되게 된 것이다. 물론 이전에도 미국에서는 태평양 전쟁을 치르면서 일본의 독특한 문화에 관심이 있었다. 가미카제(かみかぜ), 옥쇄를 하면서도 절대로 항복하지 않는 등 독특한 특징이 있다는 것이다. 2차 대전 중 미국의 인류학자인 루스 베네딕트(Ruth Benedict)에게 연구를 의뢰했고, 그는 1946년 『국화와 칼』이라는 책을 발간한다. 국화는 일본 황제의 상징 꽃으로 평화를, 칼은 일본인의 호전성과 잔인함을 의미한다. 즉, 일본인의 양면성을 표현한 것이다. 루스 베네딕트가 일본에 가본 적도 없다는 비판을 받기는 하지만 사실을 확인할 수는 없고, 이 책은 일본을 공부하는 사람에게는 필독서로 간주된다.

이러한 분위기가 반영되어서일 수도 있고, 축적된 연구의 결과일 수도 있다. 당시 일본 기업의 성공원인에 대한 관심과 정반대되는 연구도 진행되었다. 바로 성공하는 미국 기업들에 대한 연구였다. 출발은 스탠퍼드 대학에서 박사를 마치고 맥킨지로 복귀한 톰 피터스(Tom Peters)에게 효과적인 전략실행 요인이 무엇인지에 대한 연구 의뢰였다. 그 결과로 발간된 것이 톰 피터스와 로버트 워터먼의 책 『초우량 기업의 조건(In Search of Excellence)』이다. 이 책은 1982년 초판이 나온 이후로 4년간 전 세계적으로 300만 부가 판매되었다고 한다. 1989년과 2006년 사이에 미국에서 가장 많이 판매된 책이고, 이후에 이와 유사한 연구를 계속하게 만들고 다양한 책들이 출간되는 계기가 되었다. 그중 대표적인 것으로 짐 콜린스의 『좋은 기업을 넘어 위대한 기업으로』, 짐 콜린스와 제리 포라스의 『성공하는 기업들의 8가지 습관』 등이 있다. 이 책 두 권은 위대한 기업과 보통 기업의 차이는 기업 문화에 있다는 연구 결과를 제시한다. 어쨌든 이 분야의 고전이라고 할 수 있는 『초우량 기업의 조건』은 일본 기업과 미국 기업의 차이를 연구한 것이 아니라, 미국 일류 기업의 특징을 연구한 것이었다. 연구에 활용된 일곱 가지 변인은 이후 맥킨지 7S 모델(Shared Value, Strategy, Structure, System, Staff, Skills, Style)의 토대가 되었다고 한다.

『초우량 기업의 조건』에서 제시한 내용의 핵심은 한마디로 "초우량 기업의 기업문화는 매우 강하고 독특한 실행 중심"이라는 것으로 요약할 수 있다. 시스템이나 전략 등 하드웨어적 요소보다 열정, 상상력, 창의성, 도전 정신, 가치와 같은 소프트웨어 요소인 기업문화를 만들어가는 것이 훨씬 더 중요하다는 것이다. 초우량 기업들은 '남들이 안 하는 것을 하는 것이 아니라 남들도 다 하는 것을 탁월하게 실행하는 문화를 가지고 있다'는 것이다. 이 책으로 톰 피터스는 세계적인 스타가 되었고, 이후 수많은 강연 등을 통해서도 유명인사가 되었다(이 책이 한국에 출간된 이후, 저자가 한국을 방문한다고 하여 세미나에 초청하려다 천문학적인 강사료로 포기한 적이 있다. 책의 영향력을 실감한 경험이었다).

이후에도 기업문화에 대한 꾸준한 연구와 관심이 지속되었고, 구성원의 심리와 소프트웨어 측면에 관심을 갖는 리더십 이론들이 등장하게 된다. MIT 대학의 에드거 쉐인(Edgar Schein) 교수는 『조직문화와 리더십(Organizational Culture and Leadership)』이라는 책을 발간한다. 이 책을 기업문화를 학문적이고 이론적으로 정의한 최초의 저술로 평가받는다. 이후 기업문화 연구에서 가장 많이 인용되는 권위 있는 저술로 알려져 있다. 또한 존 코터(John Kotter)와 제임스 해스켓(James Heskett)은 기업문화와 성과가 관련이 있다는 연구결과를 『기업문화와 성과(Corporate Culture and Performance)』라는 책자로 발표하게 된다. 200여 개 기업을 대상으로 조직문화와 성과 간 상관관계를 연구한 것으로, 환경에 맞추어 유연하게 변화하는 조직이 더 나은 성과를 창출한다는 내용이다. 기업문화가 단순히 성과가 좋으면 회사 분위기가 좋아지는 것이거나 단순히 구호로 외치는 구두선이 아니라는 점을 보여주었다.

1980년대를 거치면서 기업문화에 대한 다양한 연구결과가 발표되었고, 이후 경영학에서 기업문화의 중요성은 당연한 것으로 받아들여지게 되었다. 기업의 지속적인 성과 창출과 성장을 위해서는 뛰어난 전략도 중요하지만 문화가 뒷받침이 되어야 한다는 것이다. 현재는 기업문화가 중요하다는 것은 상식이 되었고 누구나 그렇게 말한다. 사람들이 기업문화를 기업의 성공과 실패의 원인으로 지목하는 경우도 많다. 특히 원인을 명확히 밝히지 못할 경우는 더 심해진다. 분명 맞는 말이지만, 너무 단순하게 직관적으로 판단해서는 안 된다. 기업문화는 성과와 실행력에 결정적인 요인이지만 성공과 실패의 수많은 원인 중 하나일 뿐이다. 따라서 문화는 그 자체가 원인이라기보다는 성공이나 실패를 가속화하는 요인으로 접근해야 한다.

4. 한국 기업문화의 발전과 SK의 선도적 노력

경영에서 기업문화에 관심을 갖기 시작한 80년대 당시 우리나라는 산업화를 통한 고도성장을 시작한 시기였다. 사실 기업문화 같은 내용들을 경쟁우위 요소로 인식하고 관리한다는 것은 사치였다. 경영학을 공부한 사람들의 최고 직장은 기업보다는 은행 같은 금융계나 공무원으로 인식되었다. 기업에서는 경영에 대한 체계적인 지식도 부족했다. 90년대 거품이 낀 호황 이후 IMF를 겪는 90년대 말을 지나면서 기업경영 방식과 시스템에 찾아온 커다란 변화를 계기로 조직문화에도 관심이 커졌다고 봐야 할 것이다. 특히 2000년대 초반 IT와 벤처 붐이 불면서 기업 구성원의 규모가 70~80명을 넘어서면 한두 명의 탁월한 경영자의 역량만으로는 한계가 있다는 경험에서 얻은 깨달음이 있었다.(안정적인 인간관계를 말하는 '던바의 수' 150명보다 적은 숫자다.) 인치로는 안 되고 시스템 경영이 필요하다는 인식인 것이다. 경영전략 컨설팅은 말할 것도 없고, 새로운 제도와 시스템, 문화를 만들어갈 필요가 있다는 인식으로 인력관리와 기업문화 관련 컨설팅 시장도 붐을 이루는 계기가 되었다.

그러나 앞서가는 국내 기업 중에서는 그보다 20년이나 앞서 이미 70년대부터 사람의 중요성과 우수한 기업문화를 경쟁우위의 중요한 요소로 파악하고 노력을 시작한 경우도 있다. 바로 70년대 당시 국내 재계 순위로는 후발 기업이었던 SK가 2000년대 일류기업이 되려면 경영수준이 일류가 되어야 한다고 확신하고 이에 대해 투자한 것이다. 기업의 경쟁우위 요소를 사람이 가진 잠재력과 자발성이라고 확신하고 이를 중심으로 인간 위주의 기업문화를 만들어가기 시작한 것이다. 미국에서 기업문화의 중요성을 깨닫고 연구하기 시작한 80년대보다도 훨씬 앞선 시기에, 확신에 찬 신념의 행동(act of faith)이었던 것이다. 그냥 구두선이 아니라 경영철학과 시스템으로 성문화하여 정립하고 구체적인 실천방법을 문화로 만들어가는 경영을 지금도 계속하고 있다. 이어지는 Chapter 4에서 실제 경영철학과 방법론인 SKMS가 진화 발전되어 온 과정을 사례로 살펴보기로 하자.

역사가 오래된 기업은 자신만의 독특한 문화를 발전시키게 된다. 그러나 역사가 상대적으로 짧은 기업도 기업의 미래를 가정하고 긴 안목으로 경쟁력의 원천으로 기업문화를 만들어가야 지속 가능하게 될 것이다. 기업경영에 있어 기업문화의 중요성과 절대적인 역할에 대해서는 역사적인 발전 과정을 보면 논란의 여지가 없다.

Chapter 4

살아 있는 유기체로서 기업문화

우수한 것은 강하면서 유연하다. 강하고 유연한 문화의 중요성에 대한 발견은 기업문화와 성과의 관계에 대한 연구로 거슬러 올라간다. 앞서 언급한 존 코터와 제임스 해스켓의 연구는 경제적인 성과와 문화의 관련성을 연구한 첫 번째 사례로 평가된다. 이들은 문화와 장기적인 성과와의 관계를 파악하기 위해 하버드 경영대학 후원으로 1977년부터 1988년까지 연구를 진행했다. 20여 개 다른 사업군에 속한 207개 기업을 대상으로 11년간 상관관계를 파악했다. 성과는 순이익 증가율, ROI(Return on Investment, 투자수익률), 주가 상승률을 기준으로 측정했다. 기업문화의 강도는 얼마나 분명한 핵심가치와 경영철학을 가지고 있는가, 지속적으로 이를 강조하고 확산하고 있는가, 구성원들이 광범위하게 공유하고 있는가 등을 포함하여 판단했다. 연구결과는 강하기만 한 문화가 아니라 유연하고 적응성(adaptive)이 뛰어난 문화가 성과와 상관관계가 높다는 것이었다. 유연하고 적응성이 높다는 것은 환경 변화에 대한 대응력이 뛰어나다는 의미다.

 즉 기업문화는 유기체와 같아야 한다는 말이다. 문화가 강하기만 하면 오히려 독이 되는 경우가 많다. 과거의 성공경험에 매몰되어 오만해지고 관료화되며 내부에만 중점을 두는 문제가 발생하게 된다. 변화에 둔감하고 과거의 관성에 집착하는 것이다. 문화는 의지와 신념의 행동이다. 자연스러운 성장과 발전의 과정도 있으나, 기업문화의 역할을 인식하고 의도적인 노력과 시간을 투입하는 노력이 필요하다. 필자가 경험한 SK 경영철학의 진화 발전과정을 SKMS 사례로 들어본다.

1. SKMS, 살아 있는 경영철학의 진화

1970년대 중반, SK는 '제2의 창업'을 선언하며 비즈니스 포트폴리오 확장과 함께 이를 뒷받침할 경영 시스템의 정립을 구상한다. 4년에 걸친 치열한 고민과 논의 끝에 1979년 경영철학과 방법론을 아우르는 '경영 시스템(Management System)'을 정립하고 책자로 성문화했다. 당시 우리나라는 경영학의 개념조차 낯설고, OPEC 전쟁으로 인한 석유 파동으로 매우 불안정한 시기였다. 통상적인 경우라면 소프트웨어인 기업문화가 가진 경쟁우위의 중요성을 인식하고 노력을 투입한다는 것은 상상하기 어려웠을 것이다.

이렇게 정립된 경영철학의 핵심은 기업의 영구 존속·발전과 이를 위한 인간 위주의 경영이었다. 구성원은 기업경영의 주체이자 미래 경영자라는 철학적 정립이었다. 사람의 경쟁력이 곧 기업의 경쟁력이고, 이는 자발성과 의욕을 토대로 한 몰입(두뇌활용)에서 출발한다는 신념을 담은 것이다.

초기 경영 시스템은 경영자 육성을 위한 교과서 성격이 강했다. 10여 년간 지속적인 교육과 확산을 통해 경영의 목적과 방법론에 대한 이해와 지식이 높아지고, 경영에 있어 사람의 중요성에 대한 인식이 커지는 성과가 있었다. 그러나 경영성과가 기대하는 수준에 미치지 못한다는 자성이 있었고, 이에 지금까지의 방법을 바꾸어 '탁월한 수준 이상(SUPEX: Super Excellent Level)'을 목표로 정하고 이를 위해 정립된 경영 시스템을 어떻게 활용할 것인지에 중점을 두기로 한다. 이 과정을 거치면서 실천 방법인 자발적 의욕적 두뇌활용(몰입)과 SUPEX 추구는 독특한 문화로 강하게 뿌리내리기 시작했다.

90년대 후반과 2000년대 초반, IMF라는 국가 위기상황을 맞이하게 된다. 사회적 환경변화와 내부 경영 시스템의 변화 필요성을 반영하여 경영철학의 패러다임 전환을 시도한다. 기업의 존속과 발전을 위해서는 기업 생태계와의 공존이 필요하다는 인식이었다. 이윤추구를 넘어 이해관계자에게 가치를 제공하는 것으로 기업경영의 지향점을 확장하게 된다. 기업경영의 목적은 이해관계자의 행복이고, 이를 구현하는 핵심 방법론은 SUPEX 추구와 자발적 의욕적 두뇌 활용 극대화이다. SUPEX 추구는 회사 차원의 경영 프로세스로 통합하여 시스템 경영의 체계를 정립하게 된다.

경영철학의 진화·발전과 실천과정에서 끊임없는 고민, 내부성찰이 계속되었다. 어떻게 하면 경영철학과 방법론의 실천을 기업문화로 승화할 것인가 하는 것이 핵심이었다. 기업문화의 핵심 메시지는 구성원의 자발적 의욕적 두뇌활용을 극대화하고 이를 통해 SUPEX 추구를 이루며, 결과적으로 기업의 발전과 이해관계자의 행복을 구현하는 것이다. 이를 위해서는 구성원의 행복, 기업의 발전, 이해관계자의 행복이 서로 선순환을 이루어야 한다. 구성원의 자발적 의욕적 두뇌활용은 구성원을 행복하게 하는 실천 방법이고, 행복한 구성원이 자발적이고 의욕적이 될 수 있으므로 경영철학을 구현하는 출발점이 된다.

이러한 고민은 기업경영의 지향점이 구성원의 지향점과 일치해야 한다는 인식에 이르게 된다. 이는 경영철학에 대한 새로운 자각이자 판단이었다. 구성원은 스스로의 행복을 추구하기 위해 기업을 선택한 것이다. 그런데 기업경영의 지향점은 이해관계자의 행복으로, 구성원의 행복과는 논리적으로 거리가 있다. 기업경영의 목적이 구성원의 행복과 일체를 이루어야 자발성이 발현 가능하다.

따라서 기존과 다른 접근으로 변화를 주게 된다. 기존 경영철학은 이해관계자에게 가치를 제공하고 이를 통해 기업의 안정과 성장을 이루며, 구성원은 이 과정에서 스스로 행복을 추구하는 것이었다. 진화된 경영철학은 구성원이 스스로의 행복을 추구하는 것이고, 이를 위해 행복의 터전인 기업이 안정과 성장을 이루어야 하며, 그러기 위해서 이해관계자 가치추구는 그 전제가 되는 것이다. 그렇게 되어야 자발적 의욕적 두뇌활용이 가능하고 선순환이 만들어진다. 선순환의 출발은 주체로서 기업을 스스로 선택한 구성원의 자발적 의욕적 두뇌활용이다. '주체로서 구성원'이 경영철학으로 완성된 것이다. 이를 가장 잘 실천한 모습은 자발의욕을 문화로 만들어가는 것이다. 문화는 '당연한 것'을 말한다. 즉, 문화에 의한 경영을 지향하는 것이다.

요약하면 선순환은 다음과 같이 이루어진다.

> 기업경영의 목적 = 구성원 행복 → 경영철학에 대한 믿음과 실천 → 구성원의 자발적 의욕적 두뇌활용(기업문화) → SUPEX 추구 → 구성원 행복의 증가

최초 정립 이후 14번의 개정을 거치면서 반세기인 50년간 지속적으로 진화·발전해 온 경영 시스템을 아주 간략하게 요약한 것이다. 어떤 기업에서도 사례를 찾아볼 수 없을 정도로 기업문화에 정성을 기울이고 세대를 이어가면서 계승하고 발전시켜 가는 모습은 분명 배울 점이 있다.

첫째, 기업문화가 살아 있는 유기체처럼 지속적으로 진화하고 발전해 왔다는 것이다. 경영철학이자 기업경영의 지향점은 안정과 성장을 위한 이윤 극대화에서 이해관계자의 행복으로, 그리고 이를 넘어 구성원의 행복까지 그 외연을 확장해 왔다. 구성원의 행복을 추구해야 하고 경제적 가치(이윤 추구)와 사회적 가치(이해관계자 행복), 이 세 가지를 동시에 추구해야 한다고 명확히 정의하고 있다. 경영철학이자 실행원리인 '자발적 의욕적인 두뇌활용 극대화'와 'SUPEX 추구'는 최초 정립시점부터 중요한 원칙으로 실천방법을 지속적으로 유지·발전시켜 왔다.

둘째, 대부분의 기업은 외부 전문가나 컨설팅을 통해 경영철학이 제안되면, 최고 경영층은 이를 보고받고 의견을 더하고 조정하여 정립하는 것이 통상적인 방법이다. 이후의 보완작업도 유사하게 진행되는 것이 전형적이다. 또는 최고 경영층이 구술하듯 말하면 이를 받아 정리하여 보고하는 방식으로 만들어진다. 최고 경영자의 철학과 가치관은 절대적으로 중요하다. 그러나 방금 설명한 사례의 경영철학 개정과 보완 과정은 확연히 다르다. 일방적이지도, 외부 전문가에 의존하지도 않는다. 개정과 전파 확산에 지나치다 싶을 정도로 세심하게 정성을 들여 접근한다. 만들고 확산하는 것이 아니라 다양한 실험을 통해 실천해 보고 경험을 통해 확신을 가진, 반드시 필요한 내용으로 정리한다. 개정을 시작하면 매번 거의 1년 이상 소요되고 회사 전체가 들썩인다. 최고 경영층과 주요 임원, 외부 전문가가 토론회에 참석한다. 여러 차례의 토론회를 거쳐 충분한 숙성과 의견수렴의 시간을 갖는다. 단어 하나, 문장 하나까지도 개념과 표현 방식을 토론하고 합의하는 과정을 중시한다. 이 과정에서 구성원 전체의 참여와 의견수렴을 매우 중요시한다.(물리적으로 만장일치되는 전체 구성원 합의를 말하는 것은 물론 아니다.)

진행과정에서 나온 토론 내용은 회사 게시판에 공개하고 의견을 받는다. 의견수렴이 추가로 필요한 내용은 설문이나 그룹 인터뷰 형식으로 의견을 취합한다. 전체 구성원 중 누구나 조금만 관심이 있으면 참여와 의견개진이 가능하다. 어느 정도 내용이 정리되면 초안을 가지고 전체 임원 워크숍과 경영층 세미나를 통하여 최종 검토를 하고 합의 과정을 거친다. 개정과정에서 그야말로 온 회사가 참여한다.

가장 최근에 시행한 개정에서는 구성원의 행복을 기업경영의 지향점으로 확장(경제적 가치 즉, 이윤추구 → 이해관계자 행복 → 구성원 행복)하는 과정도 통상적인 과정과는 다른, 상상을 넘어서는 사례를 보여준다. 구성원의 커미트먼트(commitment)를 위해 최고 경영자가 1년 동안 100번의 '행복 톡(talk)'을 매회 구성원들과 직접 2시간 내외로 진행하였다. 행복을 위해 기업을 스스로 선택했다는 것과 행복추구라는 개념을 가급적 많은 구성원과 직접 토론하면서 정리하기 위해서다. 1년은 52주다. 100번을 하려면 매주에 최소 2회 이상을 해야 한다. 그것도 국내 사업장만이 아니라 글로벌까지 포함해서다. 행복 톡과 별도로 개정할 내용을 논의하는 토론회도 거쳤다. 이는 회사가 경영철학 개정 작업을 얼마나 중요하게 여기고 우선순위에 두고 있는지 상징적으로 보여준다.

셋째, 경영철학과 방법론을 지속적으로 확산하고 재무장할 시간을 갖는다. 실천방법을 각 회사와 조직이 자신의 환경과 특성에 맞게 스스로 개발하고 만들어가는 것이 권장된다. 즉 셀프디자인(self-design)을 중시한다. 자기만의 버전으로 경영 시스템을 스스로 해석하고, 그에 맞는 제도와 시스템을 개발해 나간다.

최고 경영층의 전략회의나 세미나에 경영철학의 진화·발전 이슈를 포함하여 실천력을 높이기 위한 논의시간은 항상 포함된다. 계층별, 조직별 워크숍에서도 일정 시간은 경영철학에 대한 재학습과 토의시간이 할애된다. 신입, 영입 구성원 등 뉴커머(new comer)에 대한 온보딩(Onboarding) 교육의 90% 이상은 기업의 성장 역사와 경영철학으로 채워진다. 전략의 변화나 환경변화가 있을 때는 더욱 강조한다. 리더십 진단과 평가에 경영철학에 대한 신념과 실천 정도가 반드시 포함된다. 제도와 시스템은 경영철학에 연계되어 설계되고 시행된다. 공유와 이해도뿐만 아니라 제도와 시스템으로의 실천 정도에 대해 매년 서베이 형식으로 구성원의 의견을 수렴한다. 이러니 항상 경영철학에 푹 적셔 있을 수밖에 없다.

이 사례는 살아 있는 유기체로서 환경변화에 유연하게 대응하는 기업문화가 강하다는 것을 보여준다. 이와 동시에 내부의 통합과 응집력이 요구된다는 것도 의미한다. 다시 말해 변화 결과에 대한 확산만이 아니라 과정에서 경영층을 비롯한 구성원의 참여와 공감이 결정적이라는 것을 보여준다.

2. 기업문화는 강력한 시스템

기업문화는 유기체이자 시스템에 비유해 볼 수 있다. 시스템이란 두 가지 이상의 구성요소가 각각 고유한 기능을 수행하며 공동의 목적을 달성하기 위해 상호작용하는 것을 말한다. 시스템의 가장 전형적인 예는 바로 사람의 몸이다. 우리 몸의 장기는 각각 고유한 기능을 수행하면서 서로 상호작용한다. 외부환경에 변화가 생기면 우리 몸은 그에 적절히 대응한다. 어떤 장기가 제 역할을 못하거나 상호작용이 원활하지 못하면 건강에 문제가 발생한다.

시스템의 또 다른 예는 교통 시스템이다. 교통 시스템은 국가 간 다소 차이는 있지만 전 세계가 모두 유사한 시스템을 가지고 있어 좋은 비교 대상이다. 신호등을 예로 들면 녹색, 황색, 빨간색으로 동일하게 구성되어 있다. 녹색은 가도 좋다는 신호, 빨강은 정지, 황색은 신호가 바뀐다는 예비 신호이다. 이 외에도 차선이나 횡단보도 같은 요소들이 교통 시스템을 구성한다. 선진국의 경우는 이 시스템이 잘 지켜진다. 후진국은 사람과 차와 신호등이 모두 따로 논다. 시끄럽고 사고도 많으며, 이게 당연한 줄 알고 그렇게 살아간다. 이는 교통 문화뿐만 아니라 사회 시스템도 후진적이라는 것을 보여준다. 교통 시스템은 차량과 사람의 안전한 이동을 위해 필요한 최소한의 약속을 정한 것이다. 이 최소한의 약속이 잘 지켜져야 좋은 문화라고 평가받는다. '어기면 처벌이 강하기 때문'이라는 말도 있고, 실제로 그럴지도 모른다. 그러나 우리가 아는 선진국, 선진문화는 철학과 믿음이 다르고 의식 수준과 행동이 다르다. 교통신호뿐만 아니라 사회 전체가 그렇다. 교통신호를 비롯한 시스템은 최소한의 기준을 제시할 뿐이다.

이 최소한으로 지켜야 할 약속과 실천의 정도가 바로 문화의 수준이다. 기업문화는 이러한 최소한의 약속들의 집합이자 상호작용의 결과물이다. SKMS가 바로 그런 최소한의 약속에 해당하는 내용을 담고 있는 것이다. 약속은 철학에 기반한 신뢰와 실천을 통해 시스템의 우수성을 좌우한다. 시스템 자체가 다른 것이 아니라, 문화의 수준이 다른 것이다. 기업도 동일하다. 단순히 좋은 시스템을 갖추었다고 해서 수준이 높아지는 것이 아님을 보여주는 예시이다. 강하고 우수한 기업 문화를 만들어가려면 시스템 수준을 넘어 철학과 믿음을 가지고 실천해야 한다. 결국 문화에 의한 경영이 가장 선진적인 수준이다. 선진화되었다는 것은 무엇을 의미할까? '당연한 것'들에 대해 '사회적 압력'이 긍정적으로 작동하는 것이 선진 문화의 특성이다.

3. 당연함이 만드는 강력한 힘

다음 장에서 논의할 문화의 개념에서 가장 중요한 개념은 '당연시되는 것(taken-for-granted)'이라는 점을 기억해야 한다. 당연하기 때문에 굳이 말하거나 강조하지 않아도 자연스럽게 드러나는 것을 말한다. 기업의 핵심가치와 경영철학이 문화화된다는 것은 너무나 당연한 것이 되어 있다는 의미이다. 그렇다면 그런 문화를 어떻게 만들어갈 수 있을까?

인간은 사회적 동물이다. 소속의 욕구(social belonging)는 본능이다. 사회집단에서 배척당하는 것은 곧 생존의 위협을 말한다. FOMO(Fear of Missing out) 즉, 놓치거나 소외되는 것에 대한 두려움 또한 유행에 뒤처지면 스트레스를 받는 것처럼 사회적인 소속 욕구에서 비롯된다. 고립과 외로움, 사회적인 따돌림은 사람을 죽음으로 몰고 가기도 한다. 진화론에서 인간은 사회적 존재로서 생존에 유리하도록 진화했다고 한다. 눈동자의 움직임을 알 수 있도록 흰자위가 발달하고, 눈빛만으로도 서로 의사 표현과 감정을 공유하는 것이 가능하다. 공감, 협력, 배려, 상대의 마음 읽기 등이 사회성의 조건이다. 인간이 가진 '거울 뉴런'이 여기에 한몫을 한다. 한마디로 인간은 '눈치를 보는 동물'인 것이다. 눈치는 전통적으로 좋지 않은 의미로 쓰이곤 하지만, 사실 눈치는 상대에 대한 배려와 좋은 관계를 희망한다는 신호이다. 좋은 문화는 어떤 의미에서 눈치를 보는 문화를 말한다. 다른 의미에서는 집단의 영향력, 곧 피어 프레셔(peer pressure)를 말하는 것이다.

우리는 선진 문화권에 가면 익숙하지 않은 행동을 해야 할 때 그곳 사람들의 행동을 따라 하게 된다. 이른바 '눈치를 보게 되는' 것이다. 반면 후진국 문화에서는 눈치를 보지 않는다. 좋은 기업문화를 만들어가기 위해서는 집단의 압력, 즉 피어 프레셔가 좋은 방향으로 작동되어야 한다. 이는 집단에 순응하고 복종한다는 의미가 아니다. 서로 좋은 것을 권하고, 그렇게 행동하는 것에 대해 기분 좋은 압박감을 느끼는 것이 필요하다.

지금까지 논의된 기업문화의 중요성과 우수한 기업문화의 조건을 염두에 두고, 이제 좀 더 체계적인 관점에서 어떻게 문화를 이해하는 것이 좋은지를 살펴보도록 하겠다. 문화란 무엇을 말하고 기업의 맥락에서는 어떻게 해석되어야 하며, 문화를 구성하는 요소는 무엇인지 입체적인 관점에서 살펴보겠다.

PART 2

기업문화,
그 본질을 해부하다

Chapter 5

혁신과 성장을 이끄는 기업문화의 비밀

기업이나 조직의 문화를 논하기 전에, 일반적인 의미에서 '문화'란 무엇인지 먼저 살펴보겠다. 문화를 구글 검색 엔진에서 찾아보면 6억 개가 넘는 방대한 결과를 보인다. 문화와 동전의 양면과도 같은 리더십 역시 3억 개 가까운 정의가 검색된다. 이는 그만큼 문화가 정의하기 쉽지 않다는 것을 의미한다. 흔히 연구하는 사람의 수만큼 정의가 존재한다고도 말한다. 이처럼 목적과 맥락에 따라 의미가 달라지기에 문화에 대한 개념적 정의는 폭이 넓고 다양할 수밖에 없다. 문화를 바라보는 집단의 단위가 국가인가, 민족인가, 기업인가, 혹은 기업 안의 하위조직인가에 따라 모두 다르게 보이며, 문화와 관련된 가치관, 규범, 행동양식, 사상, 철학, 이념, 분위기 등 수많은 비슷한 개념과 용어들이 각기 다른 용도로 다양하게 활용되기도 한다. 이제 이 복잡한 퍼즐을 하나씩 풀어보겠다.

1. 문화는 인간이 가진 문제를 해결하는 방식

문화를 이해하는 좀 더 직관적이고 간명한 개념이 필요하다. 문화는 '인간이 가진 문제 또는 과제를 해결하는 방식'이다. 동물도 종에 따라서 사회를 이루고 나름대로 문제해결 방식을 가지고 있지만, 그것을 문화라고 말하지는 않는다. 문화는 인간이 문제해결을 위해 독특하게 만들고 진화·발전시켜 온 것이다. 인간이 만물의 영장으로 성공한 요인 중 하나는 문화일 것이다. 동물은 시간이 지나도 동일하며 발전이 없다. 돌연변이에 따른 종의 진화와 환경적응, 혹은 아주 오랜 시간에 걸친 생물학적 진화만 있을 뿐이다. 가장 큰 차이는 철학의 유무와 진화·발전 방식일 것이다.

인간이 가진 문제, 과제는 무엇일까? 인간이 살아가는 목적을 여러 가지로 설명할 수 있지만, 가장 근본적인 질문인 '왜 사는가?'에 대한 답은 철학적인 관점에서 행복을 추구하는 것이다. 행복추구의 본질적인 과제를 가장 단순화하면 의식주 문제를 해결하는 것에서 출발한다. 현

대인의 삶도 궁극적으로 의식주로 귀결되어 설명할 수 있다. 우리 삶에 상당히 많은 부분을 차지하는 노력과 시간이 대부분 의식주에 해당한다. 여행을 가서도 현지 음식, 역사, 전통적인 행사 등을 뺀다면 그것은 여행이 아닌 자연 경관을 즐기는 관광이나 오지탐험이 될 것이다.

의식주, 즉 인간이 가진 문제를 해결하는 방식은 자연환경, 가용자원, 기존에 전수되어 온 성공과 실패경험 등에 따라 서로 다른 모습으로 형성되고 발전하게 된다. 예를 들면 서양과 동양, 아프리카, 아메리카, 아시아, 유럽 등 대륙의 기후와 환경, 가용자원의 차이 등에 따라 모두 달라지는 것이다. 이렇게 다른 문제해결 방식은 세대를 거듭하면서 특정 사회나 국가의 고유한 방식으로 자리 잡게 되고 서로 다른 모습으로 발전하게 된다. 이를 통해 어느 한 집단의 문화는 '어떤 문제해결 방식이 가장 효과적이고 효율적인가에 대한 믿음'으로 형성되는 것이다.

대표적인 예는 농업방식의 차이가 가져온 동서양 문화 차이이다. 건축가 유현준의 책『공간이 만든 공간』과 2008년 KBS 6부작 다큐멘터리 〈인사이트 아시아 - 누들로드〉를 통해 농업혁명이 가져온 문화의 발전, 지역별 차이를 엿볼 수 있다. 책은 건물의 차이를, 다큐멘터리는 동서양 문명을 잇는 빵과 국수의 역사를 다루고 있지만, 문화에 대한 이해에 시사하는 바가 크다.

인류는 약 1만 년 전부터 농업을 시작하면서 정착생활을 시작했고 문명의 발전을 이루어 왔다. 인류가 가장 많이 재배하고 소비하는 농작물은 밀과 쌀이다. 물론 우리나라만 해도 3,000여 종이 넘는 작물을 재배하고, 식용은 1,000종이 넘는다고 한다. 그러나 인류의 문명화 과정에서 그리고 지금도 가장 중요한 근간이 되는 작물은 밀과 쌀이라고 할 수 있다. 밀과 쌀은 지역별로 강수량에 따라 달라졌다. 일반적으로 연간 강수량이 1,000밀리미터 이상이면 쌀농사, 그 이하면 밀 농사가 적합한 기후라고 한다. 밀은 메소포타미아 지역에서 시작되어 동쪽으로 전파되었다. 실크로드 중심지인 신장 위구르 지역에서 빵과 국수 같은 밀 음식의 가장 오래된 유물이 발견된다. 당시 이보다 동쪽 지역의 주식이 쌀이었던 점을 감안하면, 밀 농사의 경계가 신장 위구르 지역이었음을 알 수 있다. 같은 위도를 기준으로 강수량에 따라 동양은 쌀을, 서양은 밀을 주식으로 재배한 것이다.

농작물이 쌀인가 밀인가에 따라 동서양의 의식주와 생활양식이 달라졌고, 이는 결과적으로 사고방식과 가치관의 차이로 이어졌다. 쌀농사를 위해서는 많은 물이 일정기간 집중적으로 필요하다. 지역적으로 장마와 집중호우가 있고, 물을 저장하고 관리하는 시설이 요구된다. 관개공사를 해야 하고, 모내기를 하고 수확하는 것도 강수량에 따라 집중하는 시기가 필요하다. 필연적으로 많은 노동력이 투입되고 협업과 화목이 특별히 더 중요하게 된다. 대규모 관개공사를 위해서는 중앙 집권적인 권력 구조가 효율적이고, 자연스럽게 계급 중심의 문화가 만들어진다. 모여 사는 것이 유리하고 공동체 유지와 발전이 중요하며, 그 속에서 다양한 집단의식이 발달하게 된다. 전통적인 우리나라 농촌 지역의 다양한 협업체계와 공동체 의식을 보면 쉽게 이해가 된다. 두레, 품앗이, 공동 모내기 등 불과 얼마 전까지도 우리 농촌에 있던 것들이다.

밀은 상대적으로 물을 많이 필요로 하지 않고, 비도 일정 기간 집중호우가 아닌 연간 골고루 내리는 지역에 적합한 작물이다. 물을 저장하고 많은 양을 끌어대어야 하는 토목공사도 그다지 필요하지 않다. 씨를 뿌리는 것도 혼자서 가능하므로 협업 중심의 노동력이 필요하지 않다. 자연히 공동체 의식보다는 개인주의적 사고방식과 생활양식이 발전하게 된다. 기후에 따른 재배작물이 달라지고, 노동방식에서 차이가 나며, 이에 따른 삶의 방식과 사고방식이 가치관 차이로 나타나게 된 것이다. 밀 농사를 중심으로 하는 지역은 밀 농사 외에도 목축업이나 상업이 발전할 수 있는 시간적, 공간적 여유도 많았다. 그러다 보면 주택과 마을이나 도시의 구성도 달라진다. 쌀농사 중심지역은 근접 거리에 모여 사는 것이 훨씬 유리하다. 반대로 밀 농사는 그럴 필요성이 많지 않다. 동서양의 전통적인 농촌 마을을 비교해 보면 확연한 차이를 느낄 수 있다. 유럽의 시골은 집들이 개별적으로 위치한다. 아시아는 전형적으로 동네를 이루고 산다. 의식주의 차이가 삶과 문화의 다양성을 가져오게 된 것이다.

물론 기후의 영향만은 아니고 지리적인 특성도 많은 작용을 했을 것이다. 재레드 다이아몬드(Jared Diamond)의 『총, 균, 쇠』에 따르면 지리적인 여건이 문화와 생활양식, 특히 농사와 작물 전파에 결정적인 역할을 했다. 동서양 차이와 더불어 대륙 간 특성도 크게 영향을 끼쳤다. 강과 산맥의 위치와 방향, 위도에 따라 문화가 전파되는 양상이 달랐다. 강이나 산맥이 남북으로 이어져 있으면 농작물이나 삶의 방식 등의 전파가 쉽지 않다. 위도상으로 유사한 위치가 기후 조건 등에서 교류와 전파에 훨씬 유리한 것이다. 즉, 환경적인 제약조건이 문화의 발전에 결정적인 역할을 한 것이다. 영국 출신 저널리스트 팀 마샬(Tim Marshall)은 『지리의 힘』에서 산맥, 강, 대양 등의 여건에 따라 국가의 발전과 경쟁력이 달라진다고 설명한다. 미국이나 중국, 러시아, 유럽 국가 등 강대국과 이들 주변 국가들의 힘의 균형과 갈등, 교류를 통한 흥망성쇠에 지리적 여건이 미친 영향을 설명하고 있다.

미국의 사회심리학자 리처드 니스벳(Richard Nisbett)은 『생각의 지도』에서 동서양의 세계관과 문화에 차이가 있다는 것을 과학적 방법론을 통해 설명한다. 서양은 개인적인 자율성을, 동양은 개인 간 관계를 중시한다. 동양은 더불어 사는 삶에, 서양은 홀로 사는 삶에 더 가치를 둔다. 서양은 논리를, 동양은 경험을 더 중시한다. 동양은 동사적인 관계로, 서양은 명사적인 관계로 사고한다. 예를 들어 닭, 소, 풀 세 가지를 제시하고 서로 관련 있는 것 두 가지를 고르라는 과제에 동서양이 다르게 반응한다. 서양문화는 소와 닭을, 동양문화는 소와 풀을 관련 있다고 고르는 경향이 높다는 것이다. 서양은 같은 속성을 지닌 것으로 범주화하려는 성향이 강하다. 소와 닭은 같은 동물이라는 점이 먼저 눈에 들어온다. 반면 동양은 관계를 먼저 본다. 소가 풀을 먹는 관계를 먼저 보기 때문에 같은 것으로 분류한다는 것이다. 그는 동서양의 차이를 가져온 원인을 지리적인 특성, 농업과 상업의 발달과정 등에서 찾고 있다. 이는 다시 한번 '인간이 가진 문제를 해결하는 방식'이 환경과 제약 조건에 따라 달라진 것임을 보여준다.

인류문화의 발전과정과 동서양이나 국가 간 문화 차이에 대한 이해가 필요한 이유 중 하나는 기업문화도 보다 큰 공동체인 국가나 지리의 영향을 받기 때문이다. 한 기업의 독특한 문화적 특성보다 국가 간 차이, 지리나 역사에 의한 차이 등이 더 크고 중요하게 작용한다. 문화를 더 폭넓게 이해하기 위해서는 기업 간 차이의 비교도 중요하지만, 더 큰 지리적, 환경적 차이와 발전 과정을 알아야 한다.

요약하면, 문화란 인간이 가진 과제를 해결하는 방식이며, 주어진 환경조건과 제약조건에 따라 독특성을 지니게 된다. 문화는 공통적인 것도 상당히 많지만, 지리와 기후를 포함한 여건에 따라 차이가 발생한다. 결국 문화는 삶을 통해 달성하고 해결하고자 하는 과제와 이를 해결하는 가장 좋은 방법에 대한 학습과 확신으로 발전하고, 이는 믿음 또는 존재 목적으로 자연스럽게 발전한다고 할 수 있다. 기업문화도 유사한 과정을 거쳐 만들어지고 영향을 받으며 변화해 간다.

2. 기업이 가진 문제를 해결하는 방식, 기업문화

기업문화는 인간의 성격에 비유될 수 있다. 기업이라는 집단이 가진 성격이 바로 문화다. 개인의 성격을 외향적이다, 온화하다, 낙천적이다 등으로 설명하듯이, 기업의 문화도 개방적이다, 자유롭다, 따뜻하다, 관료적이다, 혁신적이다 등으로 표현할 수 있다. 개인이 가진 속성은 고유하고 안정적이기 때문에 그 사람의 태도와 행동에 대한 예측이 가능하다. 마찬가지로 기업문화 또한 고유하고, 안정적이며, 예측이 가능하다. 따라서 기업의 각 구성원은 모두 다른 특성을 가지고 있지만, 기업문화는 개인의 행동을 지배하고 영향을 미친다.

문화의 일반적 개념을 기업이라는 집단에서 어떻게 해석하고 적용할 수 있는지 살펴보겠다. 기업문화에 대한 체계적인 정의를 시도하여 개념적이고 이론적인 연구의 초석을 제시한 사람은 MIT 교수였던 에드거 쉐인(Edgar Schein)이다. 에드거 쉐인에 따르면 문화는 '외부에 대한 적응(external adaptation)과 내부통합(internal integration)의 문제를 해결하는 과정에서 특정집단이 학습하고 축적된 것으로, 집단 내에서는 타당(valid)하고 당연한 것(taken-for-granted)으로 인식되는 것'이라고 정의한다. 따라서 상당히 안정적인 것으로 일관된 성향을 보인다. 너무나 당연하여 의식하지 못하는 것으로, 겉으로 보기에 눈에 잘 드러나지 않는 깊은 속성이 있다. 따라서 보이는 것의 이면을 이해하기 위해서는 체계적인 관찰이나 내부인과 깊은 대화를 해야 한다고 강조한다.

하버드대 교수인 존 코터는 문화를 '특정조직 내 구성원들이 환경에 적응하면서 성장함에 따라 공유되고 확립된 사고방식과 행동규칙'이라고 정의한다. 문화는 특정집단 내에서는 같은 특성으로 공유되는 것이다. 물론 집단 내 개인 간 차이는 있을 수 있지만 유사한 속성을 공유하고 있는 것이다. 에드거 쉐인과 존 코터 모두 문화의 몇 가지 특성을 공통적으로 말하고 있다.

우선, 기업문화가 해당 기업 맥락하에서 타당한 방법으로 작용되었다는 점은 옳고 그름의 문제가 아니라는 것이다. 하나의 맥락과 환경에서 맞는 것이 다른 맥락에서는 맞지 않을 수도 있다. 물론 보편타당한 것도 있겠지만, 고유한 특성은 다를 수 있다. 한 기업에는 당연한 신념과 행동 방식이 다른 회사에서는 다르고 익숙하지 않은 것으로 보일 수 있다. 물론, 공통적인 부분도 많이 있고 정도의 차이나 겉으로 드러나는 행동양식의 차이인 경우도 많다. 같은 나라에 있는 기업들은 국가의 영향으로 공통적인 특성도 존재하지만, 기업 간 확연히 다른 상대성도 가지고 있다. 미국의 대표적인 IT 기업들인 아마존, 넷플릭스, 구글, 마이크로소프트는 IT 기업으로서 서로 유사할 것 같지만 다른 측면이 더 많다. 아마존은 효율성을 강조한다. 넷플릭스는 자유(freedom)와 이에 동반되는 책임(responsibility)을 강조하며 제도적인 규제를 최소화한다. 구글은 자유롭게 일하는 환경과 창의적 사고, 캠퍼스의 자유롭고 편안한 분위기 등이 상징적이다. 프로젝트 중심으로 업무에 집중하고 생산성을 높이기 위한 환경조성일 것이다. 마이크로소프트는 협업과 성장중심의 문화를 강조한다.

'당연한 것(taken-for-granted)'은 문화의 특성을 이해할 때 염두에 두어야 할 가장 핵심적인 개념이다. 당연하기 때문에 그 문화에 속한 사람들도 행동이나 사고방식의 이유를 명확히 설명하지 못하는 경우가 많다. 즉 문화가 겉으로는 의식하지 못하는, 깊이 내면화된 것이라는 의미다. 정체성의 근간을 이루기 때문에 상당히 안정적이고 변화가 쉽지 않다. 따라서 일관된 특성을 보이고 태도와 행동을 통해 예측이 가능하다. 경영철학이나 지향하는 가치가 행동과 일관성을 갖게 되고 습관화되면 당연한 것으로 받아들여진다. 일부러 의식하지 않아도 자연스럽게 행동으로 드러난다.

기업문화의 공통적인 속성과 더불어 기업 간 독특한 차이를 만드는 것은 기업마다 다른 문제해결 방식이다. 문화가 인간이 가진 문제를 해결하는 방식이라면, 기업문화는 기업이 가진 문제를 해결하는 방식이다. 인간이 가진 본질적인 과제가 의식주이듯, 기업이 가진 본질적인 과제는 이윤창출이다. 이윤을 창출하지 못하는 기업은 존재 이유가 없다. 이는 곧 지속 가능한 성장과 발전의 중요성으로 이어진다.

기업이 가진 문제를 해결하는 방식, 즉 방법론은 어떤 산업과 업종, 무슨 제품과 서비스를 대상으로 하는지에 따라 달라진다. 산업과 업종에 따라 제품이 다르고 고객이 다르다. 이에 따라 일하는 방식이 달라지고 의사결정 기준이 달라진다. 또한 기업을 창업한 창업자가 가진 신념과 가치관, 기업을 경영하는 가장 좋은 방법에 대한 믿음도 결정적인 요인이 된다.

기업이 성장하고 발전해 가면서 창업주의 철학은 그 강도가 희미해질 수는 있으나 세대를 거듭하면서도 쉽게 변하지 않고 지속적으로 영향을 미친다. 기업의 성장과정에서 경험한 성공과 실패를 통해 어떤 것은 강화되고 어떤 것은 중요성이 희미해진다. 이런 내용은 회사 내에서 전설처럼 회자되는 스토리를 통해 공유되고 전수되어 가면서 기업문화에 직접적인 영향을 미친다. 이는 어떤 면에서 공식적으로 표현되는 기업문화보다 내부 구성원은 물론 외부 이해관계자가 해당 기업을 이해하는 데 훨씬 도움이 되기도 한다. 우리나라 대그룹 창업주들의 신화와 같은 이야기들은 사람들 사이에서 회자되는 스토리를 넘어 그 기업의 살아 있는 정신으로 내재화된다.

기업이 처한 환경도 직접적으로 영향을 미친다. 경제, 사회, 정치, 문화적 환경요인들이 제약조건이나 촉진요인이 될 것이다. 인류문화가 지리와 기후 같은 환경적 요인의 영향을 받은 것처럼, 어느 나라에서 기업활동을 하는가도 기업문화에 영향을 미친다. 문화는 항상 더 큰 환경의 영향을 받는다. 국가는 지역적 여건이나 글로벌 환경의 영향을 받고, 기업은 국가의 영향을 벗어날 수 없다.

기업이 국가의 영향을 받는다는 것을 단적으로 보여주는 예는 네덜란드 심리학자인 헤이르트 호프스테드(Geert Hofstede)의 국가별 가치관 연구이다. 호프스테드는 IBM을 경영하는 동안 '국가문화의 호프스테드 모델(Hofstede's Model of National Culture)'을 발표하여 국가 간 문화 차이가 경영자의 의사결정에 미치는 영향을 제시했다. 그는 1960년대와 1970년대에 걸쳐 40개국 11만 6,000명의 IBM 구성원을 대상으로 업무와 관련된 가치관을 연구하여 네 가지 차원으로 발표했다. 이 네 가지 차원은 다음과 같다.

- 권력 거리(Power Distance): 권력의 수용 정도를 나타낸다.
- 개인주의 vs. 집단주의(Individualism vs. Collectivism): 개인적으로 일하는 것을 선호하는 척도이다.
- 남성성 vs. 여성성(Masculinity vs. Femininity): 남녀의 역할 구분에 대한 인식 정도를 말한다.(여성성은 과업보다 인간 지향성, 삶의 질 중시를 의미한다.)
- 불확실성 회피(Uncertainty Avoidance): 불안, 스트레스, 신경성 등의 지표이다.

이 네 가지 차원이 국가마다 정도가 다르다는 것이다. 이후 1990년부터 2002년에 걸쳐 여섯 차례 후속 연구가 있었고, 나중에 두 가지 차원이 추가되었다.

- 장기지향 vs. 단기지향(Long-term vs. Short-term orientation): 미래중시, 현실 어려움 감내, 변화수용 등을 의미한다.
- 제한적 vs. 허용적 문화(Restraint vs. Indulgence): 욕구충족의 자유도를 나타낸다.

같은 기업인 IBM의 전 세계 경영자를 대상으로 연구했기 때문에 국가의 영향을 명확히 보여주는 사례다. 같은 회사라도 사업을 영위하는 지역에 따라 하위조직 단위의 문화가 다른 형태로 발전할 수 있다는 점을 염두에 두어야 한다. 참고로 우리나라는 권력 거리가 크고, 집단주의적이며, 여성문화(과업보다 인간 지향성, 삶의 질 중시)이고, 불확실성 회피성향이 강하며, 장기지향 가치관이 더 강한 것으로 나타난다. 세부 내용은 후속연구를 포함하여 2010년에 발간된 『Cultures and Organizations: Software of the Mind』를 참고하기 바란다.

요약하면, 기업문화는 '외부환경에 대응하고 내부의 통합을 유지하면서 집단으로 학습된 타당하고 당연한 것'들을 말한다. 이는 기업의 과제인 '이윤창출 과정에서 형성되어 온 문제해결 방식'이다. 문화는 상당히 긴 시간에 걸쳐 성공과 실패 경험을 통해 형성되고 발전한다. 물론 처음 기업을 창업하면서부터 기대하는 바람직한 문화를 선언하고 이를 만들어가는 경우도 많다(넷플릭스의 컬처 데크(Culture Deck)가 좋은 예이다). 그러나 궁극적으로 기업을 유지하는 정체성으로 작용하는 데는 시간이 필요하다.

문화는 한번 정체성으로 형성되면 가치관, 관행이나 불문율로 작용하는 특성을 지닌다. 본인도 모르는 사이에 따라야 하는 암묵적인 사회적 압력이 바로 문화의 힘이다. 이로 인해 문화는 지속하려는 관성을 갖게 되고, 안정성의 토대가 된다. 결과적으로 새로운 변화에 저항하는 관성을 갖게 되는 것이다. 따라서 변화를 시도할 때는 겉으로 드러나는 현상만 보고 접근하면 어려울 수 있다. 상당한 시간의 성공과 실패, 암묵적인 학습을 통해 내재된 신념과 판단기준을 가지고 있기 때문에 이에 대한 고려와 분석이 선행되어야 한다.

3. 기업문화를 구성하는 세 가지 핵심요소

성능이 좋은 자동차를 갖고 싶거나 기능에 관한 문제를 해결하고 싶다면, 기술자까지는 아니더라도 자동차의 구조와 기능에 대한 이해가 필요하다. 더 좋은 엔진이 달린 차를 찾거나 엔진의 출력 등에 문제가 없는지를 살펴야 한다. 시트를 교체하고 외장을 치장한다고 해결되는 일이 아니다. 건강한 몸을 갖고 싶다고 해서 헬스 트레이너의 운동과 식단을 따라 한다고 되는 것이 아니다. 나의 몸 상태를 정확히 파악하고 건강한 신체와 정신의 조건을 입체적·분석적으로 이해하는 것이 필요하다.

기업문화를 말할 때 흔히 떠오르는 것은 관찰 가능한 요소들, 즉 눈에 띄는 것들인 경우가 많다. 특히 서로 비교가 가능한 것들을 떠올리는 경우가 많은데 예를 들면 공식적인 행사, 복장, 사무실 배치 같은 물리적인 요소부터 회사의 핵심가치, 슬로건 등 눈에 바로 드러나는 것들이다. 채용, 평가보상, 조직구조, 직위나 직책, 호칭 같은 것들도 여기에 해당한다. 조직 분위기, 팀워크나 일하는 방식, 조직의 몰입도 등 문화를 이해하기도 한다. 물론 이 모든 것이 문화를 구성하는 요소이고 문화의 한 단면을 보여준다는 것에는 틀림이 없다. 그러나 문제는 전체가 아니라 부분만 본다는 점이다. 이렇게 부분적으로 이해하면 지나치게 피상적이고 위험하다.

문화와 관련된 다양한 요인들을 이해하고 효과적으로 관리하며 변화에 개입하기 위해서는 구체적인 프레임이 필요하다. 문화는 여러 구성요소가 모여 하나의 실체를 이루고 있기 때문이다.

에드거 쉐인은 문화를 3단계 수준(Level)으로 구분한다. 이는 문화를 이루는 요소들을 얼마나 쉽게 파악할 수 있는가에 따라 나눈 것이다.

- 인공물(Artifacts): 가장 위에 있는 단계로, 눈에 가장 잘 띄는 요소들이다.
- 지향하는 가치관 또는 신념(Espoused Values): 인공물이 존재하는 이유나 근거가 되는 것으로, 조직이 공식적으로 표명하는 가치와 신념을 의미한다.
- 기저의 기본가정(Underlying Assumptions): 가장 아래에 있는 단계로, 겉으로 잘 보이지 않고 명확히 설명하기 쉽지 않은, 깊이 내재된 기본가정을 말한다.

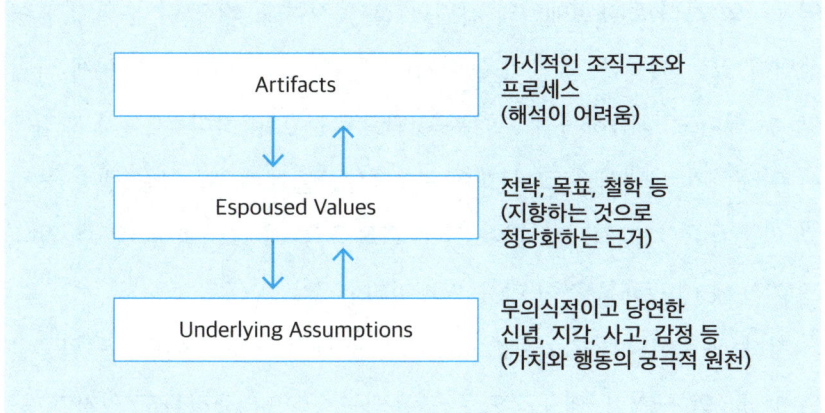

에드거 쉐인의 문화의 세 가지 수준(Level)

인공물(Artifacts)은 명확하게 눈에 띄고 알아볼 수 있는 것들이다. 우리가 흔히 다른 문화나 조직에 가면 보고 듣고 느낄 수 있는 것들에 해당된다. 쉽게 관찰할 수 있는 것들이지만 그 의미를 해석하기는 보이는 것만큼 쉽지는 않다. 사무실 레이아웃, 복장, 조직 내부에 사용되는 은어나 약어, 건물 로비, 휴게실, 구내식당 등 명확히 눈에 보이는 것들이다. 이 이외에도 조직 내 다양한 제도와 시스템, 조직구조, 규정들, 공식적인 행사와 같은 것 등이 모두 여기 해당한다. 평가, 보상, 채용 제도도 대표적인 인공물이다.

또 흔히 조직 분위기(climate)라고 하는 것도 있다. 기업문화라고 하면 바로 떠올리는 것 중 하나다. 다른 조직이나 집단에 가면 묘하게 다르게 느껴지는 분위기가 있다. 문화가 온대나 열대 등의 기후라면, 분위기는 인공물의 하나로 매일매일의 날씨와 같은 것이다. 왜 그런 분위기가 형성되어 있는지는 한 단계 더 들어가야 알 수 있다. 인공물은 쉽게 파악할 수 있다고 생각하지만 보이는 것만으로는 부족하다. 제삼자 관점에서 이해하기 위해서는 그 문화에 속한 사람들에게 '왜 그런 행동을 하고 있는지'를 체계적이고 깊이 있는 질문을 통해 물어봐야 알 수 있다. 그 이유에 해당하는 것이 다음 단계이다.

지향하는 신념과 가치관(Espoused Values)은 행동의 이유, 곧 인공물(Artifacts)의 근거다. 암묵적으로 공유되는 근거나 배경들도 있지만, 공식적으로는 회사의 핵심가치나 슬로건, 비전, 전략 등으로 나타나는 것들이다. 'Integrity(윤리의식)', '고객중심', '인재제일', '인간중심', '탈권위', '탁월성 추구', '수평문화', '인재중심' 등으로 표현된다. 기업들 홈페이지나 홍보물에서 볼 수 있는 것들이다.

지향 혹은 신봉(espoused)한다는 의미는 실제와 다를 수 있다는 것을 내포한다. 미국의 경영학자 크리스 아지리스(Chris Argyris)는 표방이론(Espoused Theory)과 실행이론(Theory-in-use)이 있다고 말한다. 사람들은 자기 행동의 기준이 된다고 생각하는 가정이나 신념, 가치관 등이 있고(신봉하는 이론), 실제 행동이나 의사결정의 기준이 되는 것(실제 행동이론)이 있다는 것이다. 이 둘이 일치하지 않을 때가 있고, 이 둘을 인식 단계로 끄집어내는 것이 학습과 발전의 출발이 된다. 이를 이중 순환학습(double-loop learning)이라고 한다. 인지 심리학에서 말하는 메타인지(meta-cognition)와 같다. 생각과 행동을 객관화하는 것을 말하며, 인간만이 가진 반추하고 성찰하는 역량에 해당된다. 개인이든 조직이든 지향하는 가치관과 실제 행동은 늘 일치하지 않을 수도 있기 때문에 성찰이 필요한 것이다. 이는 변화와 학습의 전제가 된다.

기저의 기본가정(Underlying Assumptions)은 위의 가치와 신념을 선택하는 데 근본적으로 영향을 준 무의식적이고 암묵적인 신념이나 지각, 사고, 감정 등을 말한다. 무의식 수준에 깊숙이 내재되어 있어서 잘 의식하지 못하고 당연시(taken-for-granted)된다. 이는 비타협적 성향으로 쉽게 바뀌지 않는 것들이다. 기업문화의 경우, 역사를 통해서 깊숙이 형성된 것들이 대부분이다. 전설 같은 스토리, 창업자와 관련된 일화들, 성장 과정에서 겪은 실패와 성공 경험 등을 통해 형성된다. 좀 더 크게는 국가와 민족의 차이, 동서양 차이 등 거시적인 차원에서의 가치관과 사고방식도 여기에 해당된다.

인간의 본성에 대한 성선설과 성악설도 대표적인 예이다. 경영학에서 널리 알려진 맥그리거의 XY 이론(Theory X&Y)과 같다. X 이론은 인간의 부정적인 측면을 본다. 인간은 기본적으로 야망이 없고 게으르며 책임을 회피하고 소득이 일의 목적이라는 가정이다. 따라서 보상과 처벌이 가장 중요한 관리 수단이다. 반대로 Y 이론은 인간은 내적동기가 강하고 일을 즐기며 보상이 없어도 스스로 노력한다고 본다. 따라서 사람은 중요한 자산으로 간주되고 면밀한 관리 감독이 필요하지 않다. 인간 존중과 자율성을 지향하는 것은 성선설과 Y 이론에 가까운 신념이라고 할 수 있다.

이렇게 문화의 세 가지 수준은 문화를 좀 더 깊게 이해하는데 도움이 된다. 우수하고 강한 기업문화는 이 셋이 삼박자를 이루고 일관성이 있다. 만약 서로 연계성이 떨어지고 일관되지 못하면 좋은 기업 문화가 만들어지지 않는다.

흔히 어떤 제도를 바꾸려고 할 때 겉으로 보이는 제도나 관행, 복장 규정 같은 것들부터 시작하는 경우가 많다. 특히 다른 기업들이 하니까, 유행처럼 하지 않으면 안 될 것 같으니까 따라 하는 현상에 대해 한번 더 생각해 볼 필요가 있다. 현재 문화가 어떤 모습을 지니고 있고, 잘 작동하고 있는지를 판단할 때 겉으로 드러난 현상만 보아서는 안 된다. 문제점을 발견하고 새롭게 개선하거나 제도를 시행하고자 할 때도 지향하는 가치관이나 근저에 있는 가정들을 생각해 보아야 효과는 더 커지고 부작용은 작다는 것을 시사한다. 특히 기업이 가진 문제를 해결하기 위해서는 인공물(Artifacts)과 지향하는 가치관(Espoused Values) 사이에서 일치되지 않는 것들을 중심으로 파악하고 변화 관리를 시도해야 한다고 에드거 쉐인은 강조한다.

기업문화에 시사점이 있는 프레임을 하나 더 보도록 하자. 리더십 전문가인 사이먼 사이넥(Simon Sinek)은 『나는 왜 이 일을 하는가(Start with Why)』에서 탁월한 기업과 리더의 사고방식은 골든 서클(Golden Circle)로 구성된다고 말한다.

골든 서클은 Why, How, What의 세 가지 사고방식을 말한다. Why는 존재 목적, 이유, 신념 또는 미션과 같은 것을 말한다. How는 목적을

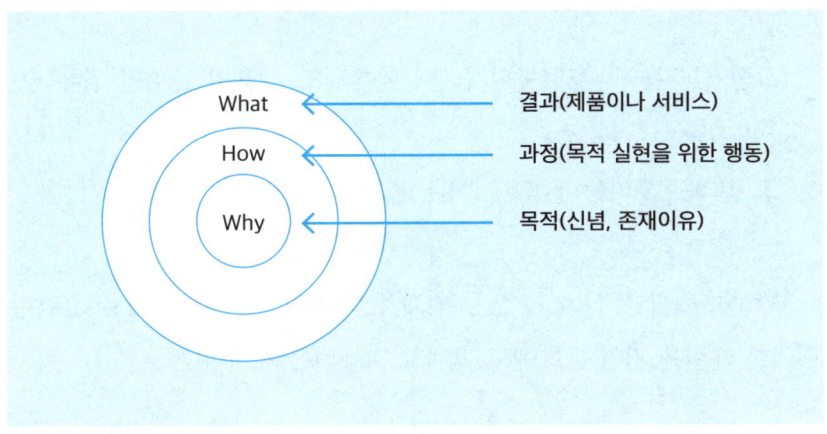

골든 서클(Golden Circle)

달성하기 위한 행동 방법 또는 프로세스를 말한다. What은 행동의 결과물 또는 내용을 말한다.

흔히 겉으로 드러나는 것부터 시작하는 What, How, Why 순서로 문제에 접근하지만, 세상을 바꾼 위대한 리더들은 반대로 Why, How, What의 순서로 생각한다는 것이다.

사이넥은 애플이 컴퓨터를 새롭게 세상에 내놓을 때의 접근 방법을 예로 들고 있다. 보통의 경우 "우리는 훌륭한 컴퓨터를 만들었습니다. 이 컴퓨터는 디자인이 아름답고 간편하게 사용할 수 있습니다"라는 접근 방식을 취한다는 것이다. 그러나 애플의 방식은 다음과 같다.

"우리는 다르게 생각하고, 기존의 현상에 도전하는 가치를 믿습니다

(Why)."

"그렇기 때문에 우리는 디자인이 아름답고 사용이 간편한 컴퓨터를 만듭니다(How)."

"그 결과로 우리는 훌륭한 컴퓨터를 만들었습니다(What)."

Why는 철학을, How는 행동 원칙을, What은 표현된 결과를 말한다. 이러한 개념은 기업 문화에도 그대로 적용되는 개념이다.

4. 기업문화를 이해하는 새로운 프레임워크

기업문화의 세 가지 수준과 골든 서클을 응용하여 새로운 프레임을 제시해 보겠다. 이 두 가지 프레임 모두 기업문화가 무엇으로 구성되고 어떻게 연계되어야 하는지에 대한 중요한 시사점을 제공한다. 쉐인의 기업문화 세 가지 수준은 어떤 집단수준이든 문화에 대해 보편적으로 적용이 가능한 이론이다. 특히 조직문화에 해결해야 할 과제가 있다면, 연계성을 염두에 두어야 한다는 관점과 통찰력을 제시한다. 골든 서클은 기업문화 자체를 직접적으로 설명하는 것은 아니지만, 기업문화에도 시사하는 바가 큰 핵심적인 내용을 담고 있다. 철학이 가장 중요한 출발점이며 이에 근거한 실행 방법과 결과가 서로 밀접하게 연계되어야 한다는 점을 강조한다.

이 두 가지 프레임을 현실 경영에 접목하여 좀 더 직관적이면서도 실천적인 관점에서 활용하기 용이한 기업문화를 보는 프레임을 제시해 보고자 한다. 기업문화의 구성요소를 건물의 가장 핵심적인 세 가지 구조인 주춧돌이자 바탕, 기둥, 지붕의 이미지로 표현했다.

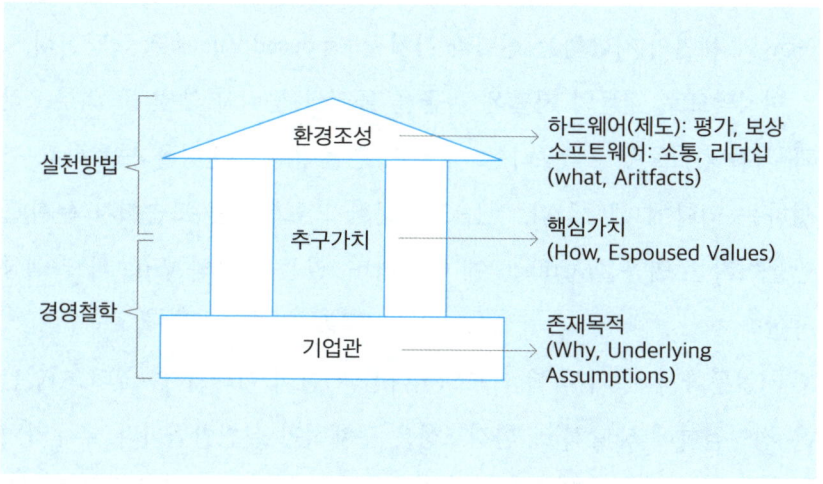

기업문화의 세 가지 구성요소

가장 아래이자 근저(根底)는 건물에서 가장 중요한 토대로, 기업관에 해당한다. 이는 기업의 존재목적 또는 지향점을 나타내며, 사이먼 사이넥의 골든 서클에서 Why에 해당하고, 에드거 쉐인의 3단계 모델에서는 가장 깊은 수준인 기저의 기본가정(Underlying Assumptions)에 해당한다.

다음으로 추구가치는 건물을 지탱하는 기둥으로 표현했다. 건물의 토대 위에서 견고하게 지붕을 지탱하며 건물의 형상을 유지하는 역할을 한다. 기업문화에서도 같은 역할을 한다. 기업의 존재목적을 구현하기 위해 지켜야 할 원칙이자 제도와 시스템 등 기업문화 환경조성의 가이드가 된다. 이는 기업관과 환경조성을 연결하는 것으로, 골든 서클의 How와 쉐인의 지향하는 신념과 가치관(Espoused Values)에 해당한다.

마지막으로 건물의 지붕은 건물을 둘러싼 눈비와 햇빛 등 외부조건과 직접적으로 상호작용하는 것으로, 건물내부의 환경을 보호하고 조성하는 역할에 해당한다. 이는 기업문화가 표현되는 모습이자 문화를 만들어가는 인공물(Artifacts)에 해당하며, 골든 서클의 What과 일맥상통한다.

기업문화의 세 가지 핵심구조는 다음과 같이 이해할 수 있다. 기업관은 경영철학에 해당하고, 환경조성은 구체적인 실천방법이다. 추구가치는 경영철학이면서 동시에 실천방법이기도 하다. 의사결정이나 행동의 기준이 된다는 점에서 실천방법이고, 경영철학을 구현하기 위해 지향하는 가치관이라는 점에서 경영철학이기도 하다. 기업문화 환경조성은 하드웨어와 소프트웨어로 구분될 수 있으며, 그중에서도 소통, 리더십, 평가 보상 등이 가장 중요한 요소이다.

기업관은 겉으로 바로 드러나지 않지만 구성원의 가치와 행동의 근간을 이룬다. 추구가치는 행동으로 나타날 수 있도록 표현되고 실천의 기준이 되어야 한다. 환경조성은 명확한 관찰이 가능한 제도나 프로그램의 형태를 지닌다. 환경조성을 보면서 추구 가치를 추측하는 것이 가능하고, 가치에 근거한 행동을 보면서 기업관을 이해할 수 있다.

건물의 세 가지 핵심적인 구조가 상호 잘 연결되어야 튼튼한 건물이 되듯이, 기업 문화의 세 가지 구성요소가 강하게 연계되어 일관성을 이루는 것이 강하고 우수한 기업 문화의 조건이다.

이제 기업문화 구성요소를 차례로 살펴보자.

Chapter 6

기업관(Why),
우리는 왜 이 일을 하는가?

인생관이 무엇인가? 다시 말해 '왜 사는가?'라는 질문은 평소 잘 듣지도 못하고 생각해 볼 기회도 많지 않다. 그래서 정작 질문을 받으면 답변이 궁하다. 그렇다고 인생관이 없다고는 말할 수 없다. 말로 표현할 수 있든, 표현이 어렵든 사람은 인생관을 가지고 있기 때문에 의사결정을 하고 살아가는 의미를 갖는다. 인생관은 '삶이란 무엇인가?'에 대한 생각과 그 삶은 살아가는 '나는 누구인가?'라는 두 가지 질문으로 구성된다. 기업의 경영철학인 기업관도 마찬가지다.

1. 기업관의 개념: 기업의 철학을 세우다

　기업관은 기업의 존재이유에 해당하는 가장 토대가 되는 경영철학이다. 기업관의 세부 내용을 논하기 전에 관련된 다양한 개념을 정리하고 갈 필요가 있다. 경영철학이나 전략에 관련되어 많은 개념과 용어가 존재한다. 그러나 이를 구분하기도 쉽지 않고, 사례를 보면 알 것 같은 느낌이지만 현실 경영에서는 혼돈스럽고 유용한지도 확신이 서지 않을 때가 많다.

　하나의 예를 들어보자. 짐 콜린스와 빌 레지어(Bill Lazier)는 『좋은 리더를 넘어 위대한 리더로(BE 2.0)』에서 비전을 핵심 가치관과 신념, 목적, 사명을 포함하는 것으로 설명한다. 비전은 위대한 기업을 만들겠다는 원대한 꿈을 말한다. 가치관, 신념, 사명은 길잡이 별을 바라보며 험준한 길을 가는 상황에 비유한다. 목적은 길잡이 별로 도달할 수는 없지만 끌어당기는 이상향이다. 사명은 반드시 넘어가야 하는 봉우리를 말한다. 핵심가치는 목적을, 목적은 사명을 결정하는 역할을 한다. 비전의 이 세 가지 요소는 다시 전략과 전술의 가이드가 된다. 리더의 시작과 끝은 비전이고, 비전을 구성하는 요소들의 개념적인 차이를 알아야 하며 섞어 사용하면 안 된다. 그런데 기업문화나 경영전략과 관련하여 문헌이나 컨설팅 회사들을 통해 자주 접하는 개념이나 프레임도 유사한 경우가 많다. 물론 개념적으로 경영을 이해하는 데 도움이 되는 것은 분명하다.

그러나 현실에서는 다소 복잡하고 구분이 쉽지 않아 보인다. 관련된 토의나 워크숍을 해보면 명확하게 개념이 이해되는 경우가 많지 않다. 단어들이 의미하는 개념을 각자 다르게 이해하는 바람에 서로 다른 해석을 하는 경우가 많다. 용어의 정의를 이해하기 위해 낭비적이고 의미 없는 토론에 시간을 쓸 때도 많다. 개념들이 서로 중복되는 것 같기도 하고, 다 필요한지도 의문이다. 컨설팅이나 개념적, 이론적 이해를 위해 필요할지 모르나 현실에 그대로 적용하기에는 어려워 보인다.

참고할 가치가 있고 정확한 개념을 이해하는 것이 필요하다는 것에 공감한다. 그럼에도 중요한 것은 '기업경영의 궁극적인 목적이 무엇인가'에 대한 대답이면 충분하다는 점이다. 그렇다고 쉽고 간단하다는 것은 아니다. 굳이 경영철학을 복잡하게 세부적으로 구분하는 의미와 그럴 만한 가치가 크지 않다는 것이다. 일반적으로 기업들은 위의 사례처럼 복잡하지는 않지만 미션, 비전, 핵심가치를 경영철학으로 기술하는 경우가 많다. 이때에 사용되는 용어와 개념은 위의 사례와 다르다.

미션은 기업이 존재하는 목적 혹은 사업을 통해 세상에 기여하고자

하는 것이 무엇인지를 말한다. 비전은 일정 시점의 미래에 구현될 기업의 모습을 말하는 것이다. 숫자일 수도 있고 미래 어느 시점의 이미지일 수도 있다. 전략 실행을 통해 달성하고자 하는 구체적인 목적과 유사한 개념이다.

미션을 예로 들면, 화장품 회사는 '인간에게 미를 제공한다'는 것이고, 가전 회사는 '인간의 삶을 풍요롭게 만든다'는 식이다. 그리고 비전은 '업계 최고의 품질을 제공한다'거나 혹은 '얼마 이상의 기업가치 금액을 언제까지 달성한다'는 것이다. 이들은 업의 본질이라는 개념과도 관련이 있다. 영위하는 사업의 궁극적인 본질을 말한다. 결국은 모두 '기업의 목적이 무엇이고 왜 존재해야 하는지'에 포괄적으로 포함될 수 있다. 때에 따라서는 비전, 미션 등을 개념적으로 구분하여 기술하는 것도 의의는 있을 수 있다. 다만 혼돈이 없도록 MECE(Mutually Exclusive and Collectively Exhaustive: 각 구성 요소가 중복되지 않으면서, 동시에 전체에서 누락되지 않도록)하게, 이해와 실천이 쉽도록 명확하게 기술해야 한다. 그러나 이런 경우에도 미션이나 비전 모두 기업경영의 궁극적인 목적인 기업관으로 해석될 수 있다.

2. 기업과 나: 함께 성장하는 동반자 관계

기업관은 개인의 인생관 혹은 삶의 철학에 비유할 수 있다. 인생관이란 다른 말로 '왜 사느냐?'에 대한 답을 말한다. '왜 사는가?'라는 질문을 들으면 무엇이든 대답할 수도 있고, 명확하게 설명할 수 없는 경우도 있다. 그러나 겉으로 명확하게 설명하지 못한다고 해서 인생관이 없다고 말할 수는 없다. 단지 깊이 생각해 보거나, 의식하여 생각해 보지 않은 것뿐이다. 게다가 설명할 수 있다 해도 삶 전체를 말하는 것인지 아니면 단기적인 것을 말하는지도 다를 수 있다. 여기에 옳다 그르다 말할 수는 없다. 물론 도덕적, 윤리적 기준에 따라 판단할 수는 있으나 그런 문제를 말하는 것은 아니다. 다만 명확하든 아니든 어떤 인생관을 가지고 있는가가 행동이나 의사결정을 하는 판단의 기준이 되는 것은 분명하다. 역으로 어떤 사람이 인생의 중요한 의사결정이나 경력을 선택하는 과정을 보면 그 사람의 인생관, 즉 살아가는 목적과 지향점, 삶에서 중요하게 여기는 것을 추정해 볼 수 있다.

결국, 인생관은 '삶을 바라보는 관점' 그리고 '자신을 어떤 사람'이라고 생각하며 '어떤 태도로 살아가는가'로 구성된다. 이들은 서로 영향을 미친다. 자신의 현 상황과 역량, 조건 등을 외면한 인생의 지향점은 공허할 것이고, 반대 경우는 삶의 지향점을 고려하여 역량과 조건을 갖추기 위해 노력할 것이다. 기업관도 마찬가지의 관점으로 이해할 수 있다. 기업은 무엇인가에 대한 것과 기업에서 일하는 '나' 곧 구성원은 누구이며 어떤 태도로 임해야 하는가 하는 두 가지 관점이 존재한다.

첫째, 기업의 정체성, 곧 기업은 무엇을 하는 곳인가에 대한 시각이다. 즉 '존재의 이유'를 말한다. 기업의 정체성과 기업경영의 목적은 환경과 시대에 따라 달라질 수 있다. 산업의 종류, 상품, 고객 등에 따라 달라지기도 한다. 그러나 이는 현상으로 보이는 차이에 불과하다. 본질적으로 변하지 않는 '존재의 이유'를 생각해 볼 필요가 있다.

기업은 한 국가와 사회의 경제발전 주체다. 따라서 이윤창출을 통해 안정과 성장을 이루고 지속적으로 존속 발전할 수 있어야 한다는 것이 가장 기본이 되는 지향점이고 존재목적이다. 이를 통해 기업이 존재하는 생태계, 크게는 세상에 기여하고 더불어 성장할 수 있어야 한다. 기업과 생태계, 이 둘은 밀접하게 상호작용하면서 선순환을 이룬다.

둘째, 자신에 대한 인식과 기업경영에 임하는 태도이다. 앞서 논의한 우수한 기업문화의 조건을 다시 생각해 보자. 기업은 구성원들에게는 삶의 터전이자 자아를 실현하는 터전이다. 기업을 스스로 선택했다는 것, 그리고 경영의 주체는 구성원 스스로라는 인식이 출발이다. 자신의 목적을 달성함과 동시에 기업의 목적 달성에 기여할 수 있어야 한다. 기업과 구성원은 구성원의 합이 기업이라는 점에서 상호작용하고 선순환을 이루어야 한다. 따라서 자기 자신만을 위하거나 자신의 선호에 우선순위를 두고 경영을 하면 지속경영이 어렵다는 태도가 필요하다고 했다. 앞서 살펴본 문화에 의한 경영, 시스템 경영과 인치를 기억하기 바란다.

기업의 존재 이유와 목적을 통해 자신의 목적이 어떻게 구현되고 연결되는지를 알고 공감하는 것이 중요하다. 최소한 어떻게 관련이 있는지 이해하고 있어야 한다. 단순히 머릿속으로 인지하고 논리적인 이해를 하는 것이 아니라 감성적인 공감이 필요하다. 경영철학이 구성원들에게 제대로 공유되어 있는 것은 강하고 우수한 기업문화의 특성이다. 그래야 몰입이 가능해진다. 비단 회사 전체만이 아니다. 작게는 단위 조직인 팀에서도 팀의 목적과 일하는 방식이 나의 목적에 연계되어야 몰입과 성취를 이룰 수 있다. 단위조직의 성과가 전체 성과에 어떻게 기여하는지 자신이 하는 일을 입체적으로 이해하는 것을 말한다.

제도와 시스템, 보상, 복지 등이 아무리 좋아도 그것만으로는 구성원의 몰입을 유도하는 데 한계가 있다. 기업관의 내용이 중요하고, 기업의 존재 목적이 이상적이고 바람직한 가치를 추구해야 한다. 기업이 속한 사회, 나아가 인류의 삶의 가치를 높인다는 보편적인 선을 위해 회사가 존재하고 거기에 내가 기여하고 있다고 느낄 수 있어야 한다. 그리고 이를 통해 자신의 삶의 목적이 구현된다고 생각해야 한다. 이것이 기업에 임하는 구성원의 태도를 결정하고 자부심과 소속감의 원천이 된다.

그렇지 않으면 겉돌고 따로 논다. 불편한 장소에 불편하게 존재하고, 지속적으로 몰입하거나 자발성을 기대하기 어려울 것이다. 결정적인 순간, 이해관계가 충돌하거나 갈등 상황이 되면 반드시 표면에 드러날 것이다.

탁월한 리더나 성공한 사람들이 하는 이야기를 떠올려 보자. 자신의 성장과정에서 가장 행복하고 성취감을 느꼈던 때가 언제라고 말하는가? 아마 정말 어려웠던 시기에 그야말로 고생하며 문제를 해결한 사례를 말할 것이다. 인상적이고 행복했던 경험에 사내에 수면실이 있고 카페테리아나 휴게 시설, 좋은 체육관이 있는 것을 말하는 경우는 거의 없다. 회사의 제품과 서비스가 국가와 사회에 어떤 의미가 있는 기여를 하고, 얼마나 중요한지를 자랑스럽게 말한다. 그런 상품을 만들고, 기업의 위상을 올리기 위해 노력한 것에 자부심을 갖는다. 특히 회사가 어렵고 과제가 힘들었을 때 어떻게 어려움을 극복하고, 그 과정에서 발휘한 팀워크와 정신력을 그야말로 영웅담처럼 말한다. 어렵고 힘든 과정을 거치며 탁월한 선배와 동료, 후배에게서 무엇을 배우고 그때 얼마나 함께 성장했는지를 뿌듯해 한다. 소속감, 성취감, 자발성, 행복 등 뭐라고 말하든 결국 이것이 기업관이고 기업에서 왜 일하고 있는지를 상징적으로 보여준다.

역설적이게도 흔히 개인이나 가정도 잘나갈 때나 아무 문제가 없을 때는 얼마나 강하고 회복탄력성(resilience)이 있는지 알지 못한다. 사람이 병에 걸려 아프거나 집안이 어려움을 겪으면 이를 극복하는 과정에서 얼마나 강한지가 드러나게 된다. 기업도 빠르게 성장하고 안정적 수익을 창출하고 있으면 그 기업이 얼마나 강하고 우수한 기업인지 질문할 필요가 없을 것이다. 경영을 잘하고 사업이 잘되는, 시장에도 훌륭한 기업으로 평가된다. 그러나 기업을 경영하다가 필연적일 수 있는 어려운 환경에 처하거나 문제를 마주하면, 그 기업이 얼마나 강하고 저력을 갖추고 있는지 드러난다. 의사결정 실수, 비즈니스 모델과 환경으로 인한 문제, 고객신뢰의 도전 등, 어떤 경우나 그 문제를 얼마나 잘 해결해 나가고 다시 일어서는지가 그 기업의 강함의 척도가 된다. 어려움을 해결하는 과정에서 경영자와 구성원이 보이는 태도와 행동이 도전을 받고 시험에 든다. 이때 가장 결정적인 것이 기업과 나를 바라보는 관점, 곧 구성원들이 공유하고 있는 기업관의 수준이다.

3. 세 마리 토끼를 잡는 경영: 경제, 사회, 그리고 행복

기업이 가진 본질적인 문제는 이윤과 가치 창출을 통한 안정과 성장, 그리고 지속적인 존속과 발전이라고 했다. 이를 위해 생태계 관점에서 폭넓게 기업의 존재목적을 이해하고 전략적인 판단을 할 수 있어야 한다. 하나의 유일한 목적을 위해 존재하는 것이 아니라 복합적인 가치를 추구하는 것으로 이해되어야 목적 달성이 가능해진다. 왜 그럴까? 그중 하나로 기업 생태계로서 이해관계자의 중요성이 부각된 배경과 특성을 알아보자.

기업 경영전략으로 ESG(Environmental·Social·Governance, 환경·사회·지배구조)는 비교적 최근에 대두되었다. ESG는 크게 보면 사회적 가치 추구를 위한 하나의 방법이자 개념이라 할 수 있다. 미국을 중심으로 중요성이 부각된 주주 중심주의에 대한 대응으로 2020년을 전후하여 등장한 것으로 해석하는 시각도 있다.[6] 경영자의 대리인 문제나 신인의무(fiduciary duty) 관점에서 등장한 주주중심주의에서 더 나아간 것이다. 회사와 주주의 장기적 이익과 미래의 잠재적 리스크를 해소하기 위해 부각된 것이 ESG와 이해관계자 경영이라는 관점이다. 물론 ESG를 비롯한 사회적 가치추구가 주주의 이익과 합치하는지 여부는 논란이 되고 있다. 그러나 기업의 존속과 장기적인 성장 가능성을 위해서는 이 관점이 기업경영의 목적이 되어야 한다는 시각은 지배적이다. ESG 경영은 2016년 세계경제포럼(WEF)에서 마틴 립튼(Martin Lipton)이 경영의 고려 요소로서 요구되는 체계적인 로드맵을 제시하면서 더욱 주목을 받기 시작했다. 이후 많은 투자 기업이나 주주, 고객, 이해집단 등이 기업의 사회적 책임이자 의무로서 ESG를 요구하게 되었다. 지금은 글로벌 정치 분위기 등으로 이전에 비해 다소 관심이 줄어든 측면도 있으나 이미 필수 불가결한 요소가 되었다.

사회적 가치나 ESG에 대한 언급 이전에도 기업의 궁극적인 목적이 이윤추구를 넘어서야 한다는 주장은 계속되어 왔다. 피터 드러커는 『경영의 실제(The Practice of Management)』에서 기업의 존재 이유나 목적에 대한 새로운 관점을 제시했다. 조직내부만 바라보던 관점을 바꿔 기업 외부 고객과 시장 창출을 목적으로 삼아야 한다고 주장하였다. 사회 공

---

6 신현탁(2021), 'ESG 경영과 진화하는 주주중심주의', 「DBR」, 2021, Oct., Issue 1

동체의 일원으로서, 다시 말해 기업 생태계 일원으로서 책임과 의무를 강조하고 이윤은 생존을 위한 필수적인 비용이라는 것이다. 기업의 미션이나 비전은 단순히 경제적인 이윤을 넘어 세상과 사회에 어떤 영향을 미치고자 하는지에 초점을 맞추어야 한다고 말한다.

기업관을 이해할 때 이 관점을 참고할 필요가 있다. 사례로 자주 언급되는 기업들의 미션이나 경영철학을 보면 단순한 업종이나 금전적 이득을 넘어 업의 본질과 이를 통해 세상에 기여하자는 지향점을 제시하는 것을 알 수 있다. 몇 가지 사례를 소개한다. 그러나 앞서 언급했듯 미션, 목적, 비전을 엄격히 구분하지는 않았다.

- 마이크로소프트: 지구상 모든 사람과 조직이 더 많은 것을 성취할 수 있도록 하는 것
- 구글: 세상의 정보를 체계화하고 보편적으로 접근 가능하고 유용하게 만드는 것
- 나이키: 모든 사람에게 영감을 주고, 혁신을 가져다주는 것
- 테슬라: 세계를 지속 가능한 에너지로의 전환을 가속화하는 것
- HP: 모든 사람이 어디에서나 더 나은 삶을 영위할 수 있도록 돕는 기술을 만드는 것
- 페이스북(메타): 사람들에게 커뮤니티를 구축하고, 세상을 좀 더 개방적이고 가깝게 만들 수 있는 힘을 제공하는 것
- 애플: 사람들에게 힘이 되는 인간적인 도구들을 제공하여, 일하고, 배

우고, 소통하는 방식을 바꾸는 것
- 메리케이(화장품): 여성들의 잠재력 발휘와 여권 신장에 기여

위 기업들의 존재 목적이나 비전은 단순히 현재 영위하는 사업의 내용을 뛰어넘는 예시이다. 근저에는 사람에 대한 존중과 세상에 대한 기여와 헌신을 바탕으로 하고 있다. 궁극적으로 다양한 방법과 지향점을 통해 인류의 행복과 더 나은 삶을 추구한다는 것이다. ESG나 사회적 가치도 본질적으로 회사의 이익이나 브랜드만을 위한 것은 아닐 것이다. 그러나 궁극적으로 기업의 이미지 제고에 도움이 되고 이익에도 연결된다는 결론은 같다. 다시 말해 경영활동은 기업의 경제적 목표와 더 나은 세상에 기여라는 목표가 동시에 추구되어야 하는 것으로 이해되어야 한다.

위의 사례처럼 명시적으로 회사의 존재 이유를 표현하지 않더라도, 회사가 영위하는 산업과 상품이 국가와 사회의 발전에 중요하고 큰 기여를 하고 있다는 생각을 할 수 있어야 한다.

친환경 사업을 하고 친환경 기술에 투자하는 것도 사회적 가치로서 기업의 사회적 책임과 기업의 이윤이라는 경제적 가치를 동시에 추구하는 것으로 이해된다. 단순히 트렌드를 따라가는 비즈니스를 하는 것이 아니라 경제와 사회 발전에 한몫을 한다는 것이 더 중요하게 다가와야 한다. 트럼프 2기 출범 등으로 다소 관심이 줄어든 듯 보이지만, 배터리 사업이나 전

기 자동차 투자도 같은 맥락이다.

ESG와 사회적 가치추구가 기업경영에 시스템적으로 반영되기에는 다소 시간이 필요했던 주제였던 것으로 보인다. ESG를 필두로 한 이해관계자 중심경영은 경영철학으로 이해되기보다는 기업생존과 발전의 조건이자 비즈니스 모델로 먼저 관심을 받기 시작했고 그것도 비교적 최근이기 때문이다. 그러나 필자가 경험한 기업은 이해관계자 중요성을 2000년대 초반부터 경영철학이자 중요한 지향점으로 제시했다. 이윤추구라는 경제적 가치창출과 사회적 가치인 이해관계자 가치를 동시에 추구해야 한다고 선언한 것이다.

기업의 존재 목적의 중요성과 보편적인 선과 삶의 추구가 필요하다는 것을 살펴보았다. 이와 관련하여 문득 이런 질문을 떠올려 본다.

사회적으로 크게 도움이 되지 않을 수도 있는 사업을 하는 기업은 어떨까? 기호식품이지만 건강과 관련되어 끊임없는 논쟁이 되는 업종, 사행에 가까운 업종 등은 구성원에게 어떤 가치를 설득해야 하는 것일까? 물론 법이나 규정에 합당한 사업이라는 점은 의심의 여지가 없다. 그러나 급여나 보상이 크다고 해도 그 속에서 일하는 구성원이 자부심을 갖기는 쉽지 않다. 따라서 제품이나 서비스가 가진 본질적인 특성이 삶의 증진이나 행복에 기여하지 못한다면, 이로 인한 피해를 최소화하거나 사회적인 영향력을 줄일 수 있는 활동들에 관심과 투자라도 기울이는 방법이 필요할지도 모르겠다.

4. 핵심 이해관계자를 파악하라[7]

기업은 어떤 이해관계자를 가치추구를 위한 의사결정에 고려해야 하는 것일까? 고객, 협력업체, 주주, 채권자, 지역사회, 언론, 학계, 정부를 포함한 공공기관, 다양한 이익단체 등이 있다. 기업의 존재목적과 이를 구현하기 위해 고려해야 할 이해관계자를 그 성격에 따라 구분하여 이해할 필요가 있다.

가장 먼저 구성원을 중요한 이해관계자로 포함하여 언급하곤 한다. 기업은 어떤 행위를 하는 하나의 실체이고 법적인 주체임은 논란의 여지가 없다. 그러나 모든 경영활동은 사람을 통해 이루어지고 사람이 기업을 구성하는 구성원이다. 따라서 기업을 이루는 구성원을 주체이자 대상으로 보기도 한다. 그러나 앞서 언급한 기업을 이루는 주체로서의 철학적 개념이 아니더라도 이는 잘못된 해석과 오해를 가져올 수 있다.

앞서 살펴본 주체로서의 구성원을 돌이켜 보자. 기업에서 건물, 공장, 토지 등을 제외하면 사람만 남는다. 우리는 흔히 회사 또는 사측이라는

---

[7] 이해관계자의 구분과 내용은 『SKMS』 14차 개정본(2020) 중 '경영철학' 참고 인용.

단어를 회사생활을 하면서 사용한다. 그리고 회사가 무엇을 해줘야 한다고 말한다. 그러나 곰곰이 생각해 보면 모두 구성원이고 동시에 회사다. 구성원을 제외하면 어떤 의사결정이나 경영행위도 스스로 할 수 있는 주체는 없다. 대상의 관점으로 구성원이나 경영자를 본다면 자신을 이해관계자로 간주하는 자가당착의 순환논리에 빠지게 된다. 법인으로서 기업과 고용된 사람 간의 법적인 문제를 말하는 것이 아니다. 기업문화 관점에서 철학적인 가정과 전제를 말하는 것이다. 기업의 구성원은 이해관계자라기보다는 주체로 보는 것이 맞다.

다음으로, 고객이 없는 기업은 존재하지 않는다. 모든 경영활동의 최종목표가 고객을 창조하고, 고객만족을 제공하는 것이다. 이를 통해 고객으로부터 장기적인 신뢰를 얻고, 궁극적으로 더불어 발전해 간다. 주주는 어떠한가? 자본주의 사회에서 기업은 주주의 자본을 기업운영의 원천으로 한다. 주주는 대주주일 수도 있고, 소액 주주일 수도 있다. 어떻든 주주는 자신의 자본을 다른 곳에 투자하는 것보다 해당 기업에 투자하는 것이 더 많은 가치를 얻을 수 있다고 기대한다. 따라서 기업이 기업가치 창출을 통해 지속적이고 안정적으로 성장하기를 바라고, 기업은 이를 통해 장기적인 투자를 기대할 수 있다.

비즈니스 파트너도 주요하게 고려해야 할 이해관계자이다. 제품생산에 필요한 공급자이든 제품과 서비스 제공에 필요한 역량을 제공하든 경영활동을 함께 하는 기업 생태계 일원이다. 장기적으로 상호 협력 발전하는 관계를 구축해 가야 하는 동반자이다. 이 외에도 대중, 정부, 공공단체, 이익단체, 언론, 학계, 재계 등 기업 경영활동에 관련된 이해관계자들이 존재한다. 이들은 기업을 둘러싼 사회라고 분류할 수 있을 것이다. 사회에 대해서는 환경보호, 고용창출, 지역사회 기여 등을 통해 기업에 대한 신뢰와 지지를 확보해야 한다.

각각의 이해관계자는 관련된 가치가 다르고 성격도 다른 것으로 보인다. 그러나 관점을 바꾸면 모두 고객으로 볼 수도 있다. 기업의 제품과 서비스를 구매하는 이해관계자는 사람이든 법인이든 직접적인 고객이다. 주주는 어떤 의미에서 기업이 발행하는 주식이라는 상품을 구매하는 다른 형태의 고객이다. 사회는 지금 직접적인 고객은 아니지만 잠재 주주, 잠재 고객, 잠재 구성원이라고 할 수 있다. 비즈니스 파트너는 기업의 고객일 수도 있고, 우리가 파트너의 고객이기도 하다. 따라서 이해관계자는 모두 고객으로 가정할 수 있다. 기업의 주체는 구성원이다. 따라서 기업의 안정과 성장은 기업의 주체인 구성원이 고객에게 어떤 가치를 제공하고 장기적인 신뢰를 구축하여 기업경영에 대한 지지를 얻는가에 달려 있다. 결국 구성원의 행복도 넓은 의미에서 고객과 구성원의 관계에 의해 결정된다.

이해관계자 가치추구에 있어 또 하나 중요한 점은, 어느 이해관계자가 더 중요한 우선순위를 가진 것은 아니라는 것이다. 이들 간의 조화와 균형이 필요하고, 현재와 미래의 가치를 동시에 고려해야 장기적으로 지속 가능하다는 점을 고려할 필요가 있다.

기업의 존재목적과 구성원이 경영에 임하는 태도인 기업관을 논의했다. 기업경영의 지향점이 이윤창출이나 주주가치에 머물러서는 안 되고 생태계에 대한 가치추구가 있어야 한다는 것을 살펴보았다. 회사에 따라 기업관이나 경영철학은 다양하게 표현된다. 업의 본질과 역사, 지향하는 꿈과 비전, 일하는 방식, 바람직한 행동 기준 등에 따라 달라질 수 있다. 그러나 본질적인 조건은 같다. 세상과 사회에 기여하는 목적을 포함하고 있는가를 생각해 봐야 한다. 이것이 중요한 이유는 구성원들이 기업의 존재 이유를 수용하고 공감하는 데 영향을 미치기 때문이다. 구성원들은 같은 꿈을 꿀 수 있어야 한다. 삶의 터전이자 행복추구의 토대이기 때문이다. 마커스 버킹엄(Marcus Buckingham)은 기업의 유일한 목적은 주주가치 극대화에 있다는 주주 자본주의나, 혹은 이해관계자 가치추구를 넘어서는 행복경영이라고 말한다. 그것이 기업과 구성원이 공존하는 유일한 길이라고 강조한다.

경제적 가치, 사회적 가치, 그리고 구성원의 행복, 이 세 가지를 동시에 지향해야 한다.

Chapter 7

추구가치(How),
우리가 일하는 방식

기업문화와 경영철학 관련 실무담당 임원일 때 경험이다. 어느 대그룹에서 기업문화와 관련된 사례에 대해 강의를 할 기회가 있었다. 주말에 그룹 계열회사 인력관리와 경영철학을 담당하는 팀장과 임원들 약 40여 명이 연수원에 모여 있었다. 2시간 정도 사례를 포함하여 설명하고, 이후에 질의응답을 하게 되었다. 당시 참가자들이 가지고 있던 과제는 그룹의 핵심가치를 새롭게 정리하는 것이었다. 기존에 있기는 있었으나 계열사마다 모두 다르고, 통일되고 일관된 메시지가 없어서 고민이라고 했다. 그룹으로 경영을 해왔지만 그룹 차원의 핵심가치는 없다는 것이다. 그룹 내 업종이 다양하여 어떻게 통일된 가치관을 가져가야 하는지를 최고 경영층이 지시하여 고민하고 있다는 것이었다. 나중에 알게 된 결과는 외부 전문가를 모셔와서 미션과 비전, 핵심가치를 정리하고 최고 경영층에 보고하여 정립했다고 한다.

1. 추구가치, 가치를 행동으로, 행동을 문화로

추구가치에 대한 논의는 기업관에 대해서도 동일하게 적용할 수 있다. 그러나 추구가치는 경영철학이면서 동시에 실천방법으로서, 기업관보다는 행동 지향적인 성격이 더 강하다는 측면을 고려하여 관련 내용을 핵심가치 파트에서 논의한다.

핵심가치는 누가 만드는 것인가? 만드는 과정에서 외부의 전문가나 컨설팅 회사에서 제언하고 경영층의 아이디어를 더해서 정리하는 것이 보통이다. 창업자의 철학이 기업의 성장 과정에서 자연스럽게 내재되어 가기도 하고, 창업을 계승한 CEO나 최고 경영자가 핵심가치를 제시하기도 한다. 그러나 가장 의미 있는 과정은 구성원의 참여와 논의를 통해 만들어가는 것이다. 핵심가치가 경영층부터 조직의 전체 구성원까지 살아 숨쉬기 위해서는 탑다운(Top-down)과 바텀업(Bottom-up)의 소통과 논의과정이 필요하다. 그래야 자발적인 공감과 수용을 기대할 수 있다.

기업의 존재 목적이나 기업경영의 지향점을 구현하기 위해 지켜야 할 원칙을 추구가치라고 한다. 대부분 기업은 추구하는 가치를 핵심가치로 가지고 있다(지향하는 가치관이라는 측면에서 추구가치이면서, 지켜야 할 핵심원칙을 표현한다는 의미에서 핵심가치라는 두 가지 용어를 혼용한다). 기업관(비전이나 미션 포함)이 없거나 아직 명시화가 되지 않은 경우에도, 혹은 상대적으로 역사가 짧고 규모가 작은 회사도 대부분 이를 가지고 있다. 홈페이지는 물론, 업무용 수첩이나 ID 카드 뒷면에 행동방침 같은 것들로 써놓는다. 사무실이나 회의실, 회사 로비나 휴게실 등에 게시해 놓는다. 떠올려 보면, 학교에도 급훈이 있었고, 숙제로 가훈이 무엇인지를 적어오라고 하기도 했다. 새마을 운동 때는 근면, 자조, 협동이 모토였다. 정권이 바뀌면 새로운 국정운영 방침을 기업의 핵심가치와 유사한 슬로건으로 제시한다. 기업에서 일하는 사람은 물론이고 조직에 속한 사람은 누구나 그 조직이 지향하는 가치가 있다는 것을 막연하더라도 알고 있다.

어떤 사람들은 핵심가치로 제시된 것들은 막연하고 다 비슷비슷해 의미가 없는 액자에 써놓은 슬로건에 불과하다고 한다. 또한 행동으로 연결되지 않는 한, 관리할 수 없는 것이라며 큰 의미가 없다고 주장한다. 실제로 핵심가치는 기업 간 크게 다르지도 않고 내용도 대부분 유사하다. 팀워크, 협업, 개방, 창의, 수평, 고객, 치열함, 혁신, 창의, 신뢰, 도전, 윤리, 열정, 민첩함, 인재중심 등 어떤 기업의 가치라고 해도 크게 틀리지 않을 것이다. 그렇다면 무엇이 필요할까?

핵심가치는 지켜야 할 원칙으로 구성원의 행동과 의사결정 기준으로 작용한다. 따라서 기업문화의 구성요소인 기업관, 환경조성 요소와 일관성을 가지고 있어야 한다. 동시에 내용이 이해가 쉽고 명확해야 한다. 그런데 내용부터 약간의 혼선이 있을 수 있다. 도달해야 할 지향점 같아 보이기도 하고 행동의 기준처럼 보이기도 한다. 가치는 성격상 위계적이기 때문에 수단과 목적의 계층적 구조를 갖게 된다. 상위의 가치는 하위가치의 목표가 되고, 하위가치는 상위가치의 수단이 된다. 그러다 보면 기업 경영의 지향점과 핵심가치가 명확히 구분되지 않고 중복되어 보일 수도 있다.

사회 심리학자인 밀턴 로키치(Milton Rokeach)는 가치를 도구적 가치(instrumental values)와 궁극적 가치(terminal values)로 구분한다. 도구적 가치는 목적을 달성하기 위해 행동의 기준이 되는 것들이다. 예를 들면 도전, 탁월, 팀워크, 치열함, 민첩함, 자발성, Integrity(윤리), 개방성, 창의성 같은 것들이다. 궁극적 가치는 최종적인 목적이나 지향점에 해당하는 것들이다. 행복, 고객가치, 이해관계자 가치, 다양성, 평화, 안정, 자유, 평등 같은 것들을 말한다. 궁극적 가치는 기업관 또는 기업의 존재 이유, 핵심가치는 도구적 가치에 해당한다고 할 수 있다. 기업문화의 구성 요소에서 추구가치는 철학이자 실행 방법의 성격을 동시에 가지고 있다고 했다. 따라서 명확하게 구분이 되지 않을 수도 있다. 그러나 기업관과 구성원의 행동 혹은 환경조성 간의 연결 핀이 되어야 한다는 점을 기억해야 한다.

물론, 지향하는 가치관과 실제 경영의 기준이 된다는 것은 다른 이야기일 수 있다. 예를 들어 어떤 기업도 우리는 비윤리적인 행동을 용인하겠다는 곳은 없다. 2007년 파산을 선언한 미국의 천연가스 기업 엔론(Enron)의 핵심가치 중 하나가 Integrity, 곧 윤리였다. 하지만 경영진의 주가조작과 비윤리적인 행동으로 결국 파산했다. 선언과 행동은 다르다. 앞에서 언급한 핵심가치 무용론을 주장하는 원인의 하나이다. 즉 핵심가치는 실행의 용이성과 일관성을 갖추고 있어야 한다.

이를 위해 첫째, 기업관과 마찬가지로 구성원들이 자신의 것으로 공감하고 수용하여 내재화하고 있는가 하는 것이다. 두 번째는 다른 문화의 구성요소와 일관성을 가지고 연계되어 실천하도록 제도와 시스템으로 구현되고 있는가 하는 것이다. 셋째, 누구나 쉽게 이해하고 행동으로 옮기기 쉬워야 한다. 그러기 위해서는 관찰 가능하고 실천의 정도를 측정할 수 있어야 한다. 각각 하나씩 살펴보기로 하자.

- **수용과 공감**

첫째, 기업관보다 핵심가치가 더 피부로 다가온다. 기업관은 행동으로 쉽게 관찰되는 것이 쉽지 않다. 기업관은 지향점으로 인식되는 경향이 있지만, 핵심가치는 직접적인 행동방향을 제시하고 일하는 방식과 평가의 기준이 되기 때문이다. 반대로 추구가치에 맞지 않는 행동은 곧 기업관이 없는 사람으로 인식되기도 한다. 일상 경영활동에서 자신도 모르게 무의식적으로 행동을 유도하는 역할을 한다.

사람은 누구나 자신만의 가치관을 가지고 있다. 옳고 그른 것을 판단하는 기준도 되지만 대부분의 경우 어떤 것이 더 나은 것인지를 판단하는 기준으로 작용한다. 가치관은 타고나는 것도 있지만 대부분은 성장과정에서 사회화되고 학습되는 것들이 많다. 성장하면서 허용되고 허용되지 않는 것들을 학습한다. 어떤 것들은 원래 내재되어 있어 문화적 유전자로 가지고 태어난다. 사람의 성격과 유사하다. 성격도 가치관에 영향을 미친다. 물론 성격이나 지능이 타고나는 것인지 후천적으로 개발되어지는 것인지에 대한 논쟁은 있다. 유전이나 개발 중 어느 하나라기보다 둘 모두 영향이 있다고 보는 것이 아직까지는 타당할 것이다.

다시 말해 가치관은 성격을 토대로 후천적으로 아주 어린 시절부터 교육을 통해 만들어지는 것들이 크다고 볼 수 있다. 특히 딜레마 상황에서 롤 모델이나 뛰어난 인물들이 내리는 의사결정이나 판단을 보고 학습하게 된다. 문제를 해결해 가면서 스스로 학습하기도 한다. 어떤 것들은 더 큰 문화적인 범주에 해당하는 유전의 영향을 받는다. 앞서 살펴본 동양의 집단 우선주의, 서양의 개인주의 같은 것들을 말한다. 리처드 니스벳의 『생각의 지도』도 떠올려 보자. 집단 우선주의는 협업을 자연스럽게 생각한다. 개인주의는 경쟁이 더 자연스럽고 스스로의 생각이나 주체성을 갖지 못한 것은 바람직하지 못한 것으로 간주한다. 우리나라에 직무중심의 일하는 방식이 잘 뿌리내리지 못하는 것도 우리는 대략적인 바운더리 내에서 유연하게 역할을 담당하는 것을 선호하기 때문이기도 하다. 서양식 사고는 직무나 역할이 명확하지 않으면 혼돈스러워한다. 자신에게 주어진 직무 명세에 충실해야 된다고 생각하는 경향이 강하다.

사람의 이런 특성을 감안하면 기업의 가치에 맞추어서 개인의 가치관을 바꾸리라 기대하는 것은 어렵다. 이는 기업의 핵심가치가 공감되고 잘 수용되는 것일수록 구성원 개인들이 실천하기 쉽다는 것을 의미한다. 구성원이 입사하면 처음 교육하고 오리엔테이션하는 내용에 반드시 포함되는 것이 가치관이고 경영철학이다. 이때 중요한 것은 공감과 수용도를 높이기 위해서 받아들이는 사람들이 어떤 가치를 이상적이고 바람직하게 받아들이는지 고려하는 것이다. 따라서 가치는 행동 지향적이지만 기업관과 마찬가지로 사회적으로 바람직하고, 인간의 보편적인 선을 반영하고 있어야 한다.

구성원은 간혹 회사의 핵심가치나 가치관이 자신의 가치관과 부합되지 않아도 겉으로 표현하지 않는다. 하지만 100% 공감하진 못하더라도 자신의 가치관과 크게 대치되지는 않는 정도의 행동은 가능할 것이다. 그래서 기업은 구성원 채용 과정에서 기업문화와 사람이 잘 조화될 수 있는지를 항상 염두에 두어야 한다. 기업문화에 맞지 않는 가치관을 가진 사람을 채용하면 역량이 탁월하더라도 궁극적으로 바람직한 행동을 기대할 수 없다. 일시적으로 혹은 상황이 좋을 때는 드러나지 않는 가치관의 갈등이 스트레스나 어려운 상황이 되면 나타난다. 리더의 경우는 더욱 중요하고 심각하다. 물론 채용 과정에서 다양성과 변화를 고려하지 않으면 클로닝(cloning, 비슷한 사람만 선택되는 현상)의 문제점을 유발할 수도 있다. 유사한 사람들만 모여 있다면 생산성과 창의성, 궁극적으로 생존에 문제가 올 수 있다. 즉 일관성과 다양성의 조화가 요구되는 이유이다.

이 부분은 승진과 평가에서도 중요하게 다루어져야 한다. 경영철학이나 기업문화 적합성 여부와 성과 수준 두 가지를 매트릭스로 생각해 볼 수 있다.

문화에도 적합하고 성과와 역량도 탁월하다면 금상첨화일 것이다. 일을 잘하고 성과도 탁월하지만 조직 내 협업하여 일하는 방식에 서툴고, 자신의 이해관계를 우선하는 듯한 A매니저. 성과는 A매니저에 다소 미치지 못하나 조직의 조화와 팀원 배려를 우선하고 함께하는 태도가 좋은 B매니저. 두 명 중 한 명만 팀장으로 승진시켜야 한다면 누가 더 적합할까?

탑다운식 의사소통과 권위적인 문화에서 자율적인 문화를 가진 기업으로 이직하고자 하는 경우가 많은 것도 회사의 성과가 어려워지면 나타난다. 회사가 크게 성장하고 보상도 좋을 때는 자신과 맞지 않아도 어느 정도 견디는 것이 가능하다. 그래야만 한다면 감수한다. 그러나 궁극적으로는 사회적으로 보편타당하지 못한 가치, 자신의 가치관과 맞지 않는 기업을 위해 일하는 풍토는 자발적이고 의욕적인 몰입을 기대할 수 없다. 보상이 좋아도 행복하지 않다. 업무 몰입(engagement)도는 떨어지고, 조용한 퇴직은 증가하는 이유이다.

개인의 의견이 존중되고, 조직 분위기가 자유로운 A사에 근무하던 김PL, 규모도 크고, 보상 등 성과급도 좋아 평소에 동경하던 B사로 이직에 성공(?)했다. 그러나 이직 후 얼마 지나지 않아 이상한 분위기를 감지했다. 선배가 면담에서 김PL에게 조언을 한다. 회의 중 임원이나 팀장이 하는 말에 다른 의견이 있더라도 회의 중에는 발언을 삼가는 것이 좋겠다는 것이다. A사에서는 자신의 의견이나 발언이 없으면 무능한 것으로 비춰지는 분위기였다. 하고 싶은 일이나 일하는 방법에 대한 의견을 팀장이 구성원에게 먼저 물어보고 의사 표명의 기회를 중요하게 생각한다. B사가 원래 관리 중심이고 권위적이라는 것은 알고 있었으나 최근 몇 년간 조직 문화 혁신 운동 등으로 바뀌었다고 들었는데 아직은 아닌가 보다 하는 생각이 든다. '나 다시 돌아 갈래!'

기업의 경영철학, 추구가치, 그리고 이에 요구되는 일하는 방식과 행동방식을 끊임없이 반복적으로 확산하고 토의할 기회가 많아야 한다. 단순히 일방적으로 교육만 한다고 받아들여지는 것은 아니다. 추구가치에 대해 논의하고 실천방법을 스스로 만들어가야 자신의 것으로 받아들이는 것이 용이하다. 물론 탑다운으로, 있는 그대로 교육하고 전달하고 확산할 수도 있다. 그러나 스스로 그리고 함께 만들어간다면 더욱 공감과 실행력이 좋아질 것이다.

강의든 워크숍에서든 도전적인 질문과 가정에 의문을 던지는 비판적인 사고와 도전적인 질문이 많아야 한다. 회사의 경영철학인 기업관과 핵심가치가 제대로 된 것인지, 정말 실행은 가능한 것인지, 현실 경영에서 작동하는 것과 안 되는 것은 무엇인지, 문제가 있다면 무엇을 보완해야 하는지까지도 토의하고 의문을 제시할 수 있어야 한다.

그래야 철학을 입체적으로 바라보고 적합한 사고방식과 행동을 생각하며, 자신의 가치관에 대한 반추가 가능해진다. 중요한 것은 이성적이고 논리적인 접근이 아니라 감성적인 접근을 해야 한다. 머리가 아닌 가슴으로 받아들여야 행동의 변화가 있고 지속 가능하다.

• 기업문화 구성요소와의 일관성

둘째, 기업관과 일관성을 이루고 있는가? 또한 제도와 시스템, 일하는 방식에 반영이 되고 있는가? 앞서 기업문화는 여러 측면에서 사람의 성격과 유사하다고 했다. 성격은 태도의 경향성이고, 태도는 행동을 결정한다. 행동은 어떤 자극에 대한 반응이다. 환경과 자극에 비교적 안정적이고 지속적인 행동 패턴을 보이면 신뢰도 있게 성격에 대한 추론이 가능하다. 우리는 사람을 대할 때 예측 가능한 행동, 즉 성격을 가정하고 상대한다. 문화는 특정 집단이 보이는 행동 패턴이다.

기업이 어떤 문화를 가졌는지는 기업의 목적이나 핵심가치만 봐서는 정확히 알기 어렵다. 그것은 겉으로 표방하는 것이기 때문이다. 그것들이 문화가 되려면 비교적 일정 기간 지속적으로, 어떤 조건이 되면 보이는 일관성을 띠고 있어야 한다. 외부적으로는 고객과 이해관계자를 대하는 모습으로 드러나기도 하고, 채용 브랜드로 표출되기도 한다. 환경을 어떻게 해석하여 전략을 설정하는가를 토대로 추측하기도 한다.

내부적으로는 제도, 시스템, 일하는 방식, 교육, 경력 관리, 리더십과 평가보상 등에서 드러난다. 지향하는 가치는 치열하고 민첩한 실행력인데 공식적인 규정과 절차가 많고 책임소재를 분명히 하기 위한 결재 라인이 복잡하다면 엇박자가 난다. 수평적이고 개방적이며 협업을 강조하는데 조직구조는 옥상옥이고 조직의 개수만 늘어난다면 그냥 구호에 불과한 것이다. 협업을 강조하는데 철저한 줄 세우기식 상대평가를 한다면, 협업의 정신은 무시하고 각자도생하라는 것과 같다. 우수한 기업 문화와 실행력을 확보하기 위해서는 문화요소 간 내적 일관성을 갖추어야 한다.

- **행동 중심의 명확한 표현**

셋째, 누구나 이해하기 쉽게 행동 중심으로 표현하는 것이 좋다. 핵심 가치를 실천한 모습은 무엇인지 관찰 가능한 예시 혹은 선명한 이미지를 그릴 수 있어야 한다. 그렇게 되었을 때 행동을 기대할 수 있다.

- 아마존에는 피자 두 판 규칙(Two-Pizza Rule)이 있다. 팀을 구성할 때는 피자 두 판으로 식사할 수 있는 10명 이하로 유지하는 원칙을 말한다. 효율적이고 민첩한 조직을 구축하기 위한 것으로 아마존의 성장비결이

라고 알려져 있다. '조직 구성원 수를 소규모로 운영하라'는 말보다 훨씬 이해가 쉽고 명확하다.

- 에어비앤비는 '코끼리, 죽은 물고기, 구토(Elephant, Dead Fish, and Vomit)' 원칙이 있다. 코끼리는 모두가 주목하고 알지만 아무도 말하지 않는 조직의 병폐를, 죽은 물고기는 악취가 나기 시작하는 불쾌한 사안들, 그리고 사람들이 답답하게 느끼는 것들을 리더가 투명하게 다뤄야 한다는 원칙을 말한다. '투명성을 존중하고 실천하라'는 말보다 이미지로 기억하기 쉽고 더 실천적이다.
- 우아한형제들의 '송파에서 일 잘하는 방법 11가지'도 좋은 예다. '12시 1분은 12시가 아니다'라는 것이 있다.(과거에는 '9시 1분은 9시가 아니다'였다.) 규율 준수라는 말을 은유적이고 직관적으로 표현하여 이해하기 쉽고 행동과 판단의 기준이 된다. '이끌거나, 따르거나, 떠나거나'도 있다.

글로벌 기업에서 임원을 영입하면 기업의 성장사와 더불어 기업문화와 경영철학을 소개하는 시간을 가질 때가 많았다. 2~3시간 정도 설명을 하고 나면 대부분 마지막에 꼭 질문을 한다. 백지에 1, 2, 3으로 번호를 적고 '경영철학을 흥미 있게 잘 들었다. 내용도 충분히 이해했다. 그런데 지금부터 내가 무엇을 실천하면 되는지를 행동 가이드로 세 가지만 말해달라'고 요청한다.

대부분의 핵심가치들을 보면 지나치게 추상적인 개념이 많다. 투명성, 정직, 윤리, 책임, 성실, 자발성 등등. 예를 들어 정직(integrity)이라고 하면 누구나 다 아는 것 같지만 상황에 따라 개인에 따라 얼마든지 해석은 달라질 수 있다. 물론 상식 수준에서 이해할 수 있고 그에 따른 행동을 기대할 수 있다. 그러나 항상 문제는 애매한 딜레마 상황에서 발생한다. 그냥 정직 또는 윤리적 행동이라고 말하면 다 이해하고 바르게 행동할 것이라 기대하기 힘들 수도 있다. '나의 말과 행동이 신문에 보도되어도 떳떳할 수 있는가를 판단의 기준으로 생각하라'고 제시한다면 어떨까?

2. SKMS를 통해 배우는 가치 경영의 실제

추구가치로서 경영철학이자 실천방법에 대한 예시를 보도록 하자.

기업문화의 토대를 이루는 책자로 성문화된 『SKMS』는 경영철학과 실행원리로 구성되어 있다(14차 개정본(2020) 기준). 사용되는 용어는 변해 왔지만 최초 정립 이후 지금까지 유지해 오고 있는 기본적인 구성이다. 경영철학은 기업경영의 지향점을, 실행원리는 이를 실천하기 위한 구체적인 방법론을 제시하고 있다. 경영철학은 이윤 극대화에서 시작하여 이해관계자 가치추구, 궁극적으로는 구성원의 행복으로 확장되어 왔다. '확장되어 왔다'는 의미는 기존 기업경영의 지향점이 없어지거나 바뀌는 것이 아니라 기존의 것을 포함하며 더 큰 범위를 포함하며 발전시켜왔다는 것을 의미한다. 이를 구현하는 구체적인 실천방법인 실행원리는 최초 정립 이후부터 현재까지 이어져 온 시스템 경영의 원칙이자 사람 중심의 경영원리를 제시하고 있다. 철학이면서 동시에 방법론이라는 복합적 성격을 고려하여 기업문화의 구성요소 측면에서 추구가치 또는 핵심가치로 별개로 구분하여 기술하고 있지는 않다. 그러나 경영철학과 실행원리를 연결하면서 두 곳 모두에 주요내용으로 포함하여 기술하고 있다. 기업문화의 구성요소 중 추구가치에 해당된다고 할 수 있다.(참고로 성문화된 책자는 지금 논의하고 있는 '행동중심으로 이미지화와 연계'된다. 명확하고 구체적으로 이해와 확산을 하는 것이 용이하고, 최소한의 행동원칙으로 작용하게 되는 장점이 있다.)

경영철학을 구현하기 위해 목표수준을 탁월한 수준 이상(SUPEX: Super Excellent Level, 인간의 능력으로 도달할 수 있는 최고의 수준)으로 설정하고 자발적 의욕적 두뇌활용 극대화를 통해 추구한다는 두 가지를 경영철학이자 실행원리로 제시하고 있다. 내용 설명은 관찰 가능한 구현된 모습의 이미지로 제시하고 있다. SUPEX 추구는 SUPEX Company 이미지로, 자발적 의욕적 두뇌활용의 극대화는 실천의 모습을 행동으로 제시하고 있다. 간결하지만 이해하기 쉽게 보여준다. 주요 내용을 발췌의 형식으로 일부 해석을 가미하여 소개한다.

> 경영철학으로서 기업경영의 목적은 경제적 가치와 사회적 가치추구, 그리고 궁극적으로 구성원의 행복을 지향한다. 구성원의 행복을 위한 터전이자 기반으로서 기업은 안정과 성장을 이루어 영구히 존속·발전하여야 한

다. 이를 위해 구성원의 행복과 함께 기업 이해관계자의 행복을 동시에 추구해 간다. 기업의 이해관계자는 고객, 주주, 비즈니스 파트너, 사회로 구성되고 이해관계자 행복이 곧 사회적 가치이다. 사회적 가치를 통해 경제적 가치를 키우고 이해관계자 신뢰관계를 발전시켜 나간다.

구성원의 행복을 추구하면 자발적 의욕적 두뇌활용을 하게 된다. (사람의 자발성과 잠재력에 대한 믿음을 토대로) 자발적 의욕적 두뇌활용 극대화(Voluntarily & Willingly Brain Engagement)를 통해 SUPEX를 추구한다. 이를 통해 구성원의 행복과 이해관계자의 행복을 지속적으로 창출해 나간다.

자발적 의욕적 두뇌활용의 문화를 조성하고 SUPEX Company 목표와 전략을 수립 실행하여 구성원의 지속적 행복을 창출해 나간다.

자발적 의욕적 두뇌활용이 외부로 발현된 모습이 일과 싸워서 이기는 패기이다. 자발적 의욕적으로 두뇌활용을 극대화하는 구성원은 스스로 동기부여하여 문제를 제기하고, 높은 목표에 도전하며, 기존의 틀을 깨는 과감한 실행을 한다. 그 과정에서 필요한 역량을 개발하기 위해 노력하며, 타 구성원과 함께 적극적으로 소통함으로써 더 높은 성과를 낸다.

SUPEX를 추구하여 SUPEX Company를 만들어 간다. SUPEX Company는 최고의 경쟁력, 장기적 생존조건을 확보하여 경제적 가치, 사회적 가치, 구성원 행복을 창출하는 회사를 말한다.[8]

---

8 『SKMS』 14차 개정본(2020) 발췌 변화 및 인용.

SUPEX 추구는 경쟁사나 해당 분야 일류기업 수준을 말하는 것이 아니라 이론적인 극대치, 즉 인간의 능력으로 도달할 수 있는 최고 수준을 찾아서 그것을 목표로 하는 것을 말한다. 단순히 '탁월성을 추구하자' 혹은 '경쟁자를 앞서서 1등이 되자'라는 목표보다 처음부터 상상할 수 있는 최고의 목표치를 상정하고 이를 달성하기 위해 노력한다는 의미이다. 그러다 보면 업계 1위나 경쟁우위를 확보한다는 것을 넘어선다. 100m 달리기에서 최고가 되기 위해 세계기록을 가진 선수를 이기는 것을 목표로 하는 것이 아니라, 인간이 기록할 수 있는 최단 기록을 목표로 노력한다는 것을 의미한다. SUPEX의 구체적인 이미지이자 추구목표인 SUPEX Company는 세 가지 목표(경제적 가치, 사회적 가치, 구성원 행복)를 동시에 추구해 간다. 이 과정에서 시간과 가용자원을 고려한 단계적인 목표를 도전적이지만 달성 가능한 수준으로 설정하고 반복적으로 달성하면서 구현해 간다. SUPEX 추구는 경영활동의 시스템이자 프로세스로 정착되어 있다.

SUPEX Company 이미지는 움직이는 타겟(moving target)으로 비유한다. 한번 목표가 SUPEX로 정해졌다고 고정된 것이 아니라는 의미이다. 예를 들어 어떤 기업이건 과거로 돌아가 처음 회사를 창업했을 때 지금의 성장한 모습을 생각해 본다면 SUPEX Company에 근접한 모습이 되어 있을 수도 있다. 그러나 현재 시점에서 미래의 더욱 발전된 회사의 모습을 꿈꾸면 현재 모습은 SUPEX가 아닐 것이다. 시간이 지나고 수준과 역량이 올라가면서 도달할 이상적 목표 수준은 계속 움직이는 무빙 타겟인 것이다.

　자발적 의욕적 두뇌활용 극대화를 살펴보자. 자기 분야에서 성공하고 탁월한 수준을 성취하고자 하는 욕구가 있는 사람은 '스스로' 동기 부여 되어 있다. 억지로 하는 일이 없다는 것이다. 하지 말라고 말려도 어떻게든 하는 방법을 찾아내어 몰두한다. 그러다 보면 '현재 수준에 만족하지 않는다'. 항상 문제의식을 가지고 더 나은 수준에 대해 고민한다. '목표수준이 높다'. 지금보다 한 단계 높은 수준이든 아니면 좀 더 빠른 시일 내에 성취를 이루고자 하든, 높은 목표 수준을 가지고 있으며 탁월한 그 이상을 꿈꾼다. 자기가 좋아하는 일을 더 잘하고 싶다. 도전할 만한 수준이 더 이상 없다면 혹은 동일한 일을 반복해 왔더라도 더 빠르게 더 효율적으로 더 멋지게 하길 원한다. 이를 위해서는 지금까지 해왔던 방법으로는 안 된다. 발상의 전환을 통해 '파격적인 다양한 방법'을 시도해 본다. 그러다 보면 자신이 가진 역량으로는 한계가 있다는 것을 자각한다. 안 하던 방법을 새롭게 시도하다 보면 누구나 느끼는 벽이다. 부족한 역량을 개발하기 위해 다각도로 노력을 기울인다. 그럼에도 어려움이 있으면 전문가나 다른 사람들의 도움이나 조언을 요청한다. 조직에서 일한다면 조직 역량을 활용하는 방법을 고민한다.

　게임에 몰두하거나 무언가를 새롭게 배우는 경우도 마찬가지로 적용할 수 있다. 새로운 취미를 배울 때를 떠올려 보자. 한번 몰입하게 되면 말려도 하고, 시도 때도 없이 고민하고 머릿속에서 떠나질 않는다. 스스로 동기부여가 되어 있다는 것이다. 현재 수준에 만족하지 않는다. 물론 만족하면 거기서 이야기는 끝이다. 게임의 경우에는 더 높은 레벨에 도전하고 현재 수준과 방법을 분석하고 문제점을 도출한다. 기왕이면 가장 높은 레벨까지 도달하고 싶다. 그러려면 지금의 방식으로는 안 된다. 새로운 것을 시도해 봐야 한다. 뭔가 부족한 것은 개발해야 한다. 빠른 판단력이든 판세를 읽어내는 능력이든 반응 속도든 개발이 필요하다. 그래도 안 되면 나보다 잘하는 사람을 관찰하고 차이점을 분석하기도 한다. 더 나아가 직접 찾아가서 물어보고 배우고 연구한다.

이것이 자발적이고 의욕적인 몰입을 보여주는 사람들의 행동 특징이다. 이런 모습들은 겉으로 드러난다. 관찰이 가능하다. 똑같진 않더라도 나도 잘하고 싶으면 따라하는 것도 가능하다. 너무 이상적인 모습인가? 자발적이고 의욕적인 몰입의 상태는 자신의 분야에서 일가를 이룬 사람들의 행동 특징, 또는 역사적으로 뛰어난 인물들의 스토리를 상상하면 쉽게 이해가 가능하다. 과학, 예술, 문학, 스포츠, 요리 등 어떤 분야든 공통적으로 보이는 행동 특징이다. 뉴튼, 아인슈타인, 에디슨, 라이트 형제, 대동여지도의 김정호, 이순신 장군, 세종대왕, 메달리스트, 세계적인 요리사, 일류 프로 스포츠 선수에 이르기까지 예를 들자면 끝이 없다. 이런 사람들의 전기나 스토리는 그들의 행동을 아주 구체적으로 보여준다. 한마디로 자신과 싸워서 이기는 사람들의 특징이다. 진정한 프로페셔널은 더 높은 실력을 갖추기 위해 지루함과 싸워서 이기는 사람이라는 말이 있다. 이런 의미에서 자발적 의욕적 두뇌활용은 SUPEX 이미지가 무빙 타겟으로 묘사되는 것과 일맥상통한다.

자발적 의욕적 두뇌활용 극대화는 SKMS의 정립 초기부터 구성원의 자세로 강조되고 실천되어 온 '패기'와 같은 의미이다. 자발적 의욕적인 두뇌활용이 겉으로 드러나 관찰 가능한 모습이 곧 패기인 것이다. 일과 싸워서 이기는 패기는 정립 초기부터 개발이 가능하도록 적극적 사고, 진취적 행동, 빈틈없고 야무진 일 처리 세 가지로 구분하여 제시되었다. 적극적 사고는 아무리 어려운 일이라도 하면 된다는 신념을 갖고 해결 방법을 찾으려 노력하는 것을 말한다. 진취적 행동은 자발적 의욕적으로 문제를 해결하고 어떤 난관도 극복하여 목표를 달성하려는 태도를 의미한다. 빈틈없고 야무진 일 처리는 일을 입체적으로 분석하고 치밀한 계획을 수립하여 철저하게 처리함으로써 다시 손댈 필요가 없도록 자기 완결적으로 마무리하는 것을 뜻한다. 앞서 설명한 자발적 의욕적 두뇌활용을 실천하는 모습과 궤를 같이한다. 결국, 패기 곧 자발적 의욕적 두뇌활용 극대화를 통해 SUPEX를 추구하고 궁극적으로 구성원의 행복을 구현하는 세 가지로 핵심 경영철학을 요약할 수 있다.

행복한 사람은 더 자발적이고 의욕적으로 변한다. 사람은 자발적 의욕적일 때 더 행복해진다. 이것은 몰입의 또 다른 의미이기도 하다. 몰입은 기업문화를 말하는 경우 문화와 거의 동의어로 쓰이는 경우가 많다. 몰입이란 무엇을 말하는 것일까? 좋은 문화를 만든다는 것은 몰입이 가능한 환경을 만드는 것과 같은 의미일 수도 있다. 미국의 심리학자 미하이 칙센트미하이는 저서 『몰입의 즐거움』에서 몰입이 인간의 가장 행복한 상태라고 말한다. 그는 몰입을 플로우(flow)로 표현한다. 주변의 모든 방해물이나 잡념이 차단되고, 시간의 흐름을 잊을 정도로 한 가지에 에너지가 집중되어 있으면서 즐기는 상태를 말한다. 몰입에는 조건이 있다. 먼저 명확한 목표가 있어야 한다. 과제의 난이도가 역량에 비해 조금 어려운 정도여야 한다. 마지막으로 과제 수행과 목표 달성 과정에 대한 피드백을 받을 수 있어야 한다. 미하이는 몰입이 어떤 조건에서 일어나는지 설명한다. 그러나 관찰 가능한 이미지는 명확하지 않다.

몰입은 내면의 심리적인 상태를 말하기 때문이다. 그럼에도 관찰이 가능한 행동 패턴을 가지고 있다. 회사에 나와 있다고 모두 일하고 있는 것이라고 할 수는 없다. 이를 신체적 활용(physical employment)의 상태라고 한다. 즉 몸만 회사에 있는 것이다. 중요한 것은 지적인 몰입 또는 두뇌활용(intellectual involvement 또는 brain engagement)의 상태, 즉 마음과 정신이 하고 있는 일에 집중하는 상태가 되어야 한다. 이를 몰입, 즉 'engagement'의 상태라고 한다. 밤새 일하고 오랜 시간 앉아 있는 것이 관찰 가능한 몰입의 상태라고 말할 수 없다는 말이다. 앞의 예시들처럼 이미지화하거나 구체적인 사례를 들어 설명한다면 훨씬 기억하기 쉽고 실천이 쉬워진다.

물론 위의 예는 조직의 일을 하는 사람들이 아니라 전문성을 가지고 자기의 일을 하는 사람의 예시라고 항변할 수 있다. 당연히 모두가 그럴 수는 없음을 알 것이다. 다만, 앞서 우수한 문화의 조건으로 '구성원이 주체'라는 것과 '내가 곧 회사'라는 것을 설명한 이유를 생각해 볼 필요가 있다. 소속감과 일의 의미가 달라지고, '스스로'가 가능해지는 경영철학의 바탕인 것이다. 이러한 마인드를 가진 개인들이 모인 집단이 더욱 좋은 문화를 가진 조직일 것이다.

일 그리고 자신과 싸워서 이기는 사람들의 행동과 도전 방식을 통해 우리의 일과 삶이 좀 더 행복해지고 즐거워지는 경험을 할 수 있다는 것이다. 그렇게 되면 좋은 문화가 만들어지고, 그 속의 구성원들은 더 행복해진다. 더 행복한 개인이 모이면 더 좋은 문화가 만들어지는 선순환이 가능해진다. 남은 문제는 어떻게 이런 환경을 조성할 수 있는가이다. 먼저 핵심가치를 개념적이고 추상적인 단어의 수준을 넘어 실천 가능한 모습으로 명확히 제시해야 한다. 사례일 수도 있고, Dos & Don'ts(해야 할 것과 해서는 안 될 것)일 수도 있고, 이미지일 수도 있고, 은유적이고 구체적인 문장으로 표현할 수도 있다. 여기서 더 나아가, 거듭 강조하지만, 회사의 제도와 시스템 그리고 리더십으로 구현되고 있어야 한다. 위에 언급한 실행원리 사례는 실제 경영활동에서 시스템화되어 있는 것은 물론, 제반 환경조성, 특히 평가와 피드백의 가장 중요한 기준이자 리더십 모델로 리더 진단에도 포함된다. 이것이 곧 개인적인 수준을 넘어 기업문화로 발전해 가는 것을 가능하게 한다.

하나 더, 조직 차원에서 실천수준을 높이기 위해 현재 수준을 파악하는 것도 필요하다. 행복이나 몰입, 핵심가치의 실천이 관찰 가능한 행동이라면 측정이 가능해야 하고, 측정을 통해 개선점을 찾을 수 있어야 한다. 현재 수준을 파악하는 것은 핵심가치를 실천으로 옮기고 발전시켜 가는 것을 훨씬 용이하게 할 것이다. 몰입과 행복은 다양한 방식으로 측정을 시도하고 있으나 모두가 동의하는 방법론은 아직 명확하지 않은 것 같다. 개념에 대한 해석이 다양하며 감성적이고 주관적인 특성이 강한 것도 하나의 이유일 것이다. 이로 인해 측정방법의 타당성과 신뢰도에 대한 논란이 있을 수 있으나 작더라도 지속적인 시도는 발전을 가져올 것이다. 조직문화 서베이(culture survey), 펄스 서베이(pulse survey, 짧은 주기로 간단하게 하는 서베이), 포커스 그룹 인터뷰(focus group interview) 같은 방법을 자주 활용하여 현 상황과 수준을 파악하려 노력하는 것에서부터 출발해야 할 것이다.

3. 핵심가치, 몇 개가 적절할까?

간단하지만 궁금한 점도 있다. 가끔 받는 질문인데, 핵심가치는 몇 개가 적당한 것일까? 10개가 넘는 것도 있고, 한두 개로 간단한 경우도 있다. 인간의 기억력에는 매직 넘버라는 것이 있다. 인지심리 학자인 조지 밀러(George Miller)는 '마법의 수 7±2: 정보처리 용량의 한계'라는 논문에서 인간이 단기기억으로 저장할 수 있는 항목의 개수가 다섯 개에서 아홉 개 사이라고 주장했다. 동시에 정보를 의미 있는 단위인 청크(chunk: 서로 밀접하게 연결된 단어들의 묶음)로 묶어서 기억하면 더 많은 정보를 처리할 수 있다. 청크 간 의미 있는 스토리로 만들면 훨씬 많은 정보를 더 오래 기억할 수 있다는 것이다. 이후 계속되는 연구를 통해 평균 네 개 내외가 인간의 정보처리 용량이라고 밝혀졌다.

연구결과를 고려하면 너무 많은 개수는 기억력의 한계를 가져오고, 그만큼 실천도 어려울 수 있다는 것을 의미한다. 물론 개수가 많더라도 청크로 묶어 의미 있는 스토리가 만들어진다면 훨씬 기억하기 쉽다. 그러나 인지적인 부담이 없이 쉽게 행동에 옮기고 일상 경영활동의 판단 기준으로 작용할 수 있으려면 매직 넘버를 고려하는 것이 좋지 않을까? 게다가 가치들 간 서로 관련 있는 스토리로 연결되어 의미 있게 표현되면 행동 가능성이 더욱 높아질 것이다. 아무리 좋은 내용을 수첩이나 사원 카드 등에 적어 놓는다고 해도 너무 개수가 많으면 부담스럽고 어렵다고 느낄 것이다. 한마디로 뭐가 중요한지 모르고 그게 그것처럼 보일 것이다. 그리고 굳이 개수가 많아야 하는지도 모르겠다. 명확하고 행동이 용이한 것이 더 중요하다.

Chapter
8

기업문화 환경조성, 최적의 문화를 구축하다

인력관리 제도나 업무환경 등에 대한 벤치마킹은 끊임없이 지속된다. 한때는 미국 실리콘밸리 기업들의 빠른 성장과 경쟁력을 연구하기 위한 신사유람단 같은 현지방문이 유행처럼 번지기도 했다. IT 기업들의 빠른 성장배경에는 독특한 업무 방식과 인사 제도가 있다는 것이었다. 호기심도 있지만, 그들의 제도나 프로그램을 적용하면 우리 조직문화 혁신에 도움이 될 것이라는 기대가 컸을 것이다. 실리콘밸리 기업에서 일하는 분들을 초청하여 강의를 듣기도 했다. 한동안 코로나로 중단되기는 했지만, 최근 외부연수 프로그램이나 미국 내 글로벌 컨퍼런스에 참가하면 실리콘밸리 기업들에 대한 학습 열기는 여전하다.

 이 회사들에 가서 보고 듣고, 배울 만한 것들을 찾는다. 예전에는 제도나 시스템을 보고 따라 하기 위한 목적이 주였다면, 지금은 사례 연구를 통한 학습과 역량개발의 목적이 더 클 것이다. 벤치마킹 내용은 전략이나 비즈니스 모델도 있지만, 주로 기업문화나 일하는 방식과 관련된 것들이 많은 부분을 차지한다. 기술과 환경변화에 따라 이슈가 되는 것들에 대한 관심이 크다. AI 기술에 따른 일하는 환경의 변화, ESG나 IT, 글로벌 환경변화에 따른 비즈니스 모델의 혁신 등 시의성 있는 주제도 있다. 채용과 육성, 평가방식, 파격적인 보상제도, 매력적이고 편안한 사무공간과 휴게공간, 고급식당 같은 카페테리아, 건강과 복지 시설 등은 끊이지 않는 관심 주제다. 환경에 대한 민첩한 대응전략, 물리적인 환경이나 인력관리 제도 등은 우리 기업들도 결코 뒤지지 않는 수준이 되었음에도 배움의 갈증은 끝이 없다. 배운다는 것은 좋지만, 중요한 것은 학습과 연구의 대상을 바라보는 관점, 즉 프레임이 있어야 한다는 점이다.

1. 기업문화 환경조성의 의미와 중요성

　기업문화는 다양한 모습과 내용으로 표출된다. 기업의 전략과 목적을 달성하는 데 필요한 환경을 만들어가는 것도 이에 해당한다. 이것이 일하는 방식과 경영 프로세스로 나타나고 기업 간 차별성을 가져오는 것 중 하나다. 막연하게 차이와 공통점을 비교하기보다는 관점과 프레임이 있으면 더 효과적일 것이다.

　기업문화 환경조성은 크게 두 가지로 나누어 생각해 볼 수 있다. 첫째는 일 수행과 관련된 내용들, 즉 하드웨어적 요소이고, 또 하나는 사람과 관련된 소프트웨어이다. 이렇게 구분하여 생각하면 전체 그림을 이해하는 데 도움이 된다. 물론 두 가지 모두 구성원에게 직간접적으로 영향을 미친다는 점, 그리고 실천력과 효과성은 리더의 영향력이 결정적이라는 점에서는 공통적인 성향을 가지고 있지만 그 특성이 다르다.

　첫째, 하드웨어는 제도와 시스템, 프로그램, 물리적 환경 등을 말한다. 하드웨어라고 표현하는 이유는 인프라의 성격을 띠기 때문이다. 기업을 운영하는 데 필요한 기본적인 여건에 해당되는 것들이면서 일하는 방식과 구성원의 사고와 행동에 영향을 미치는 것들이다. 건물이나 사무실 같은 물리적인 환경, 제도와 시스템, 사규, 업무 처리 기준까지 다양하다. 이 중에서 특히 평가와 보상은 구성원에게 기대하는 바람직한 성과와 행동이 무엇인지를 제시하는 역할을 한다. 기업문화에서는 가장 중요한 제도로 여겨진다. 게다가 유사한 제도를 두고 있더라도 산업과 전략과의 적합성, 리더의 이해 정도와 역량에 따라 효과에 큰 차이를 보인다.

하드웨어는 쉽게 눈에 띄고 명시적으로 파악하는 것이 어렵지 않다. 대부분 널리 알려진 내용이고, 구성요소들도 가시적이기 때문에 시간을 두고 노력하면 실천으로 옮기는 것이 어렵지 않다. 기업들 간에도 겉으로는 큰 차이를 보이지 않고 대동소이해지는 성향을 가지고 있다.

> 하드웨어적 특성을 지닌 환경조성 요소들은 모방과 학습, 전이효과가 강하다. 인력관리 제도도 유행처럼 따라 하면서 겉으로는 비슷해지는 속성이 있다. 평가나 보상제도의 경우에도 상대평가 폐지, 등급 폐지(No rating), 성과급 등 유사한 제도들이 기업마다 시행된다. 노동법이나 근로와 안전에 관련된 법률이나 규제를 제정할 때에도 기업 간 유사한 내용을 중심으로, 기본적으로 갖추어야 할 제도를 마련한다. 코로나19를 기점으로 더욱 유행처럼 번진 경향도 있지만 시간과 장소의 유연화, 자율 선택권의 확대(유연 근무, 모바일 오피스, 워케이션 등)도 대표적인 예다.

제도와 운영방법을 상호 학습하는 것은 시행착오를 최소화하면서 발전의 속도를 높이는 좋은 방법이다. 그러나 하드웨어적 요소는 차별적 경쟁우위를 확보하기 쉽지 않다. 필요조건 성격이 강하다. 우수한 기업문화를 가진 기업은 제도의 우수성만이 아니라 운영의 묘(art)에서 차별적인 요소가 있다. 그렇지만 인프라, 제도와 시스템 등 하드웨어가 뒤떨어진다면 좋은 문화와 경쟁력을 기대하기는 아예 처음부터 어려울 것이다. 많은 기업이 벤치마킹이나 베스트 프랙티스(best practice) 연구 등을 통해 배우려 노력하는 이유다. 게다가 다른 기업들과 비교가 되기도 한다. 남들은 다 하는데 우리만 없으면 왠지 뒤처지는 것들로 보이기 때문이다. 그러다 보면 대부분 겉으로는 유사하게 된다. 하지만 제도 자체보다, 얼마나 기대하는 결과를 얻는지가 중요하다.

상호학습을 통해 제도를 연구할 때 유의할 측면이 있다. '탄생의 비밀'이 있기 때문이다. 제도는 역사적인 성장 과정에서 목적을 가지고 만들어지고, 이유가 있어 변화시켜 오면서 현재에 이르렀다. 그것을 보지 못하고 현재 모습만 보면 피상적이 된다. 문화의 세 가지 구성요소는 겉으로 보이는 이면에는 추구하는 가치(espoused value) 혹은 경영철학의 영향을 받기 때문에 외부 사람은 이해하지 못하는 미묘한 차이가 있다는 것을 의미한다. 또한 국가나 지역 같은 더 큰 매크로 문화의 영향도 무시할 수 없다. 경영 전략이나 경영 철학과의 연계성도 고려해야 한다. 좋은 제도를 두고 있다면 이런 점들이 경쟁력과 차별성의 원천이다.

하드웨어는 동종업계와 비교하여 동일한 수준이나 그 이상을 갖추는 것은 의미가 있다. 그러나 한계가 있다. 필요하긴 하지만 충분조건으로 부족하고 사람 간 관계를 포함하는 소프트웨어 요소가 더해져야 진정한 경쟁력을 갖출 수 있다. 물론 좋은 하드웨어 없이 소프트웨어가 힘을 발휘하기는 쉽지 않다. 둘의 상호작용을 통한 시너지가 중요하다.

> '서투른 목수가 연장 탓하고, 섣부른 무당이 장고 나무란다'는 속담이 있다. 자신의 기량을 갈고닦는 전문성인 소프트웨어가 훨씬 중요한 것은 당연하지만 우선 하드웨어인 연장도 어느 수준은 되어야 한다.

둘째, 소프트웨어는 사람의 내면이나 사람 사이에 존재하는 것을 말한다. 하드웨어인 제도, 시스템, 프로그램 등은 대상이 되는 구성원들이 동일 혹은 유사하다는 것을 암묵적으로 전제한다. 같은 회사라면 평가, 보상, 교육 프로그램 등 대상이 되는 구성원들의 개인적 차이는 가급적 최소화한다는 것을 가정하는 것이다. 그래야 형평성의 원리가 적용된다고 생각하기 때문이다. 동시에 효율적이기도 하다.

그러나 제도의 효과성은 운용의 묘를 발휘하여 각 조직이나 개인이 처한 차별적인 여건과 특성을 고려할 수 있어야 한다. 같은 회사 내에서도 사업부별 차이나 기능별 차이 등을 고려하여 스스로 설계하고 운영할 수 있는 셀프디자인이 가능해야 한다. 물론 이런 경우도 전사적인 형평성을 고려해야 하고, 통합성과 일관성을 위한 가이드라인을 제시해야 한다. 그러나 진정한 실행의 효과는 차이를 반영하는 리더의 지혜와 역량에 좌우된다.

다시 말해, 소프트웨어가 중요한 이유는 개인과 조직이 모두 다름에 있다. 사람은 모두 다르다. 어떤 측면에서도 똑같은 사람은 없다. 심지어 일란성 쌍둥이도 비슷하지만 다르다. 출신이나 배경, 외모, 성격, 학력, 지적 수준, 가정환경 등의 여건만 다른 것이 아니다. 이런 여건들은 그나마 유사하거나 동질감을 느낄 수 있는 경우가 많다. 그러나 가치관이나 지향하는 꿈, 세대 차이, 맡은 역할이나 지위 등에 따른 사고방식 차이 등 내면적인 것들은 비교하기가 쉽지 않다. 같은 사람이라도 어제 다르고 오늘 다를 수 있다. 하루에도 기분이 수십 번 달라지는 것이 사람이다. 매우 큰 역동성을 지니고 있으며 겉으로 잘 드러나지 않는 것들도 많다. 사람과 사람 사이의 경우는 더 복잡하고 이해하기가 쉽지 않다. 이런 사람의 특성을 감안하여 제도나 시스템을 운영하지 않으면 좋은 환경을 조성하는 것이 어려울 수 있다. 동일한 제도나 프로그램도 사람에 따라 다르게 받아들여지고 해석될 수 있다. 따라서 운용의 묘를 발휘해야 하고, 개인차를 고려할 수 있어야 한다. 제도나 시스템은 가이드라인이자 도구다.

결국 기업문화의 경쟁우위는 뛰어난 제도와 시스템을 필요조건으로 하면서 얼마나 이를 잘 운용하는가 하는 소프트웨어가 충분조건을 이룬다. 하드웨어에서 차별적 경쟁우위를 확보하는 것은 한계가 분명히 존재한다. 어떻게 하면 소프트웨어의 탁월함을 갖출 것인지를 고민해야 한다. 같은 제도라 하더라도 기대하는 효과는 리더에 따라 달라진다.

2. 리더는 문화의 접착제: 조직을 하나로 묶는 힘

구성원 개개인의 노력도 물론 중요하지만, 리더의 역할은 더 중요하다. 사람의 역동적인 특성을 고려하여, 구성원을 매일 상대하고 함께하는 리더가 만들어가는 것이 바로 소프트웨어 측면이다. 엄밀히 말하면, 리더는 하드웨어와 소프트웨어의 중간에 있는 접착제와도 같다. 회사의 규정, 제도, 시스템을 토대로 일상 업무에서 구성원들과 상호작용하며 성과를 창출하는 사람이 바로 리더이기 때문이다. 기업 초창기에는 창업주나 경영진의 역할이 거의 절대적이지만, 성숙기에 접어들거나 규모가 커지면 현장 리더의 역할이 더욱 중요해진다. 전사적으로는 기업문화의 동질성을 유지하면서도, 단위 조직별로 하위문화가 만들어지게 된다. 리더뿐만 아니라 같은 조직 내 동료 간의 역학관계와 상호 영향력(peer pressure)도 큰 힘을 발휘하기 시작한다. 따라서 리더는 구성원 개인의 특성을 고려함과 동시에 기업문화에 대한 이해를 단위조직 차원에서 적용하고 관리하는 스킬을 갖출 필요가 있다.

조직특성이나 업무내용도 중요하지만, 리더의 성격, 가치관, 개인적인 배경 등도 명시적이든 암묵적이든 영향을 미친다. 리더가 평소에 주의를 기울이는 것, 주요한 사건에 대한 대응이나 의사결정 방식, 자원의 할당, 평가와 보상의 기준, 코칭이나 피드백 등으로 표출된다. 리더십은 조직구성, 제도와 시스템, 물리적 환경 등 하드웨어 환경 요인들의 필요조건이자 제약요인으로 작동한다. 따라서 스스로에 대한 이해와 성찰도 중요하다.

또 하나 필요한 관점은 조직관점의 접근이다. 리더와 구성원 간의 1 대 1 관계에 더해 회사 전체와 단위조직 차원의 기업문화 조성을 위한 활동을 말한다. 어떤 측면에서는 조직개발의 성격이 강하다. VUCA(Volatility, Uncertainty, Complexity, Ambiguity: 변동성, 불확실성, 복잡성, 모호성)라고 흔히 말하는 환경에서 민첩한 학습은 필연적이다. 좋은 기업문화는 구성원들이 상호 학습하고 그 과정을 통해 성장하고 발전하는 것이 가능한 문화이다. 활력이 있는 조직은 집단지성이 작동하는 다이내믹한 역학관계를 가진 조직일 것이다. 이를 위해 필요한 것이 조직차원의 리더십이다.

구성원의 성장과 역량개발은 직무경험이나 좋은 리더, 역량개발 프로그램만을 통해서만 이루어지는 것은 아니다. 집단지성이 가능한 환경에서 해결해야 할 문제를 함께 고민할 때 이루어진다. 조직차원의 신뢰와 친밀도는 이 과정을 통해 만들어진다. 회사 전체 차원에서 소통하고, 부문, 사업부, 팀까지 순차적으로 캐스케이딩(cascading)되는 프로그램이 그 하나이다. 또 하나는 단순한 업무회의 이외에 문제 해결, 학습과 성장, 조직활력에 기여하는 미팅도 필요하다. 조직 활성화를 위한 미팅을 말한다.

지금까지 환경조성을 두 가지로 구분하여 특성을 알아보았다. 세부적인 내용을 논하기 전에 기업문화 환경조성인 제도나 프로그램, 그리고 리더십 발휘에 공통적으로 적용되는 원리이자 고려사항을 먼저 살펴보기로 한다. 겉으로 보이는 유사함의 이면에 있는 철학이 문화의 수준과 차별적 경쟁력을 가져오기 때문이다.

3. 행복하게 일하는 조직을 만드는 환경의 조건

- "매일 행복하지는 않지만, 행복한 일은 매일 있어." - 곰돌이 푸
- "Yesterday is history. Tomorrow is mystery. But today is a gift, that's why it's called the present." - 쿵푸 팬더
- 행복 = 몰입 = 내재적 동기 = 유능감, 자율감, 관계감

서로 다른 말을 하는 것 같지만 같은 것을 말하고 있다.
행복을 정의하고 측정하기는 어렵지만, 어떤 경우에 행복을 경험하는지는 쉽게 알 수 있다.

우수한 문화의 핵심은 구성원이 의미 있는 일을 즐겁게, 스스로 하면서 행복감을 느끼는 것이다. 구성원들이 서로 존중하고 신뢰받고 있다고 느끼고 일에 대한 만족감이 커지면 생산성은 증대된다. 즐겁고 행복하게 일한다는 것은 본질적으로 동기 수준이 높고 자발적이고 의욕적인 상태를 말한다. 행복한 사람이 훨씬 더 자발성과 의욕이 높고, 창의성과 통찰력과 시야도 확대되는 등 성과도 좋다는 연구는 차고 넘친다. 행복과 자발성 그리고 생산성은 선순환을 이루는 것이다. 우리가 조직

에서 일을 하며 행복을 느끼기 위해서는 어떤 환경이 필요할까? 대표적인 이론과 연구를 보도록 하자.

인간의 행복과 자발성, 동기, 역량 등을 연구한 이론들은 자세히 보면 다른 것 같지만 연관성이 있거나 유사한 조건들을 일관되게 밝히고 있다. 그중 대표적인 것으로 자기결정 이론(Self-determination theory)은 인간이 가진 행복과 자발성의 조건으로 내재적 동기를 들고 있다. 에드워드 데치(Edward Deci)와 리처드 라이언(Richard Ryan)이 1985년에 쓴 책『인간행동에 있어 내재적 동기와 자기결정(Intrinsic Motivation and Self-Determination in Human Behavior)』을 출간하면서 알려지고 후속 연구들이 진행되었다. 이는 조직 맥락에서 가장 광범위하게 인용되는 이론 중 하나이다. 인간행동의 동기요인이 내부인가 외부인가에 따라 내재적 동기(intrinsic motivation)와 외재적 동기(extrinsic motivation)로 구분한다. 내재적 동기는 일 자체에서 느끼는 흥미와 호기심으로 발현되는 동기를 말하고, 외재적 동기는 외부적으로 주어지는 보상이나 처벌에 의한 동기를 말한다. 인간 스스로 행동을 가능하게 하고 심리적인 건강과 행복감을 주는 것은 내재적 동기이며, 여기에 세 가지를 필수적인 영양분과 같은 것으로 제시하고 있다. 바로 자율감(autonomy), 유능감(competence), 관계감(relatedness)이다.

- **자율감(Autonomy)**

자율감은 의사결정이나 과제수행에 있어 독립적이고 재량권을 가지고 있는 상태를 말한다. 다른 말로 하면 스스로 선택의 자유가 있어야 한다는 것이다. 같은 것이라도 본인이 참여하여 의사결정을 하거나 선택지 중에 결정할 수 있는 자유가 주어지는 환경을 의미한다. 유연 근무제 같은 시간 선택의 자유나 거점 오피스, 재택근무, 공유 좌석제 같은 'Work from anywhere(어디에서든지 일하기)'도 편하다는 것도 있지만, 공간선택의 자유가 있다는 점이 가치를 부여한다. 외형적인 제도나 물리적인 것보다 더 중요한 것은 일하는 방법에 대한 선택과 자율, 사람에 대한 신뢰를 근간으로 하는 제도와 규정 등, 인간존중이 기반이 되어야 한다. 의사결정에 참여하는 정도와 업무수행 과정에서의 소신, 그리고 스스로가 존중되는 권한 등으로 치환해서 말할 수도 있다.

- **유능감(Competence)**

유능감은 일관되게 높은 성과를 가능하게 하는 역량과 자신감을 보유한 상태를 말한다. 사회 심리학자인 알버트 반두라(Albert Bandura)가 제시한 자기 효능감(self-efficacy)과 유사한 개념으로 '어떤 상황에서 자신감을 가지고 행동할 수 있다는 신념'과 유사하다. 일을 통해 느끼는 성취감과 더불어 가치가 있는 역량을 개발하고 조직에서 성장하고 있다고 느끼는 것을 포함한다. 다시 말해 일과 경험을 통해 성장하고 있다는 기대감을 가질 수 있느냐가 중요하다는 것이다. IT나 AI, ESG 등 급격한 환경변화에 요구되는 역량을 얼마나 빠르게 습득할 수 있는가 하는 것도 포함된다.

- **관계감(Relatedness)**

관계감은 사회적 관계나 대인관계를 말하는 것으로 친밀한 관계의 유지를 말한다. 인간은 사회적 존재이고 관계는 본능적인 욕구이다. 살아가면서 우리를 가장 기쁘게 하는 것이 무엇이고, 가장 우울하거나 화나게 만드는 것이 무엇인지를 생각하면 대부분 직간접적으로 관계를 맺고 있는 사람을 떠올린다. 게다가 가장 예측도 관리도 힘든 것이 관계감이다. 개인도 역동적이지만 사람 간의 관계는 더 예측이 어렵다. 개인의 감정은 유동적이지만, 타인에 대한 감정도 금방 좋았다가 부정적 감정이 생기는 경우도 흔하다. 직접적이든 간접적이든, 명시적이든 암묵적이든 다른 사람이 나에게 던지는 피드백에 민감해질 수밖에 없다. 특히 동양 문화권에 속한 우리의 경우, 집단과의 관계를 중시하고 그 속에서 자기 정체성과 의미를 찾는 경향이 강하다는 것도 무시할 수 없다. 하물며 하루 중 대부분의 시간을 보내는 회사는 말할 것도 없을 것이다.

데치와 라이언의 자기결정 이론은 세 가지 중 관계감이 가장 중요하다고 한다. 잘 알려진 이야기지만, 퇴사의 가장 중요한 원인 중 하나는 상사와 부정적인 인간관계라는 말도 있다. 지위고하와 이해관계가 존재하는 조직상황에서 상하관계나 팀워크 등이 절대적으로 중요하다는 것을 부인할 수 없다. 우선 인간적인 친밀감과 서로 믿는 신뢰가 구축되어야 행복한 조직이라고 할 수 있다. 자유로운 분위기 속에서 우호적인 피드백과 상호작용이 가능한 환경이 만들어져야 한다.

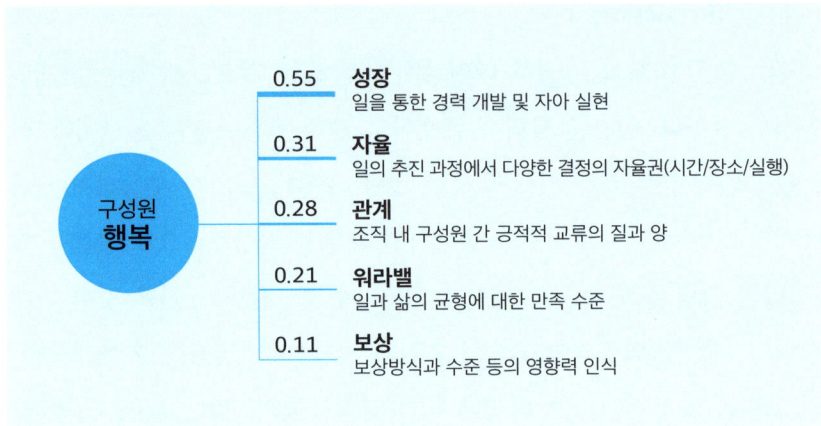

Key 행복 영향 요인(Regression)

약 2만 명의 구성원을 대상으로 한 서베이(Pulse Survey) 조사에서도 유사한 결과가 나타난다. 2022년, 행복에 영향을 미치는 요인을 조사한 결과(SK그룹 mySUNI(SK 사내대학) 내부보고서)를 보면, 행복의 요인으로 다섯 가지가 도출되었고, 그중 세 가지가 특히 상관관계가 매우 높게 나타나는 것을 알 수 있다.

먼저 성장이 가장 높은 상관관계를 보이는데, 이는 일을 통한 경력개발과 자아실현을 의미한다. 다음으로 업무를 수행하는 과정에서 시간, 장소, 실행방법 등에 대한 결정의 자율이 0.3으로 두 번째로 중요하다고 나타난다. 조직 내 구성원 간 긍정적 교류의 질과 양을 의미하는 관계가 세 번째다. 물론 이들의 중요도와 우선순위는 상황과 시점에 따라 변할 수 있지만, 이 세 가지가 결정적인 요인을 차지하는 것은 앞에서 살펴본 자기결정 이론과 맥을 같이한다. 일과 삶의 균형에 대한 만족 수준인 워라밸이나 보상 방식과 수준도 상관관계가 있지만, 앞의 세 가지에 비해 결정적이지는 않다. 취업 준비생들의 입사 조건에 보상이나 일하는 조건 등이 우선순위가 높은 것으로 조사되지만, 기업에서 일하기 시작하면 그 중요도는 변하는 것으로 보인다. 이는 없으면 안 되는 필요조건이지만 충분조건은 아니라는 의미로도 해석된다.

결국, 이 결과는 성과창출에 도움이 되면서 행복감을 느끼는 환경을 조성해야 한다는 힌트를 준다. 자발성을 토대로 성장감을 느끼며 친밀한 관계 속에서 일하는 환경을 의미하는 것이다. 하버드대학의 행복연구 보고서 중 하나인 〈세상에서 가장 긴 행복탐구 보고서〉에서 로버트 월딩거(Robert Waldinger)와 마크 슐츠(Marc Schulz)는 친밀한 인간관계를 행복한 삶의 가장 중요한 요인으로 결론 내린다. 방금 살펴본 자기결정 이론 역시 관계감을 강조한다. 그런데 앞의 조사결과는 성장이 가장 중요한 요인으로 나타난다. 아마도 서베이 시행 시점에 AI나 ESG 등 급속한 기술과 환경변화, 비즈니스 모델의 혁신과 신성장 전략추구 등에 따른 학습과 성장욕구가 크게 작용한 것이 아닌가 추측해 본다. 앞서 언급한 행복에 대한 지속적인 측정과 관점의 축적이 의미 있는 이유 중 하나이다.

PART 3

기업문화 구축,
실행의 기술

Chapter 9

소통 프로그램: 전사 소통부터 1 on 1, 조직 활성화까지

환경조성으로 하드웨어와 소프트웨어, 그리고 갖추어야 할 조건을 살펴보았다. 환경조성 요소는 매우 다양할 수 있으나 기업문화에 직접적인 영향력이 큰 내용을 위주로 살펴보도록 한다. 하드웨어는 평가와 보상, 소프트웨어는 소통과 리더십이 여기에 해당된다. 먼저 소프트웨어인 소통을 다룬다.

  기업문화 환경 조성은 물론이고 특히 리더의 경영활동 대부분은 의사소통을 통해 이루어진다. 소통은 크게 전사, 단위조직, 그리고 개개인 대상 프로그램으로 구분된다. 전사는 전체 구성원을 대상으로 시작하여 단위조직에 순차적으로 이어지는 프로그램을 말한다. 단위조직 차원은 조직 활성화를 목적으로 하는 미팅, 그리고 리더와 구성원 간 개인 소통은 1 on 1을 다룬다. 세 가지 소통 프로그램은 마차에 비유할 수 있다. 전사 소통 프로그램이 앞을 이끌고 가는 말에 해당하고, 1 on 1과 조직 활성화는 두 수레바퀴에 해당한다. 경영층을 비롯한 리더는 소통 프로그램을 통해 말을 조정하는 기수와 같은 역할을 한다. 조직 활성화와 1 on 1은 조직과 개인 두 가지를 동시에 관리하기 위해 필요한 리더십 수단이다.

1. 전사적 소통, 막힘 없는 연결

신입 구성원은 초급 경영자, 팀장(과거에는 과장, 부장)은 중간 경영자, 임원은 고급 경영자이다. 모두 최고 경영자가 될 수 있는 후보자이다. 경영자로 대하고 의사소통하고, 경영자가 될 사람으로 육성해야 한다.[9]

A사의 올핸즈 미팅(All-Hands Meeting). CEO가 주관하는 전사 소통 프로그램으로 정기적으로는 실적공시가 있는 매 분기 말, 경영실적 공시 이후 오전에 전체 구성원을 대상으로 올핸즈 미팅을 한다. '올핸즈'의 의미는 누구나 참여해서 손을 들고 질문하고 의사표명을 할 수 있다는 의미이다(원래는 일하는 사람 모두가 참여한다는 의미이나 쌍방 소통에 방점을 두기 위한 해석이다). 주요 내용은 경영실적 공유, 회사의 현안, 전략, 기술개발, 제도, 조직 분위기, 복지 등 구성원이 궁금해하고 알아야 할 내용은 주제에 제한이 없이 공개

---

[9] SK 선대회장의 '인재 육성철학' 변화 인용.

적으로 설명하고 질의응답을 한다. 때에 따라 현안이 되는 이슈에 대해서는 사업 부문장들이 모두 참석하여 패널 토의나 자유로운 난상 토론을 하기도 한다.

회사의 정책변경이나 제도변경이 있는 경우에도 수시로 시행된다. 경영진 전체가 참여하기도 하고, 전사에 생중계되어 구성원은 실시간 온·오프라인으로 어떤 질문이든 할 수 있다. 이어서 부문장이 주관하는 부문 단위, 담당 임원 단위, 조직에 따라서는 팀장 단위까지 순서대로 캐스케이딩되면서 미팅을 한다. ○○조직 올핸즈 미팅, 행복 톡, 타운홀 미팅이라고도 한다. 조직별로 목적을 살려 자유롭게 명명한다. 전사와 마찬가지로 내용은 사업현황, 전략, 조직 분위기, 제도운영이나 조직관리 등 제한이 없다. 예를 들면 행복 톡은 회사에서 어떤 경우에 행복감을 느끼고 어떤 경우에 어려움을 겪는지를 허심탄회하게 말하고 논의한다. 토의 내용은 제도와 각종 프로그램에 반영된다. 실행의 팔로우업 결과는 다음 미팅에 공유한다.

경영현황 공유, 구성원 신뢰와 행복을 위한 일환으로 시행되는 프로그램의 일부를 소개한 것이다. 어느 기업이나 전사든 단위조직이든 소통 프로그램을 대부분 가지고 있다. 올핸즈 미팅, 타운홀 미팅, TGIF 미팅, ○○데이 등 다양한 명칭을 사용한다. 문제는 내용과 방법, 그리고 프로그램이 갖는 진정성과 투명함의 여부이다. 인간과 영장류의 유전자 차이는 2%라는 말이 있다. 누구나 다 하지만 우수한 기업문화를 가진 기업은 방법과 내용에서 2%가 다르다.

흔히 매달 혹은 분기별 정기적으로 소통 프로그램을 갖는다. 외부강사를 초빙하여 인문학이나 교양강좌 한두 개를 듣는다. 간혹 이슈가 있으면 관련 조직의 누군가가 나와서 프리젠테이션을 한다. 때로는 새로 들어온 구성원을 소개하거나 조직별로 돌아가면서 조직을 소개한다. 그나마 임원진은 처음부터 참석하는 것도 아니다. CEO나 경영진은 맨 마지막에 나타나서 학교 조회하듯이 '당부의 말씀'을 훈계하듯 하고 사라진다. 소통을 열심히 한다고 스스로 자부하고 뿌듯하다. 그런데 참가한 구성원의 눈빛은 다르다. 대부분의 시간을 심하게는 세상에서 가장 무거운 눈꺼풀과 싸우고 있다. 그야말로 소통한다는 흉내만 내는 것이다.

소통은 살아 있는 조직을 만드는 기본이고 기업문화를 가장 빠르게 좋게 만들 수도, 가장 손쉽게 지름길로 망칠 수도 있다. 의외로 사람들은 그 중요성과 영향력을 가볍게 여긴다. 하긴 하는데 어디에 역점을 두고, 어떤 기대하는 성과를 얻어야 하는지 의도가 불분명한 경우도 많다. 그럴수록 회사의 문화를 조용히 그러나 아주 빨리 망친다. 최고 경영층이 임원회의나 리더와의 만남을 제외하고 전체 구성원과 얼마나 자주 만나는가? MBWA(Management by Walking Around, 리더의 현장경영)도 중요하지만 전체 구성원을 대상으로 하는 소통 프로그램이 가능한 한 많아야 한다. 단위조직의 리더는 담당 조직 전체를 대상으로 하는 소통 프로그램을 가져야 한다. 임원이라고 팀장만 상대하면 안 된다.

잠깐, 얼마나 소통이 잘 되고 있는지 체크해 보는 '리트머스 시험지'!

- 경영층이 사용하는 전략이나 경영철학, 방침과 관련된 핵심 키워드를 구성원이 똑같이 사용하고 있는가?
- 구성원이 회사의 경영현황이나 경영철학을 쉽고 간결하게 설명할 수 있을 정도로 공유하고 있는가?

내용과 형식이 진정성과 신뢰를 느낄 수 있어야 한다. 어떻게 해야 하는지 그리고 제대로 된 소통은 어떤 의미와 효과가 있는지 보도록 하자.

첫째, 소통은 구성원을 주체이자 경영자로 가정하는 중요한 활동이라는 생각을 해야 한다. 회사의 전략, 경영현황, 실적 등에 대한 정보를 구성원에게 수시로 솔직하게 공유하지 않는다면 역설적이다. 상장회사는 공시를 통해 이런 정보를 시장과 이해관계자에게 정기적으로 공개하도록 되어 있다. 비상장 회사도 IR(Investor Relations, 투자자 대상 기업 정보 제공 등 소통)이나 언론 상대로 중요 정보는 필요에 따라 공유한다. 그래서 구성원보다 투자자나 언론이 회사의 전략이나 사업 관련 정보를 더 잘 알 수도 있다. 심지어는 매체를 통해 외부 사람들이 먼저 아는 경우도 많다. 그런데 정작 구성원은 자세히 모른다는 것은 아이러니고 엉뚱한 부작용을 가져온다. 정보를 공유하긴 하는데 타이밍을 놓치고 뒷북치는 경우가 많다. 그런 일은 없다고 자신할 수 있는가? 열심히 하고 있다고 생각하더라도 구성원의 눈으로 바라볼 필요가 있다.

크리스마스이브다. 아이 손을 잡고 가족이 화려한 명동거리를 즐겁게 걷고 있다. 얼마 지나지도 않았는데 다섯 살 아이가 칭얼대기 시작한다. 거리에는 크리스마스트리와 화려한 조명, 즐거운 사람들, 군것질거리 등이 넘친다. 아이가 짜증을 내는 이유를 모르겠다. 아이를 달래려 무릎을 꿇고 아이와 눈을 마주친다. 갑자기 눈에 들어온 것은 지나가는 사람들의 엉덩이와 아이의 머리를 칠 것 같은 사람들 손에 들린 가방들뿐이다.

집안이 어려워지면 가장은 식구들에게 말하고 이해를 구할 것이다. 친구나 다른 친척이 먼저 알고 나중에 가족에게 말해주는 것을 생각해 본 적이 있는가? 서운한 정도를 넘어 말도 안 된다고 생각할 것이다. 물론 당분간 가족에게 말 못 할 사정이 있을 수도 있다. 그래도 가족은 제일 중요하고 끝까지 함께할 대상이다. 회사는?

구성원이 가장 중요한 IR의 대상이고 언론이며 구전 마케팅의 주체라는 생각을 해야 한다. 전략이 무엇인지, 사업이 어떻게 진행되고 있는지, 직면한 도전이 무엇인지, 시장과 고객이 어떤 평가를 하고 있는지를 적시에 공유해야 한다. '몰라도 된다', '알면 안 될 것처럼' 어린아이 취급을 하면 구성원들은 그에 맞게 행동한다. 이는 회사에 대한 소속감과 애정은 애초부터 기대하지 않는다는 메시지를 던지는 것과 같다. 주변 지인이나 각종 소문과 음모론이 나도는 블라인드(Blind)나 SNS를 통해 잘못된 정보를 얻게 될 가능성이 농후하다. 특히 회사가 구조조정이나 어려움을 겪고 있는 경우에는 더욱 근거 없는 헛소문에 가까운 뉴스가 눈덩이처럼 떠돌게 된다. 거의 소설에 가까운 이야기로 전개된다. 방치하면 끔찍할 정도로 사실처럼 둔갑해서 손을 쓰기에 늦을 수도 있다.

회사의 경영현황에 대해 자세히 설명하고 소통하는 데 많은 시간을 들여야 한다. 경영현황에 대한 이해는 경영에 대한 참여의식과 소신껏 일하는 데 필수적이다. 이는 구성원의 동기수준과 직결된다. 전략을 수립하고 실행하는 것만이 경영층의 역할이 아니다. 소통을 소홀히 하면 궁극적으로 응집력과 실행력이 떨어진다. 신뢰가 없다는 신호를 보내는 회사가 건강할 리가 없다. 집안에 무슨 변화가 있고 어려운데, 알 것 없으니 애들은 공부나 잘하라고 하면 정말로 공부만 잘할 것이라고 기대할 수 없다는 건 뻔하다.

물론 비밀을 유지해야 하는 내용도 있다. 당연히 모든 것을 공유할 수는 없고 그것이 바람직하지 않을 수도 있다. 그럴수록 상황의 심각성을 충분히 설명하고, 공개 가능한 범위까지 솔직하게 공유해야 한다. 그 정도를 이해하지 못하고 수용하지 못하는 구성원은 없다. 문제는 경영층과 리더의 태도이다. 하지만 이 문제를 이겨내야 구성원이 회사와 함께한다는 신뢰를 가질 수 있다.

전략이나 비즈니스 모델의 변화, 새로운 핵심가치 제시, 경영방침과 일하는 방식 변화 주문 등은 더욱 중요하다. 그런데 소통은 소홀히 하고, 팀장이나 리더에게 해야 할 과제가 무엇인지 적어내고 발표하라고 숙제만 내고 있다면 그야말로 꿈을 꾸는 것이다. 성공하려면 정말 지속적으로, 다양한 방식으로 끈질기게 반복해서 지나치다 싶을 정도로 소통하고 대화가 위아래 쌍방향으로 흘러야 한다. 100번을 100번씩 한다는 생각으로 다양한 방식과 장소에서 반복해야 한다.

한편에서는 세대가 달라져서 투명성과 공정성을 중시한다고 한다. 보상과 복지에도 관심이 더 크다고 한다. 개인적인 성장에 관심이 많고 칭찬에 목마른 세대라고도 한다. 그래서 다르게 대해야 하고 투명한 소통이 더 중요해진 것이라고 말한다. 일부 맞는 말이다. 그러나 MZ세대를 다르게 관리해야 한다는 말에는 동의하지 않는다. 생활과 성장한 환경이 가져온 차이처럼 보일 수도 있다. 그러나 다른 가치관을 가졌다는 말은 다르게 대하지 않으면 안 된다는 말을 전제로 한다. 마치 베이비붐 세대와 X세대가 어린 세대를 다루듯 하는 말로 들린다. 기성세대는 투명성과 공정성을 기대하지도 중시하지도 않는다는 말은 아닐 것이다. 기성세대도 복지, 보상, 성장, 인정에 관심이 있다. 다를 것이 없다. 구성원은 세대에 관계없이 누구나 회사에 대해 알기를 원한다. 과거와 비교하면 환경변화 속도가 빠르고 변화의 폭과 크기도 다르다. 자주 공유하지 않으면 변화의 속도를 따라가기 벅차다. 차이가 있다면 그것이 다른 것이다. 그래서 소통 프로그램의 중요성이 더 커진 것이다.

둘째, 경영 설명회나 경영층 간 토의는 역량개발의 장이 된다. 구성원들은 회사에 놀러 오는 것이 아니다. 휴게실이 좋고, 카페테리아가 좋고, 건물과 사무실이 멋있고, 음식이 좋다고 행복한 기업은 아닐 수 있다. 일하면서 배우고 성장하고, 행복감을 느끼고 싶어 한다. 올핸즈 미팅이든 타운홀이든 뭐라고 부르든 구성원들이 회사의 상황을 이해하고 경영층의 생각을 알아볼 수 있는 시간이라면 어떤 교육보다도 훌륭한 학습의 기회이고 관점을 넓히는 장이 된다. 소통의 진행방식도 구성원과 허심탄회한 질문과 토론의 시간을 가져야 한다. 구성원들이 회사에서 가장 먼저 학습해야 하는 것은 경영자로서 경영을 바라보고 해석하는 관점이다. 중요한 직책의 리더들이 토론하는 것을 지켜보고 참여하는 것보다 더 많이 배우고 성장할 기회는 없다. 사업에 대한 식견과 전략, 탁월한 리더의 모습, 토론문화를 통한 집단지성의 창출을 보여주는 가장 효과적인 방법이기도 하다.

직무교육이나 문제해결, 창의력, AI 관련 기술 등 배우고 개발해야 할 것이 많을 것이다. 물론 다른 교육에 참석하는 것도 중요하지만, '전사소통 미팅'을 한다고 공지하면 다른 것보다 더 참석하고 싶어하게 진행되어야 한다. CEO가 직접 현안을 설명하고 답변하겠다고 하면 참가자를 사전에 정하지 않아도 인기 연예인 콘서트나 토크쇼처럼 모일 수 있어야 한다. 자발적인 신청자가 얼마나 되는지 실험을 해보기 바란다. 신청자가 적어서 참가자를 조직별로 할당해야 한다면 뭔가 잘못하고 있는 것이다.

셋째, 일방적인 설명회나 정보전달에 그치는 온라인 방식의 재미없는 진행방식은 식상하다. 흔히 사내방송 시스템 등을 통해 녹화된 내용으로 진행한다. 그것도 오전에 출근하면 일방적으로 방송한다. 이런 방식은 일하는 데 그냥 떠들어대는 것으로 방해만 된다. 그나마 이슈가 되거나 관심 있고 재미가 있으면 귀를 기울이기는 한다. 그게 아니라면 대개

이어폰 꽂고 자기 일만 한다. 회의실에서 업무회의를 하는 경우도 있다. 사무실 벽에 걸린 TV 혼자 떠들고 있다. 볼륨 좀 줄여달라고 안 하면 다행이다. 전사가 어렵다면 단위조직으로 캐스케이딩되어 진행하는 소통 미팅이라도 오프라인을 전제로 시행하는 것이 바람직하다.

코로나19로 화상이나 온라인을 통한 의사소통이나 교육도 충분히 효과적이라고 주장하는 리더들도 간혹 보았다. 일부 맞지만 착각이다. 편하다는 것을 효과가 있다는 것으로 간주하는 주장일 뿐이다. 사람은 서로 얼굴을 마주 보고 표정과 반응을 직접 보고 느끼는 사회적 존재다. 전체 구성원 숫자가 크지 않으면 가급적 전체가 오프라인으로 모여서 진행하는 것이 좋다. 규모가 커서 어쩔 수 없는 경우도 오프라인에 가능한 한 많은 구성원이 참석할 수 있도록 배려하고, 전체를 대상으로 생중계를 포함한 쌍방향 소통이 가능하도록 디자인해야 한다. 구성원과 경영층이 함께 모이는 축제의 장이 되어야 한다. 코로나 시기 온라인으로 경험한 소속감과 대인관계 단절과 갈증을 생각해 보면 명확하다.

넷째, 일정과 방법 모두 심리적 해방감이 있어야 한다. 구글의 창업자가 1999년부터 시행하여 2019년까지 진행한 TGIF(Thanks God It's Friday) 미팅은 금요일에 참여 가능한 구성원은 모두 참여하고 사내에 중계되는 경영 현안에 대한 공유와 토론의 장이었다.(2019년 내부 정보 누출 사건 이후 당시 CEO 선다 피차이(Sundar Pichai)가 월간 경영전략 공유 미팅으로 전환했다.) 마이크로소프트의 CEO 사티아 나델라(Satya Nadella)도 기업문화 변화를 위한 프로그램의 일환으로 금요일 전사소통 미팅을 시행했다. 금요일은 휴일을 시작하는 편안함의 의미가 있다. 심리적 해방감의 장점을 활용하여 요일을 정했을 것이다. 소통의 날짜와 시간을 정할 때 고려해 볼 요소다.

결국 재미가 있어야 한다. 소통방식과 내용도 관심과 재미가 있어야 한다. 요리에 양념이나 플레이팅도 중요하다는 것을 생각해 보자. 될 수 있으면 축제 같은 형식으로 포상, 상호 칭찬 릴레이, 경영 관련 퀴즈, 사내 인기투표, 재밌게 일하기 아이디어 경연대회 등 흥겹게 재미(fun)를 느낄 수 있어야 한다. 이처럼 진행하는 방식도 의식(ritual)이고 기업 문화의 하나다.

마지막으로 다시 한번, 회사가 어려울 때일수록, 새로운 핵심가치나 변화의 방향을 제시할 때, 더욱 많이 그리고 다양한 방법으로 지속적으로 소통해야 한다. 회사가 무엇을 지향하는지 어떻게 실천할 것인지, 어려울 때일수록 더 열심히 해야 한다. 경영 효율화나 비용 절감 등 구성원의 일상 경영활동과 삶에 작은 변화라도 불편함과 새로운 적응을 요구하는 것은 적극적인 소통이 절대적으로 필요하다. 회사가 어려우니 운영의 효율화를 강조하면서 취지나 의미, 기대효과 등을 이해하지 못하면 감성적으로 수용하기 힘들다. '왜(Why), 어떻게(How), 그리고 무엇(What)'을 반드시 포함하여 납득이 가능하도록 반복해서 설명해야 한다. 그리고 감성에 호소해야 한다. 비용을 절감한다고 사무실 냉장고에 생수 없애고 우유 없애면, 마실 음료수가 없어졌다는 것에 실망하는 것이 아니다. 의견을 묻지도 않고 선택의 자유도 없었다는 것에 실망하고 기분 나쁜 것이다. 스스로 중지를 모아서 자발적으로 실천할 수 있는 자유가 있어야 한다. 그렇게 되면 시키지 않아도 알아서 한다.

회사가 위기에 닥쳤다. 회사의 비즈니스 모델을 기존 굴뚝 산업에서 탈피하여 새로운 성장동력을 찾는 과정에서 AI와 ESG 등 신성장 사업에 대한 투자를 늘리기 시작했다. 그러나 상황은 녹록지 않았다. 시대의 흐름에 맞는 방향이나 시간이 오래 걸리는 인내력이 필요한 사업이다. 경쟁도 치열하고 내부의 핵심역량도 아직은 부족하다.

자금 흐름이 어려워지고 일부 사업은 속도 조절과 더불어 구조조정이 필요하다. 신규사업과 기존사업 모두, 구성원의 불안감은 극에 달하기 시작한다. 쉬쉬하고 숨긴다고 될 일이 아니다. 경영층은 결단을 내렸다. 적극적인 소통을 해야 한다고 판단했다. 전체 구성원을 직급별로 여러 차수로 나누어 연수원에 모여 워크숍을 시행한다. 하루 일정이지만 회사의 현황과 직면한 도전을 가급적 자세히, 공개가 가능한 범위까지 솔직하게 설명하다. CEO와 경영진이 출석하여 어떤 질문이든 응답한다. 더 중요한 것은 CEO의 코멘트다. '여러분! 지금 우리 회사가 겪고 있는 어려움은 모두 저를 비롯한 경영층의 판단에서 비롯되었습니다. 그러나 꼭 이겨낼 자신이 있습니다. 회사에 모든 것을 걸고 열심히 일해준 구성원 여러분께 감사드리며 위축되지 말고 자신감을 가지기를 당부 드립니다. 어떤 어려움이 있어도 서로를 믿고 함께 한다면 우리는 반드시 극복할 수 있을 것입니다.' 그리고 이어지는 식사 자리는 그야말로 단합대회. 아직도 쉽지 않은 길을 걸고 있다. 그러나 넘어지지 않는다.

거꾸로 하고 싶은가?

전략에 실패하고 사업에 문제가 생긴 것은 환경이 잘못된 것이고, 구성원의 정신이 해이해진 것이라고 말해보라. 책임지지 않는 자세, 소극적으로 일하는 방식, 현실에 안주하는 태도에 문제가 있다고 넌지시 말해보라. 그러면서 운영 효율화가 필요하고 허리띠를 졸라매야 한다고 강조하라. 이런 경영층이 어디 있냐고? 잘 생각해 보면 자주 봤을 것이다.

미리 녹화하고 그 내용을 사내에 방송하는 형식의 소통도 매우 효과적인 거꾸로 방식이다. 이것은 누구나 볼 것 같은 예능 프로그램이 아니다. 경영층이 자신이 셀럽이라고 착각하는 것이다. 그렇게 하면 인기가 더 없어진다. 경영자나 CEO가 구성원 앞에서 자기 자랑을 하는 것은 더 최악이다. 경영층에 그런 사람이 어디 있냐고? 정말 그렇게 생각하는가? 경영층은 구성원을 직접 만나고 존중하는 표현과 어법으로 겸손하고 진솔하게 소통해야 한다. 머리와 논리보다는 가슴과 감성으로, 그리고 구성원을 존중하고 믿어야 한다.

절대로 하지 말아야 할 것이 하나 더 있다. '짜고 치는 고스톱'은 안 된다. 전 구성원을 대상으로 온라인으로 생중계까지 하면서 짜인 시나리오대로 말하고 사전에 정해진 질문에 답변하는 형식의 소통은 하지 않는 것만 못하다. 구성원이 모를 것이라고 가정하는 것이다. 구성원이 몰라도 된다는 위험한 발상은 절대 하면 안 된다. 다 안다고 생각해야 한다. 실제로 다 안다. 구성원들은 그저 확인이 필요한 것이다. 솔직하고 투명한 소통만이 신뢰를 얻는 가장 중요한 핵심 방법이다.

> 어떤 경우든 조회 시간 교장 선생님 훈시가 되면 절대 안 된다. 그러면 아무도 안 듣는다. 그래도 안 하는 것보다 하는 게 더 낫다고 생각하는가? 왜 그렇게 생각하는가?

2. 리더십의 두 바퀴: 개인과 조직을 동시에 성장시키는 전략

소통을 통하여 조직과 개인 차원에서 동시에 리더십을 발휘하는 가장 효과적인 방법 두 가지가 1 on 1과 조직 활성화 미팅이다. 리더가 가진 두 가지 수레바퀴다. 어느 하나가 아니라 둘 다 필요하고 중요한 방법이다.

> 단위 조직인 팀을 이끌어 가는 팀장들이 가진 공통적인 고민은 무엇일까? 현장에서 팀장들에 대한 코칭과 워크숍 등을 통해 나타나는 고민은 크게 두 가지로 요약된다. 특히 규모가 크고 역사가 있는 기업들에 공통적으로 나타나는 현상이다. 하나는 자기 보다 나이 많은 시니어 팀원을 어떻게 관리할 것인가 하는 것이다. 승진이 가로막혀 면팀장이 되거나 직책자는 하기 싫고, 하던 대

로 하겠다는 태도가 대부분이다. 다른 하나는 팀원들 간의 세대차이와 그 속에서 중간에 끼어 있는 팀장의 입장이다. 이제 입사한 지 얼마 안 된 팀원과 시니어 팀원은 심하게는 한 세대가 차이가 난다. 그렇지만 이러한 조건을 극복하고, 성과창출과 조직의 활력을 유지하는 것이 리더십의 숙제다.

한마디로 조직 구성원의 다양성과 리더십의 어려움이 커졌다. 한가지 방식, 동일한 방법이 더 이상 통하지 않는 어려움이 있다는 것으로 요약된다. 더욱이 리더십 개발을 위해 제안하는 내용들은 리더의 태도나 마음가짐을 중심으로 하는 것이 대부분이다. 그대로 따라하기 쉽지가 않다. 행동으로 옮기기 위해서는 관찰 가능한 이미지가 그려져야 한다. 신뢰구축, 존중의 리더십, 관리자가 아닌 변화 촉진자, 작은 것 인정, 진심으로 경청, 대화의 몇 단계나 프로세스, 관계의 리프레임(reframe) 등 해결책이 넘친다. 좋은 말들이다. 그러나 상당한 훈련과 시간을 투입해도 효과를 보기가 쉽지 않은 것들이 대부분이다. 게다가 대부분의 리더십 스킬은 리더와 구성원 1 대 1의 개별적 관계를 암묵적으로 가정하고 있는 것 같다.

회사의 팀장 리더십 개발지원의 일환으로 코칭 프로그램을 시행한다. 리더가 변화의 촉진자가 되어야 하고 서로를 이해하며 신뢰를 구축하는 것이 출발이라고 한다. 팀장인 나보다 연배가 높은 시니어 팀원의 복잡한 감정을 이해하고 공감해 주고 새로운 관계를 형성해야 한다고 한다. 구성원의 경험과 경륜을 인정하고 문제로만 보지 말고, 도움을 요청하고 할 수 있는 일을 함께 찾아서 합의가 가능한 과제를 제안해 보라고 조언한다. 다 알겠고 도움이 되는 것도 사실인데 뭔가 빠진 것 같고 답답하다. 팀장인 나와 시니어 팀원의 관계는 어느 정도 만들어져 가고 있는 것 같다. 그럼에도 조직전체 활력은 여전히 숙제이고, 다양한 팀원들 간 관계를 어떻게 촉진하고 조직 전체의 시너지와 활력을 만들 것인가?

복잡하고 다양하며 변화가 빠른 시대에 리더의 개인기에만 의존해서는 효과적인 리더십 발휘하기 어렵다. 조직 구성원은 경험과 연륜 차이, 처한 환경, 조직 내에서 역할, 기대하는 행복감 등이 모두 다르다. 과거처럼 더 이상 동질적이지도 않고, 그렇게 가정하고 대우해서도 안된다. 개인별 컨디션에 맞추어 관리하는 것이 필요하다. 1 on 1이 필요한 이유이다. 동시에 조직전체가 함께 머리를 마주하고 해결해야 할 문제나 조직개발을 위한 목적으로 구성원 전원이 함께하는 활동도 필요하다. 조직 전체의 활력과 시너지를 높이는 가장 좋은 방법은 조직 활성화 미팅을 활용하는 것이다. 두 가지 소통의 리더십은 각각의 장점을 가져와서 서로를 보완하는 성격을 띤다.

통상 전략과 과제수행을 위한 업무회의, 업무조정, 협의 미팅 등은 수시로 시행하며 중요하게 생각한다. 물론 이것들도 중요하지만, 리더의 두 가지 수레바퀴가 가진 놀라운 효과를 간과하면 안 된다. 실행력과 응집력의 토대가 되는 소통의 효과는 평소 지속적인 관심과 투자가 축

	1 on 1	조직활성화 미팅
대상	리더와 구성원 개인	조직 전체, 구성원 간, 관련 조직 간
주제	개인의 업무, 성장, 조직생활 등	조직 공동의 문제와 해결 과제
목적/효과	신뢰, 친밀감, 성과 제고	조직의 활력, 팀워크, 시너지
대화 방식	1:1 비공개 대화	자유로운 토론과 논의, 집단 지성
원칙	친밀한 분위기, 경청과 질문, 조언	격의 없는 대화, 건설적 대립
주기/시기	정기적, 수시 매일~분기 단위까지 다양	최소 분기 단위, 정기, 수시
Follow-up	대화 내용	해결 계획, 실행과제, 진행경과

적되어 결정적 순간에 나타난다. 리더의 시간 중 일정 시간을 정기적으로 할당해야 가능하다. 얼마나 많은 시간을 투자해야 하는지는 조직의 크기와 특성에 따라 다르겠지만 구성원과의 개별적인 소통은 최소 하루 1시간 이상, 조직 활성화 미팅은 최소 분기에 1회 이상 수시로 시행하는 것이 바람직하다.

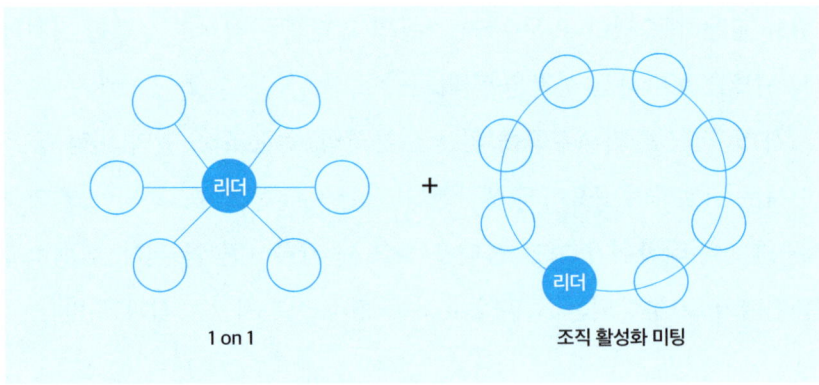

1 on 1은 친밀한 분위기에서 상호 신뢰감을 구축해 가는 과정이 중요하고, 조직 활성화 미팅은 격의 없는 대화와 건설적 대립 그리고 전체 구성원의 참여와 몰입이 중요하다. 평소 1 on 1을 통해 리더와 구성원의 신뢰를 구축했다면, 조직 활성화 미팅에서도 일정 부분 격의 없는 대화가 가능할 것이다. 조직 단위 활성화 미팅은 리더와 구성원만이 아니라 동료 간, 선후배 간 평소에 쌓은 친밀과 신뢰가 있어야 훨씬 자연스럽다. 1 on 1은 리더와 구성원 간 개별적 관계에는 효과적이지만 조직 내 동료 간, 선후배 간의 팀워크과 응집력은 한계가 있을 수 있다. 조직 활성화 미팅은 그 자체만으로 효과적인 수단이지만 구성원에 대한 개별적인 리더십을 보완하는 방법이기도 하다. 차례로 살펴보자.

3. 1 on 1: 진정한 관계를 위한 시간

구성원 개개인에 대해 친밀도를 높이면서 성과를 제고할 수 있는 가장 효과적인 방법 중 하나는 1 on 1이다. 글로벌 기업 같은 경우는 1 on 1을 일상화하여 시행하는 곳이 많다. 1 on 1은 리더와 구성원이 수시 또는 정기적으로 비공개 개별적인 대화를 하는 것을 말한다. 흔히 알고 있는 면담과는 다르다. 면담은 업무성과나 평가결과, 근무태도 등에 대해 리더가 구성원에게 조언과 충고를 하거나 요구사항을 전달하는 것이 주요 목적인 경우가 많다. 1 on 1은 업무도 포함하지만, 구성원의 다양한 특성과 처한 여건을 존중하면서 성장과 행복을 위한 대화다. 구성원의, 구성원에 의한, 구성원을 위한 대화이다. 리더는 구성원이 주체로서 스스로 문제를 해결해 가는 과정을 지원하는 파트너다. 서로 관련된 일이나 기능을 담당하는 단위조직 리더들 간에도 정기적으로 시행하면 좋다. 서로의 업무와 고민을 이해하게 되고 불필요한 갈등이나 사내 정치 같은 부작용이 최소화된다. 리더와 구성원, 리더와 리더 간, 구성원 간 신뢰 관계 구축을 위한 강력한 방법 중 하나다.

리더와 구성원 간 대화는 편안한 장소에서 이루어져야 한다. 1 대 1로 비공개로, 대화 내용은 비밀이 지켜진다는 안전감이 있어야 한다. 각 개인에 대해 될 수 있으면 자주, 최소 2주에 한 번 이상 하는 것을 권장한다. 대화 시간은 가급적 부담을 갖지 않도록 길지 않게 30분에서 1시간 정도가 좋다. 내용은 업무, 개인적인 관심사, 조직생활과 관련된 고민 등을 포함한다. 그럼에도 특별히 주제를 한정할 필요는 없다. 친밀한 관계가 형성되기 전까지는 개인적인 고민도 좋고 회사생활, 업무에 관한 것이든 뭐든 좋다.

처음 몇 번은 업무에 관한 것보다는 개인적인 관심사와 조직생활의 어려움에 대한 것을 먼저, 그리고 그것만 다루는 것도 좋다. 사람은 누구나 개인적인 이야기나, 자신의 관점에서 하는 이야기를 좋아한다. 강의를 할 때도 강사가 개인적인 이야기를 예로 들면 흥미롭게 듣는다. 개인적인 관심사나 느낌에 대해 스스로 공유하는 분위기가 형성되는 것이 가장 중요한 출발점이다.

어떤 경우든 대화의 주제는 먼저 구성원이 정하고 이끌어가는 것이 바람직하다. '오늘 같이 대화하고 싶은 주제가 무엇이면 좋겠는가?'를 질문하고 그 내용을 중심으로 풀어가는 것이 가장 좋다. 대화를 진행할 때는 구성원 개인의 존재 자체에 대한 의미를 찾는 것에 초점을 두는 것이 좋다. 'Doing'과 'Being'의 차이라고 말한다. Doing은 문제해결을 위해 방법을 제안하고 찾아가는 것에 역점을 둔다. Being은 구성원 개인이 존재감과 정체성을 찾는 데 필요한 숨겨진 욕구에 의미를 두는 것을 말한다. 예를 들어 대인관계가 고민인 경우에도 문제나 해결방법에 집중하기보다 그것이 구성원의 삶에 가진 의미를 찾도록 질문하고 지원한다. 구성원이 꺼낸 주제를 질문을 통하여 가급적 세부적인 배경을 포함하여 구체화한다. 1 on 1 이후에 얻고 싶은 결과와 목표도 공유한다. 그리고 현재 노력하고 있는 것들을 확인하고 앞으로 행동과 변화계획, 리더가 지원할 사항 등을 논의한다.

구성원이 다루고 싶은 주제여야 관심도 생기도 동기도 부여된다. 초기부터 원하지도 않는데 성급한 마음에 먼저 과제 해결부터 도와주겠다고 나서는 것은 부담감을 준다. 충분한 라포(rapport)가 형성되기 전에는 가급적 업무나 조직생활은 대화 말미에 어려움이나 지원이 필요한 사항 혹은 니즈(needs) 정도를 질문하는 것으로 적게 가져가는 것이 좋다. 물론 횟수가 반복되면 업무와 관련된 주제로 대화를 이끌어갈 수도 있다. 그러나 이 경우에도 개인적인 관심사는 자유롭게 말할 수 있도록 하는 것이 좋다.

대화의 기법은 여러 가지 복잡하게 생각하는 것보다 간결한 원칙을 기억하는 것이 더 도움이 된다. 해야 할 질문을 상황에 따라 리스트를 만들고 활용하는 것도 방법이다. 그러나 대화의 원칙을 스스로 정하고, 그 원칙에 따라 질문을 중심으로 진행하는 것이 훨씬 더 자연스럽고 반복하다 보면 익숙해진다. 공감하고, 적극적으로 경청하는 것을 기본으로 하고, 질문을 많이 하는 것이 핵심이다. 공감적 경청은 간단히 말하면 충고, 조언, 비판, 판단을 가급적 내려놓고 상대가 대화를 주도하도록 질문을 계속하는 것이 기본 원리이다. 그러기 위해서는 상대의 말을 잘 듣고 요약해 주고, 기분을 공감하는 것이 필요하다. 조언을 하고 싶은 경우에도 스스로 생각하는 다른 방법이 있는지를 먼저 질문하는 것이 바람직하다. 해결책은 대부분 구성원 자신이 먼저 생각하고 알고 있다. 그저 확인을 하고 자신감을 얻고 싶은 경우가 훨씬 많다.

따라서 특히 개인적인 주제들은 구성원이 먼저 방안을 말하고 스스로 정리할 수 있도록 질문을 활용하는 것이 좋다. 리더가 다 알 수도 없고 안다고 해도 정답이 아닌 경우가 더 많다. 업무와 관련된 것이든 개인적인 것이든, 고민이 있는 경우 리더가 먼저 말하기보다 구성원이 먼저 말하게 하는 것이 더 좋다. 고민이나 공유하고 싶은 것이 있는 경우 대부분 구성원이 먼저 준비해 온다. 그럴 수 있도록 대화의 과정에서 신뢰를 구축해야 한다. 리더가 이끌고 가게 되면 사실상 멘토링이 되고, 안 봐도 알 수 있듯이 대화 시간이 지나가면서 윗사람은 말이 많아진다. 초반부는 질문으로 시작하다가 머릿속에 온갖 해결책으로 가득 차고,

말하고 싶은 욕구가 갈수록 강해진다. 그것을 의식하고 참아야 한다. 항상 개방형 질문을 의식적으로 활용한다. 질문의 형식이지만 지시나 조언을 목적으로 하는 가르침이라면 의미가 없다. 이 모든 과정에 가장 중요한 것은 침묵과 인내력이다. 조언하고 싶고 발언 중간에 끼어들고 싶을 때 속으로 몇 초만 참아보는 연습을 권장한다.

리더는 프라이버시를 침해하지 않는 선에서 조직생활, 업무, 개인적인 삶이나 가벼운 내용으로 된 질문을 미리 준비한다. 1 on 1 이후, 기억해야 할 내용은 반드시 별도로 기록하여 다음 대화에 참고하는 것을 권장한다. 구성원 숫자가 많으면 개인 별 상황이나 고민에 대한 것을 모두 기억에만 의존할 수는 없다. 리더가 구성원의 개인적인 내용, 고민 사항 등을 기억하고 관심을 두고 물어보는 것은 신뢰의 출발이다. 구성원이 사랑스럽게 말하는 반려견의 이름을 기억하고 안부를 묻는 것에 감동하는 경우도 있다. 아들의 이름이나 취미, 장래희망 같은 것까지 사소하지만 깊은 관심과 애정을 보여주는 것이 친밀감과 신뢰를 쌓는 방법이다. 가볍게 여기면 안 된다. 성급하면 안 된다. 과제 해결을 지원하고 성과를 통해 만들어지는 신뢰는 그다음에 가능하다고 생각해야 한다.

리더는 구성원의 개인적인 고민이나 가치관을 잘 안다고 생각하지만 넘겨짚고 있는 경우가 대부분이다. 리더도 본인의 개인적인 관심사나 가치관 등에 대해 가능한 한 많은 것을 개방적으로 공유하면 좋다. 친밀감과 신뢰를 쌓는 지름길이다. 물론 리더가 영웅담처럼 잘난 체를 하면 싫어할 것이다. 업무를 통해 신뢰를 쌓는 것이 궁극적인 목적이라는 것은 맞다. 그러나 사람에 대한 관심 없이 비즈니스 관계만으로 신뢰감이 구축되기는 쉽지 않다. 명심할 것은 반드시 대화 내용은 개인적인 비밀로 지켜야 한다는 점이다. 리더가 구성원에게서 들은 개인적인 사항이 어떤 식이든 다른 곳에서 언급되면 신뢰는 무조건 깨진다.

이런 과정을 통해 개인적인 친밀감이 쌓이는 것은 물론이고 업무 수행과정에서도 윤활유로 작용하게 된다. 장소도 굳이 사무실이나 회사 내부일 필요도 없다. 산책하면서 할 수도 있고 외부에서 커피 한 잔 하면서 할 수도 있다. 술 마시면서 하는 1 on 1도 있을 수 있으나 취해서 하는 대화는 의미가 없을 수도 있다. 1 on 1에 관한 좀 더 구체적이고 체계적인 가이드나 사례는 현순엽의 책『고성과 리더의 비밀, 원온원』을 추천하다.

현업에서 1 on 1을 많이 시행해 본 경험에 의하면, 조직 구성원이 일정 규모 이하이면 직접 시행하는 것이 가능하고 시간과 노력의 투입이 가능하다. 물론 조직이 아마존의 원칙처럼 피자 두 판 이내인 10명 이하로 관리 가능한 범위면 가장 이상적일 것이다. 그러나 쉽지 않다. 임원은 물론이고 팀장의 경우도, 구성원 규모가 크거나 조직에서 맡고 있는 책임이 넓은 직책에 있는 경우 전체 구성원을 대상으로 1 on 1을 시행한다는 것은 불가능에 가깝다. 한 달에 한 명을 한 번씩 1 on 1 하는 것도 쉽지 않은 경우가 많다. 중간 단계로 조직을 나누어서 파트장을 선임하여 팀장과 역할을 공유하는 방법도 있을 수 있다. 그러나 조직 내 비공식적인 직책단계가 생기는 부작용도 우려된다. 파트장이 사실상 쪼개진 팀장 역할을 수행하게 된다. 차선책으로 생각해 볼 수 있는 방안이지만 개인별로 횟수가 줄더라도 직접 하는 것을 권장한다. 간접적인 위임이 문제가 없다고 판단한다면 상관없으나 조직단계와 구조의 문제가 될 수도 있다는 점도 고려해야 한다.

4. 조직 활성화 미팅: 시너지를 폭발시키는 힘

미국에서는 공용 샤워실이나 화장실을 속어로 캔(can)이라고 불렀는데, 대학 기숙사 같은 곳에서 공동으로 시설을 사용하다 보니 불편한 점이 많았다고 한다. 물론 60, 70년대 이야기다. 따라서 이를 해결하기 위해 TGIF 미팅이나 모임을 수시로 가졌다고 한다. 아마 공용 샤워실뿐만 아니라 생활 전반에 관해 논의했을 것이다. 여기서 유래된 것이 '캔 미팅'이다. SK는 1980년대부터 이를 응용하여 구성원들이 수시로 경영과제나 해결해야 할 문제에 대해 자유롭고 격의 없이 논의하는 경영의 한 방법으로 정착시켜 왔다. 구성원의 의욕과 역량개발 그리고 경영문제 해결의 장이다. 캔은 영어 단어 그대로 '할 수 있다'라는 의미 외에도 방해받지 않는 독립된 공간, 캔 맥주를 마시면서 서로 긴장을 풀고 자유로운 분위기를 바탕으로 한다는 뜻도 있는 다의적인 단어이다.

조직 활성화 미팅은 조직이나 집단수준에서 역학관계를 토대로 리더십을 발휘하는 것이다. 지위가 높아지고 조직 구성원 규모가 커질수록 조직 단위에서 리더십이 필요하다. 조직 분위기나 협업, 구성원 상호 간 역학관계와 친밀감, 시너지 등을 목적으로 하는 꼭 필요한 방법 중 하나다. 회사 전체의 문화도 중요하지만 하위의 단위조직 문화에 대한 이해와 관심을 소홀히 하면 실패한다. 사업, 기능(엔지니어, 스텝, 마케팅), 팀 등 조직의 규모와 성격에 따라 독특한 고유의 문화가 만들어진다. 하위조직의 문화가 성과창출과 조직의 응집력에 순기능을 할 수 있도록 관심을 기울여야 한다. 이를 위해서는 단위조직의 하위문화와 기업 전체 문화 간의 연계성과 일관성도 중요하다.

하위문화와 관련하여 잠깐 관점을 넓혀 규모가 큰 기업의 경우를 생각해 보자. 아마 창업 시기에 만들어진 고유한 기업문화가 여전히 강력한 영향력을 미치고 있을 것이다. 그러나 시간이 지남에 따라 단위 회사별 또는 사업부별 문화적 차이가 무시할 수 없을 정도로 커지게 된다. 자연스러운 현상이고 환경의 다양성을 고려하면 바람직한 모습일 수 있다. 그럼에도 자칫 관심을 소홀히 하면 순기능을 잃어버릴 수도 있다. '따로'를 통한 자율적 독립적인 측면이 상호발전과 시너지에 부정적 기능을 하지 않도록 해야 한다. '같이'의 근간이 되는 것은 결국 경영철학과 기업문화일 것이다. 조직 활성화 미팅을 통한 철학의 공유와 실천방법 논의 등이 이 경우에도 효과적인 방법의 하나이다.

흔히 회사에서 회의는 효율화의 대상이다. 적을수록, 짧을수록 좋은 것이고 참가자도 최소화해야 한다. 회의를 했으면 반드시 결론을 도출해야 하고 실행 계획이 만들어져야 한다. 그렇지 않은 회의는 비효율적이므로 개혁의 대상이다. 맞는 말이다. 그러나 중요한 것은 회의 자체가 효율화의 대상이 아니라 잘못된 회의가 효율화의 대상이어야 한다. 업무회의나 지시 보고를 위한 공식적인 회의는 될 수 있으면 효율적인 것이 좋다. 물론 업무회의도 질문과 토의, 의사표명의 기회 등이 보장되어야 한다. 명확하게 정보를 공유하고 지시와 보고로 간결하게 마무리할 회의는 그렇게 진행하는 것이 맞다. 그러나 다 같이 공유하고 논의할 필요가 있는 주제나 조직개발을 목적으로 하는 회의는 효율성을 먼저 고려하면 안 된다. 이런 목적의 미팅과 회의가 활성화되면 훨씬 강한 응집력을 가진 조직이 된다.

조직 활성화 미팅은 수시로 일상화하고 이를 위해 공식적으로 회의의 목적과 성격을 담은 명칭을 정하고 하는 것이 더 좋다. 캔 미팅, Free 미팅, WeOne 미팅, 몰입 미팅, 콜라보 미팅, 우물가 미팅, 행복 톡 등 무엇이든 기존 업무 중심의 공식적인 회의와는 차별화된 이미지와 목적을 담고 있는 것이 좋다. 업무 회의나 지시나 보고를 목적으로 하는 회의와는 몇 가지 다른 특성이 있다.

목적은 공통의 경영과제에 대한 토의를 통해 조직 활성화를 기하고 경영문제를 해결하기 위한 것이다. 따라서 주제는 기본적으로 제한은 없다. 경영방침 공유, 경영철학 실천방안 논의부터 조직의 발전방향, 일하는 방식 등 조직운영과 관련된 사항, 팀워크, 조직개발, 구성원 동기 수준이나 역량 제고 등 광범위한 주제를 다룰 수 있다. 조직 생산성이나

	조직 활성화 미팅	일반 업무 회의
목적	공통 경영과제 토의를 통한 조직 활성화와 경영문제 해결	성과 달성을 위한 업무 협의, 공유, 조정
주제	조직의 목표, 발전방향 효율적인 조직운영 방안 조직의 의욕과 역량향상 방안 등	성과목표 달성을 위한 - 업무계획 및 평가 - 업무조정, 지시전달 등
진행방식	직위를 떠나 동등한 입장에서 격의 없이 자유로운 토의 구성원 상호 간 심리적 안전감 리더는 합의 사항 반드시 Follow-up, 구성원에게 수시로 Feedback	위계질서를 토대로 상의하달 중심의 업무보고와 지시
참석자	가급적 조직 전체 인원 참석 최종 의사결정권자 반드시 참석	과제와 직접적으로 관련된 사람으로 최소화
장소	사내·외 공간 또는 온라인 환경을 자유롭게 활용 가능한 한 일상업무와 독립된 장소 몰입이 가능한 환경	주로 일상업무 수행 장소
결론 도출	될 수 있으면 참석자 전원 합의를 통해 결론 도출 결론 없이 문제 공유만 가능	최종 의사결정은 주로 상위 리더

조직문화에 대한 서베이 등의 조사결과가 있다면 활용하는 것도 좋다.

가장 중요한 원칙이자 조건은 '격의 없고 자유로운 토의'와 '건설적인 대립'이다. 격의가 없다는 것은 서로 간에 숨기는 속마음이 없다는 것을 말한다. '솔직함'이 가장 기본이다. 조직 내 지위고하, 경험과 지식, 연령 등에 차이가 존재하지만 이로 인해 자유로운 발언과 토론이 방해받지 않는 상태를 말한다. 그렇다고 격의가 없다는 것이 예의가 없다는 것은 아니다. 속된 말로 흔히 말하는 '야자 타임'이 아니다. 예의 바르고 정중한 발언과 토의는 격의 없는 대화의 전제 조건이다. 평소에 조직 내에 충분한 의견개진이 가능한 분위기가 만들어져야 한다. 건설적인 대립은 서로의 의견에 대해 감정적인 트집을 잡는 것이 아니라 차이를 인정하되 서로 다른 의견은 가정에 도전하는 것이다. 비판적 사고(critical thinking)를 전제로 한다.

어떻게 그런 분위기를 만들 것인가? 자유로운 토론이나 아이디어 발상을 위한 워크숍이나 세미나 등의 다양한 방법론을 활용하는 것도 좋은 방법이다. 그러나 우선 업무회의와는 다른 성격이라는 것을 모두가 인지한 전제에서 시행되어야 한다. 업무회의는 분명한 지시와 보고, 의사결정을 위한 것이다. 조직 활성화 미팅은 같이 해결해야 할 조직공통의 과제나 문제를 대상으로 한다. 조직 구성원이 가진 공통 관심사와 문제해결이 목적이므로 전원 참여와 발언의 원칙이 지켜져야 한다고 미팅 중에 계속 강조되어야 한다. 리더나 미팅의 진행자 혹은 퍼실리테이터(facilitator)는 미팅의 목적을 상기시키며 이를 어떻게 달성할 것인가를 적절한 타이밍에 계속 질문으로 던져야 한다. 토의의 과정에서 다른 사람의 발언을 폄하하거나 비난하는 경우 피드백이 즉각적으로 있어야 한다. 각자의 주장보다 서로 간의 질문이 먼저 이루어져야 한다. 리더보다 동료 간에 먼저 이루어지는 것이 좋지만, 리더가 나서서 구성원의 거침없고 솔직한 발언을 권장할 수 있어야 한다.

격의 없는 대화는 대인관계의 위험을 감수하더라도 좋지 않은 소식이나 반대의견도 자유롭게 표명하는 것을 포함한다. 솔직하게 말해도 좋다는 구성원 간 공유된 신념이나 믿음을 근간으로 한다. 불편한 진실을 드러내고 과감하고 격렬한 토론을 즐길 수 있어야 한다. 합의를 강조한다고 집단사고에 빠져서는 안 된다. 오히려 집단사고를 피하기 위해 격의 없는 토론이 권장되는 것이다. 토론의 과정은 학습의 과정이기도 하다. 학습은 대부분 불편하고 새로운 경험을 필요로 한다.

격의 없는 대화나 건설적 대립 모두 동양 문화의 영향이 큰 우리나라는 서양 문화에 비해 쉽지 않은 경향이 있다. 예를 들면 의견이 달라도 관계와 체면을 생각해서 참거나 넘어가는 때가 많다. 갈등을 피하고 싶은 것이다. 이때가 리더십이 필요한 대목이다. 조직이 직면한 도전과 미팅의 목적을 리더가 지속적으로 강조하고 좋은 질문과 경청을 역할 모델로 보여줘야 한다. 다양한 토론 기법도 활용할 필요가 있다. 예를 들면, 토의 주제별로 참가자 전원이 각자 생각을 돌아가면서 발표하고, 발언이 다 끝날 때까지 반박이나 비판을 금하는 방법이 있다. 이어서 전체 토론을 하고 다음 주제에도 동일한 절차를 거친다. 서로 다른 주장을 소그룹으로 나누어 역할과 입장을 바꿔가면서 하는 방법도 있고, 대면 토의 이전에 익명의 서면의견을 브레인 라이팅(brain writing) 형식으로 충분히 끌어내는 방법도 있다. 악마의 대변자(devil's advocate)를 지정하여 토의가 자유로운 분위기가 아니거나 공격적으로 변하면 그것만 관찰하고 피드백하는 역할을 담당하는 사람을 지정하는 것도 도움이 된다. 토의의 규칙도 애매하고 추상적이기보다는 구체적으로 정하는 것이 좋다. 예를 들어 '그게 아니고', '틀렸다', '이상하다', '모르겠고', '말이 안 되고' 등의 부정적·비판적 단어는 금지하는 것이다. 핵심은 솔직함을 전제로 자유로운 토의가 이루어지는 것이다.

이해를 돕기 위해 잠시 관련 개념을 소개한다. 격의 없는 대화와 가장 가까운 개념은 심리적 안전감이다. 자신의 의견이 비난받거나 질책당하지 않을 것이라는 심리상태를 심리적 안전감(Psychological Safety)이라고 한다. 심리적 안전감은 에이미 에드먼슨(Amy Edmondson) 하버드대 교수가 학습조직과 성장을 위한 조건으로 주장해 왔던 내용이다. 구글은 아리스토텔레스 프로젝트(Aristoteles Project)를 통해 어떤 팀이 가장 생산성이 높은지를 밝히고자 했다.[10] 2012년부터 4년여에 걸쳐 180여 개 팀을 분석해 생산성이 높은 팀의 비결을 찾고자 했다. 구글은 분야별로 최고의 전문가가 모인 조직이다. 자신의 분야를 강하게 주장하고 상대의 발언에 귀 기울이지 않을 가능성이 크다. 최고의 전문가를 모든 조직이 고성과 조직일 것이라는 단순한 가정이 틀릴 수도 있다는 것에서 시작된 연구다. 결과는 어떤 팀원으로 구성되는지보다 팀원 간 상호작용이 더 중요하다는 것이었다. 그리고 생산적인 팀의 다섯 가지를 특징으로 제시했다. 심리적 안전감, 신뢰성, 구조와 명확성, 의미, 영향력(Psychological Safety, Dependability, Structure and Clarity, Meaning, Impact). 이 중 가장 중

---

10 중앙시사매거진, 2017년 1월

요한 것이 심리적 안전감이었다. 상호작용은 특히 다른 사람에 대한 배려에 기반한 발언권 보장, 조직 구성원 상호 간 감성과 니즈에 공감 등이 전제가 되어야 한다는 것이다.

구글의 연구 결과나 심리적 안전감이라는 개념을 굳이 언급하지 않더라도 훨씬 이전인 80년대부터 실천해 온 사례가 캔 미팅이다. 공동의 문제해결을 통한 조직활력, 구성원 동기와 역량 제고를 위한 미팅의 핵심 성공요인은 격의 없는 대화라는 것을 경험으로 입증해 온 것이다. 가장 기본적인 가정인 사람에 대한 존중과 신뢰가 없으면 어렵다. 조직에는 위계가 있으므로 실천으로 옮기기가 쉽지는 않다. 그러나 그 고비를 넘지 못하면 기대하는 효과를 얻기 힘들다.

조직 활성화 미팅의 참석자는 될 수 있으면 단위조직 구성원 전체 참여를 권장한다. 의사결정권자인 리더가 반드시 참여하는 것은 원칙이다. 주제의 성격이나 활발한 토의 분위기를 위해 리더가 잠시 없는 상태에서 미팅을 하고, 나중에 리더와 함께 최종 합의하는 방식도 있을 수 있다. 그러나 어떤 형태이든 결론 도출이나 합의 과정에 리더가 참석하지 않는다면 의미가 없다. 합의된 결론에 대해 리더가 시행을 약속하고 시행과정을 지속적으로 팔로우업하면서 구성원과 수시로 공유해야 한다. 그래야 시행의 목적과 의미에 대한 신뢰감이 형성된다.

장소는 가급적 일상 업무장소에서 떠나 몰입에 방해되지 않는 장소가 좋다. 핵심은 일상 업무로 인한 방해를 받지 않는 시간과 장소가 필요하다는 것이다. 몰입할 수 있어야 한다. 다른 회의에 불려가고 전화 응

대해야 하고, 급한 일 처리해야 하고, 미팅 장소를 자주 떠나야 한다면 잘못된 시간과 장소이다.

미팅 말미에 진행방식 등에 대한 리뷰 세션을 갖는 것을 권장한다. 결론 도출이나 행동 계획도 좋지만 토의의 진행방식과 과정에 대해 돌이켜보고 잘된 점과 개선할 점을 찾아보는 것이다. 미군의 AAR(After Action Review)와 같은 것으로, 작전수행 후 실수를 반복하지 않기 위해 학습할 점을 생각해 보는 미팅이다. 미팅 시 대화의 질을 높이기 위한 목적으로 간단하더라도 몇 가지 질문을 토대로 구조화된 방식의 리뷰를 하는 것이 좋다. 리뷰의 핵심은 격의 없는 대화, 건설적인 대립, 실행과 팔로우업 계획 등에 대한 것이다.

어떤 효과가 있는가? 구성원들은 서로 다른 전문성과 경험, 관점을 가지고 있다. 당연히 문제에 대해 접근하는 관점이 다르고 이를 통해 상호 학습하는 것이 가능해진다. 조직 차원에서 지식경영의 장이자 학습과 성장의 기회가 된다. 경험이 적은 신입 구성원부터 경험이 많은 선배까지 다 같이 모여서 논의한다. 하나의 조직이지만 서로 다르면서도 연관된 직무와 역할을 가진 사람들이 모여서 같은 주제를 논의한다. 때로는 조직 간, 계층 간 미팅도 한다. 다양한 참가자와 형식으로 응용하여 진행할 수도 있다. 누가 무슨 일을 하고, 어떤 생각을 하고, 선배들과 후배들의 생각이 어떻게 다른지, 리더는 무슨 생각을 하는지 알게 된다. 경험이 적은 구성원, 다른 회사에서 영입한 경우나 타 조직에서 이동한 경우 등은 온보딩과 직무개발 기회도 된다. 자연스럽게 지식 습득만이 아니라 간접 경험을 통한 통찰력(insight)이 늘어난다. 생각이 다른 사람들의 시각과 문제에 대한 접근방식을 통해 많은 것을 깨닫는다.

내가 일했던 기업은 일상화를 넘어 지나치다 싶을 정도로 활성화하여 자주 시행하곤 했다. 지금도 문화로 만들어져 일상적으로 시행하고 있다. 처음엔 귀찮았다. 일이나 하지 하는 생각이었다. 회사는 회의를 효율화하자고 하면서 이런 형식의 미팅은 더 활성화해야 한다고 강조했다. 앞뒤가 안 맞고 이상하다고 생각한 적도 있다. 왜 그렇게 결론도 없어 보이는 내용을 심하게 논쟁할까 하는 의문도 있었다. 간혹 감정 싸움이나 갈등으로 번지는 것을 보면서 낭비적이라고 느꼈다. 그러나 시간이 지나고 경험이 쌓이면서 생각이 정리되었다.

특히 중요한 것은 자발적이고 의욕적인 두뇌활용을 실천하는 문화적 방법론이라는 점이다. 의사소통이 활성화되고 조직 구성원 간 서로를 깊이 있게 이해하게 된다. 선후배와 직책을 떠나서 친밀도와 신뢰감이 올라가고 조직이 활성화된다. 참여의식, 소속감, 동기수준 제고에 효과적이라는 것을 체험할 수 있었다. 결과적으로 생산성이 향상되고 소속감과 만족감이 커진다. 이게 바로 일본의 경영학자 노나카 이쿠지로(野中 郁次郎)가 말한 지식경영이다. 암묵지가 암묵지로 사회화되는 것이다. 암묵지도 형식지로 표출되고, 표현된 형식지가 암묵지화 된다. 기존 가정과 관념에 도전해 본다. 입체적으로 문제를 바라보기 시작한다. 시스템적 사고를 하기 시작하는 것이다.

리더십은 구성원 개인만을 대상으로 발휘하는 것을 넘어서야 한다.

조직 활성화 미팅은 조직 단위로 차원을 높여 탁월한 리더십을 발휘할 수 있는 매우 중요한 기법이자 철학이다. 적극적으로 시행하길 권장한다. 공식적인 제도가 없어도 조직 단위로 리더가 스스로 시행하면 된다. 첫술에 배부를 리 없다. 기존에 경험이 없으면 격의 없는 대화와 토론이 잘 이루어지지 않는다. 그럼에도 원칙을 지키기 위해 노력하고 매번 시행결과를 리뷰하고 개선점을 찾아가면서 반복하다 보면 발전하게 된다. 해보면 조직이 달라지는 것을 느끼게 되고 일상화되면 상승효과를 일으킨다.

Chapter 10

영향력 있는
리더가 문화를 만든다

엘리베이터 테스트라는 것이 있다. 최고 경영자의 집무실이 있는 건물 최고 층에서 엘리베이터를 타고 내려오는 20~30초 안에 프레젠테이션할 내용을 요약하여 설득할 수 있느냐는 질문이다. 명쾌하고 핵심만 이해가 가능하도록 설명할 수 있는가를 테스트하는 것이다.

리더는 조직과 구성원을 통해 성과를 달성하는 사람이다. 이를 위해서는 조직의 시너지를 발휘할 수 있도록 운영하고 그 과정에서 구성원을 통한 실행력과 응집력을 이끌어내는 것이 중요한 리더십이다. 그러나 이 모든 것보다 가장 우선하고 중요한 리더십은 단연코 '경영철학과 추구가치의 수호'다.

따라서 회사의 경영철학을 자신의 말로 설명할 수 있어야 한다. 나는 이를 '가족 테스트', '친구 테스트'라고 부른다. '회사의 경영철학을 우리 회사에 다니고 있지 않은 가족이나 친구를 상대로 나의 목소리로 해석하여 이해하기 쉽고 간결하게 설명할 수 있는가' 하는 테스트를 말한다. 리더는 '강의가 최고의 학습(Teaching is the best learning)'이라는 자세로 기업의 핵심가치를 대표하는 사람이어야 한다.

이 책의 모든 내용은 리더라면 알아야 할 기업문화를 다루고 있고 직간접적으로 리더십에 관련된 것이다. 리더십을 기업문화와 환경조성의 소프트웨어로 논의하지만, 실제로는 하드웨어와 소프트웨어 두 가지를 연결하는 역할을 한다. 제도의 효과는 이를 얼마나 잘 운영하는가가 결정한다. 아무리 제도가 좋아도 이를 실행하는 리더십이 부족하면 기대하는 효과를 얻을 수 없다. 제도의 취지, 기대효과에 대한 이해, 운영상의 이슈에 대한 해결 등은 리더의 몫이다. 같은 도구도 누가 다루는가에 따라 결과는 확연히 달라진다. 시스템과 리더십의 차이가 있다면 리더십은 비공식적이고 일상적인 상호작용 과정을 통해서 이루어진다는 점이다. 시스템 경영을 넘어 문화에 의한 경영을 실현하는 방법이다.

리더는 구성원을 통해 성과를 창출하는 사람이다. 그 과정에서 기업의 가치를 실천하고 조직의 정체성과 영속성을 수호하는 역할을 한다. 리더는 기업문화에 결정적인 영향을 미치는 존재이다. 리더가 걸어간 발자국은 구성원에게는 다음 발걸음을 위한 지표가 된다. 구성원은 리더의 행동을 통해 중요한 메시지를 읽어낸다. 리더의 말과 행동이 다르거나 회사의 경영철학이나 핵심가치와 다른 행동은 구성원이 가장 잘 안다.

먼저 리더십이 가진 중요성을 성과 창출과 관련하여 어떤 조건이 요구되는지를 본다. 기업 문화에 있어 가장 치명적인 것은 부족한 리더십보다 잘못된 가치관이다. 이어서 리더십을 개발하기 위한 가장 중요한 시작은 자기 성찰이란 점에서 리더십에 대한 피드백을 다룬다. 다음으로 리더십 행동의 전제가 되는 성격요인과 리더십 탈선에 대해서도 논의한다.

1. 리더의 성공 방정식: 동기 × 역량 × 가치관

성과를 창출하는 리더십의 효과성은 명확한 전략과 실행력, 효과적인 자원활용 등 여러 가지 변수가 작용할 수 있다. 그러나 결국 전략이든 실행이든 사람과 관련된 것이라는 점을 고려하면 높은 수준의 동기와 탁월한 역량으로 집약될 수 있다. 인력관리 제도의 핵심인 평가와 보상도 궁극적으로 동기와 역량을 높이기 위한 것이다. 리더와 인사제도 모두 동일한 목적을 가지고 있지만 공식적인 제도와 일상 경영활동이라는 차이점만 존재한다. 따라서 성과는 동기와 역량의 함수라고 할 수 있다.

여기에 한 가지 더 중요한 변수가 바로 가치관이다. 가치관에는 기업의 핵심가치를 내재화한 것도 있고, 구성원 개인적인 것도 있다. 이 둘이 일치할 때 가장 바람직하다고 했다. 회사의 목적 달성에 기여하고 본인의 인생관에도 부합하는 가치관을 가지고 있는지는 바람직한 행동의 중요한 결정요인이다. 다시 말해 가치관은 의욕과 역량의 벡터가 한 방향으로 결집하도록 하는 역할을 한다.

요약하면 성과와 리더십의 효과성은 동기, 역량, 가치관의 함수로 표현될 수 있다.

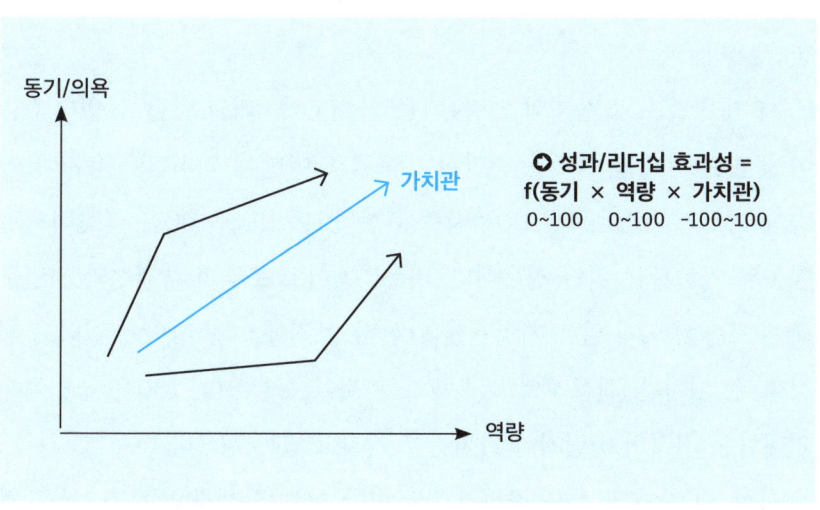

동기는 영어로 morale, motivation, commitment, engagement 등으로 표현된다. 의미에 미묘한 차이가 있을 수 있으나 간단하게는 '자발적으로(voluntarily)' 그리고 '의욕적으로(willingly) 몰입(engagement)'하는 것으로 설명된다. 동기 또는 의욕에 영향을 미치는 요인은 다양하다. 제도적으로는 공정하고 합리적인 인력관리가 직접 관련이 있다. 성과나 역량에 상응하는 평가와 보상, 승진, 이동, 경력관리, 인력개발 등을 말한다. 그러나 이보다 더 중요한 것은 심리적인 것들로, 경영활동에 참여의식, 일을 처리하는 권한과 소신대로 일할 수 있는 자율 등이다. 역량은 간단히 말하면 일을 다루는, 문제를 해결하는 능력을 의미한다. 가치관은 옳고 그른 것, 더 나은 것을 판단하는 기준을 말한다. 이 셋의 관계를 곱하기와 숫자로 표시한 이유는 산술적인 은유로 이해를 돕기 위한 것이다.

세 가지 요소 중 동기와 역량은 0부터 100까지라고 말할 수 있다. 0은 아예 없는 상태를, 100은 충만한 상태를 의미한다. 가치관은 동기나 역량과 다르게 -100부터 100까지로 표현될 수 있다. -100은 극단적으로 잘못된 가치관을 지닌 경우이다. 비윤리적이고 조직의 생산성과 기업문화에 도움이 되지 않는 가치관을 말한다. 조직에 그런 사람은 없다고 생각할 수 있지만, 현실적으로 존재하는 것이 사실이다. 100은 조직에서 기대하는 최적의 바람직한 가치관을 가지고 있는 경우다.

이상 세 가지 요소를 곱하기로 표현한 이유를 생각해 보자. 서로 밀접하게 연결되어 있으면서, 어느 하나가 없으면 성과에는 의미가 없기 때문이다. 동기와 역량 중 어느 한 가지라도 0이 되면 성과를 기대하기 어렵다. 가장 바람직한 모습은 100의 상태에 있는 것이다. 만약 가치관이 -100인데 동기와 역량이 100인 경우는 어떻게 될까? 조직에 그야말로 재앙이 되는 경우이다. 예를 들어 어떤 사람이 격투기에 관심도 많고 좋아하고 실력도 있는데 잘못된 가치관을 가졌으면 한마디로 싸움꾼이나 폭력배가 될 것이다. 반대로 제대로 된 가치관을 지녔다면 올림픽 메달을 따거나 훌륭한 직업인이 될 수도 있다.

동기와 역량은 환경조성과 개발, 적재적소 배치, 리더와 동료관계, 조직역학 등으로 보완하는 것이 어느 정도 가능하다. 또 업무 수행 기술이나 필요한 역량은 개발할 수 있지만, 가치관은 개발되는 것이 아니라 선택의 특성을 지닌 것이다. 숫자의 범위로 표현하긴 하였으나 성공과 실패밖에 없다. 상당 부분 타고나거나 대부분 성장기에 형성되기 때문에 성인이 된 이후 개발이나 변화는 쉽지 않다.

좋은 성적으로 학교를 졸업하고 다양한 스펙을 쌓았다고 훌륭한 인성과 가치관을 보장하는 것은 아니다. 환경이 변하면 잠재된 성격요인이 조직에 부적합한 태도와 행동으로 나타나는 경우도 많다. 따라서 기업의 가치와 문화에 맞는 사람을 채용과정에서 얼마나 잘 분별할 수 있느냐가 중요하다. 채용은 잘못되어도 이를 깨닫기까지 시간이 걸린다. 입사 이후에도 면밀히 관찰하고, 평가와 승진 등에서도 중요한 요소로 고려해야 한다. 가치관이 잘못된 사람이 중요한 위치나 권한을 가진 자리에 오르면, 그 부정적 파급력은 상상하기 힘들 정도로 커진다. 채용과 평가, 그리고 회사의 핵심가치를 제대로 이해하고 공감하며 바람직한 방향으로 역량의 벡터가 모일 수 있도록 끊임없이 강조하고 성찰하는 것이 필요하다.

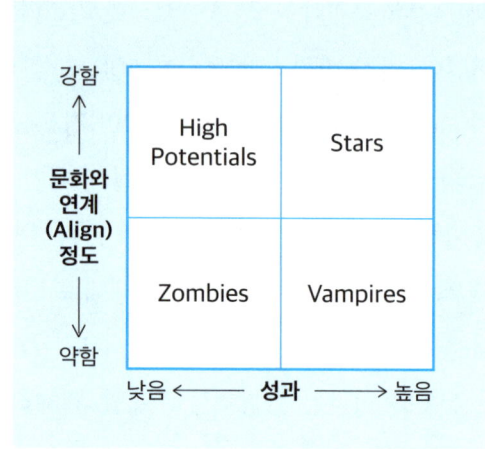

리더는 구성원을 잘 관찰하고 잘못된 가치관이 부정적인 영향을 미치지 않도록 관리하는 것이 필요하다. 에릭 시노웨이(Eric Sinoway)는 가치관과 성과라는 두 가지 축을 기준으로 구성원과 리더의 유형을 네 가지 매트릭스로 설명하고 있다. 리더와 구성원이 이 중 어디에 해당하는지 생각해 보면 어떤 리더십이 필요한지 판단하는 데 참고가 될 것이다. 'Stars'는 성과도 훌륭하고 가치관도 기업문화와 연계(align)가 강한, 가장 바람직한 경우이다. 'High Potentials'은 가치관은 문화와 일치되지만, 역량개발은 더 필요한 경우이다. 충분한 지원과 개발을 한다면 'Stars'가 될 수 있는 잠재력을 가지고 있다. 'Zombies'는 성과와 문화 모두 문제가 있는 경우이다. 업무성과는 평균 이하이다. 업무기회도 많이 주어지지 않고 본인도 열심히 하지 않기 때문에 조직에 해를 끼칠 가능성은 적다. 그러나 이 상태가 계속 용인되면 조직의 활력을 크게 저하

한다.

'Vampires'는 성과는 창출하지만 회사의 기업문화와는 맞지 않는 경우이다. 이런 사람들이 좋은 평가를 받고 승진하면 구성원들에게 부정적인 메시지를 보내게 된다. 기업문화나 가치관은 중요하지 않다는 암시를 주기 때문에 치명적이다. 어쩌면 좀비보다 더 신경을 써야 하는 경우이다. GE의 잭 웰치(Jack Welch)가 CEO일 때 활용한 성과와 가치관을 각 3단계로 평가한 '9 Box 모델'과 유사하다. 아무리 성과가 우수해도 기업 문화에 적합하지 않으면 자격 미달이라는 것이다.

리더는 구성원 행동에 대한 피드백도 가치관 관점에서 생각해야 한다. 대부분의 리더는 보통 구성원이 심각하게 눈에 띄는 잘못된 행동을 했을 때에는 바로 개입한다. 그러나 추구가치나 조직문화에 적합하지 않은 행동에는 당장 일하는 데 지장이 없으면 넘어간다. 거기서부터 문제가 시작된다. 개방적인 의사소통과 격의 없는 대화, 솔직함과 투명성 등을 강조하는데, 정작 나쁜 소식이나 불편한 진실을 듣기도, 전하기도 힘들다면 그런 문화는 결코 조성되지 않는다. 팀워크와 협업을 핵심 가치로 중시한다면 개인 플레이어는 관리가 필요하다. 리더는 구성원의 낮은 성과나 역량에 대해서만 평가하거나 리더십의 효과성만을 판단해서는 안 된다. 리더의 가장 중요한 역할은 회사의 기업문화를 대변하고, 추구가치 측면에서 타협할 수 없는 행동들에 대해 단호한 태도를 보이는 것이다.

구성원도 중요하지만 특히 리더 자신의 가치관은 그 영향력이 막대하다. 리더의 경영철학에 대한 확신과 솔선수범은 절대적인 필요조건이다. 회사의 경영철학, 특히 추구가치에 대해 리더가 어떤 판단과 의사결정을 하는지는 리더 개인의 리더십만이 아니라 조직문화에도 결정적인 역할을 한다. 회사에서 경영철학을 강조하는데 리더가 이를 존중하지 않는 모습을 보여서는 안 된다. 새로 부임한 임원이 구성원들에게 일단 일부터 똑바로 하고 성과를 만들어 내는 것이 우선이고, 핵심가치는 잘 모르겠고 생각도 다르다고 말한다고 해보자. 리더에 대한 존경심은 물론이고 조직의 응집력은 기대하지 않는 것이 좋다. 시스템 경영은 고사하고 인치로는 탁월함을 기대할 수 없다.

하나의 사례를 보도록 하자. 임원 리더십 진단을 해보면 가치관과 관련되어 주목할 만한 점이 발견되기도 한다. 구성원은 임원의 행동에 직

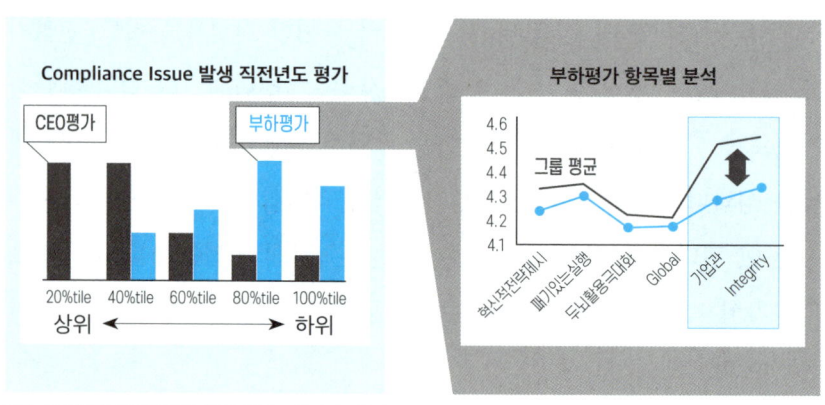

참고: 2016년 한 기업의 리더십 진단 결과 분석 사례 변화 인용

접적인 영향을 받는 사람이고 가장 가까이에서 관찰이 가능하다. 종종 상사인 CEO와 구성원의 의견이 다른 경우가 발생한다. 흔히 CEO는 성과 창출과 본인에 대한 보좌 관점에서, 구성원은 역할 모델, 명확한 방향과 피드백, 그리고 일하는 과정에서 지원에 초점을 둔다. 서로 중요하게 생각하는 것이 다르고 바라보는 관점이 다를 수 있다는 것이다. 특히 리더십 요인 중에서도 'Integrity'나 윤리적인 행동, 기업관에 해당하는 내용은 구성원이 더 정확하다. 일정 기간 반복적으로 윤리나 기업관과 관련되어 구성원에게서 낮은 평가 피드백이 나온다면 주의가 필요하다. 말과 행동이 다르거나 의사결정이 일관되지 못한 경우 등도 포함된다.

리더십에 대한 다면평가 결과분석의 예시를 보여주는 그래프다. 왼쪽은 리더십에 대한 CEO와 부하의 평가 결과를 퍼센타일로 표시한 것이다. 그래프의 크기인 Y축은 윤리적인 문제를 일으켜 퇴임한 임원들의 수를 나타내고, X축은 이들 임원의 퇴임 직전 평가결과의 퍼센타일(percentile) 점수이다. 회색과 주황색은 같은 임원에 대한 다른 평가를 보여주는 것이다. 동일한 임원에 대한 CEO와 구성원의 평가가 상반된다. CEO의 평가는 윤리적인 문제가 있음에도 성과만 좋으면 리더십 평가결과가 상위 퍼센타일에 위치하는 임원이 많다. 회색에 해당한다. 반면 부하는 성과의 크기와 무관하게 윤리적인 문제를 지적하며 리더십이 하위 퍼센타일에 해당한다고 낮게 평가하고 있다. 주황색이다. 부하 평가결과가 낮게 나온 이유를 오른쪽 그래프가 자세히 보여준다.

CEO의 평가결과와 부하의 평가결과는 다른 항목은 유사하지만, 기업관이나 Integrity는 부하가 확연히 낮게 평가하는 것을 볼 수 있다. 부하의 경우 임원의 행동을 상시 관찰하기 때문에 CEO는 발견하기 힘든 Integrity 같은 디레일먼트(derailment, 탈선) 요인의 발현을 잘 확인한다는 것을 보여준다.

그럼에도 이런 성향의 사람이 임원으로 승진하는 경우가 종종 있다. CEO를 포함한 상사는 전문성이나 성과 달성 능력을 우선으로 보는 경향이 강하기 때문이다. 또는 조금 튀긴 하지만 조직의 긴장감이나 변화관리를 위해서는 필요할 수 있다고 생각하기도 한다. 변화를 위한 메기라는 발상이지만, 뜻대로 되지 않고 실패한다. 심할 때는 구성원들이 연판장 돌리듯 집단 저항하는 경우도 발생한다. 다른 기업문화를 가진 리더를 영입한 경우에도 위의 사례와 같은 윤리적인 문제는 아니지만 서로 다른 기업문화와 가치관에 신경을 써야 한다. 어렵게 영입했고 전문성이 탁월하므로 가치관에 다소의 문제가 있더라도 단점이 되지 않도록 구성원들과 팀장들이 맞추고 지원해야 한다고 주장할 수 있다. 실행력이 강하고 성과만 도출하면 눈을 가리는 현상이 나타나는 것이다. 하지만 절대로 문화를 가볍게 보아서는 안 된다. 방관하고 눈을 감으면 장기적으로 조직문화를 망치는 결과를 반드시 초래한다. 해당 임원은 떠나고 구성원과 조직에는 깊은 상처만 남긴다.

2. 리더십 자기 성찰: 진정한 리더로 거듭나는 길

피드백은 거울이다. 우리가 거울을 보는 이유는 단정하게 꾸미고 잘못된 부분을 고치기 위한 것이다. 거울이 잘못되어 있으면 잘못된 자기 이미지를 가질 가능성이 커진다. 이상한 거울은 처음부터 보지 않는 것이 좋다. 있는 그대로 보여주는 제대로 된 거울을 주변에 가지고 있어야 한다. 건강검진과 같은 것이다.

리더십 관련 책 100권을 읽는 것보다 훨씬 더 효과적이고 가치가 있는 방법은 리더십에 대한 피드백이다. 리더십 개발의 출발점은 자기인식(self-awareness)이다.

자기인식은 피드백을 필요로 한다. 앞서 설명한 리더십 다면평가의 사례도 리더십 개발을 위한 목적으로 시행된다. 바람직한 리더가 되기 위해서는 다른 사람들, 특히 같이 일하는 구성원들이 나를 어떻게 보는지 객관화하는 것을 필요로 한다. 대부분의 리더십 문제는 피드백 부재에서 시작된다. 피드백이 없으면 자기가 한 행동을 거울로 볼 수 없기 때문이다. 어떤 형태이든 자신이 한 일, 말과 행동에 대한 피드백을 구해야 한다. 회사에 리더십에 대한 진단이나 평가제도가 있으면 최상이다. 그러나 없더라도 다양한 방법으로 자신을 돌아보고 성찰할 수 있는 방법을 활용하는 것이 유익하다.

리더 스스로 알고 싶은 리더십 항목과 설문지를 만들어 익명으로 자신의 행동에 대한 피드백을 주기적으로 구하는 것도 좋다. 단, 어떤 경우에도 결과에 대해 공개적으로 공유하거나 이유를 물어보는 등의 행동은 절대로 해서는 안 된다. 다음부터 솔직한 피드백은 기대하지 않겠다는 선언과 마찬가지다. 리버스 멘토링도 있고 조직 활성화 미팅 등에서 우회적으로 관련된 주제를 토론하는 것도 방법이다. 때에 따라서는 다소 비용은 발생하겠지만 외부 리더십 코치를 활용하여 지원을 받는 것도 생각해 볼 수 있다. 어떻든 없는 것 보다는 어떤 형식이든 피드백을 받을 기회를 만들어 활용하기를 권장한다.

리더십 피드백이란 리더의 행동 특성을 조직에서 기대하는 모습과 비교하여 다양한 각도에서 보여주는 것을 의미한다. 건강검진에 비유할 수 있다. 리더십이 얼마나 건강하고 문제는 없는지 더 건강해지는 데 필요한 것은 무엇인지를 파악하는 것이다. 그러기 위해서 무엇을 진단하고 평가할 것인지 기준이 필요하다. 회사의 공식적인 진단이나 피드백이 없다 하더라도 조직의 리더라면 막연하게 리더십의 이미지를 생각하는 것은 구체성이 떨어진다. 어떤 자질과 행동이 요구되는지를 하나의 리더십 모델로 상정하여 행동의 가이드로 삼고, 스스로를 성찰할 수 있다면 도움이 될 것이다.

리더십 모델은 환경과 회사의 업종, 전략, 직무 등 맥락의 차이에 따라 모두 달라질 수 있다. 그렇더라도 어떤 조직이든 공통적으로 요구되는 리더의 역할과 바람직한 행동은 생각해 볼 수 있다. 먼저 리더라면 갖추어야 할 '기본적인 자질과 태도'가 있을 것이다. 다음으로 기대되는 성과를 도출하고 조직의 활력, 구성원의 성취감과 의욕을 제고하는 데 필요한 '리더십 행동'이 있다.

'기본 자질과 태도'는 회사의 경영철학이나 핵심가치에 대한 확신과 신념을 말한다. 있으면 좋은 것이 아니라 조금이라도 문제가 있으면 안 되는 가장 중요한 조건이다. 아울러 솔선수범과 윤리적 기준에 철저함은 어떤 조직이든 기본적으로 요구되는 자질이다. '리더에게 요구되는

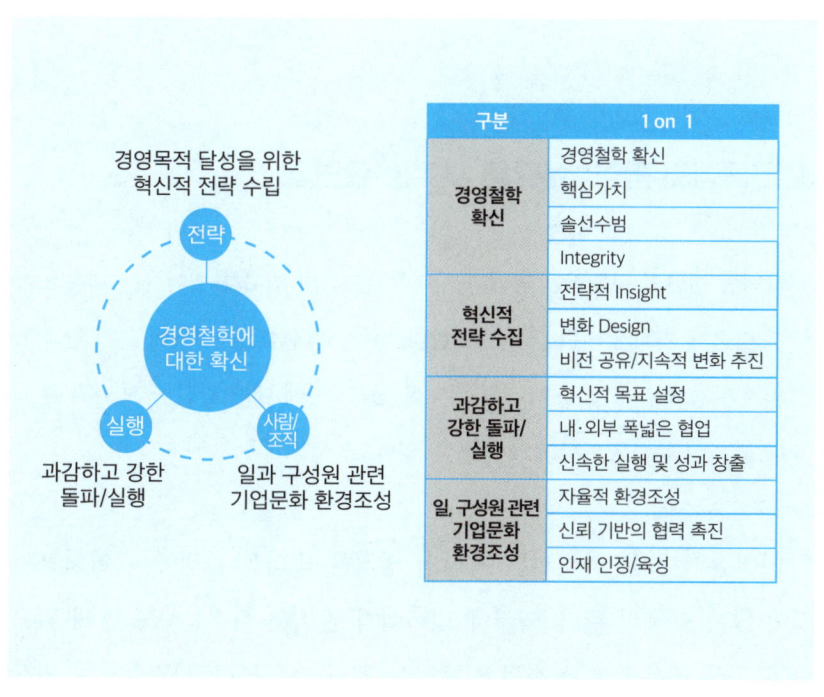

행동'은 다양할 수 있으나 본원적 활동인 세 가지로 구분해 볼 수 있다. 먼저 명확한 방향과 전략을 수립하고 제시할 수 있어야 한다. 두 번째로 수립된 전략을 토대로 강한 실행력으로 장애요인을 극복하고 돌파하여 성과를 도출하는 것이 그다음이다. 마지막으로 이 과정에서 조직과 구성원이 의욕과 역량을 갖출 수 있는 환경을 조성하는 것이 요구된다. 일반적이고 공통적으로 적용 가능한 예시를 제시한 것이다. 이보다 많을 수도 있고 적을 수도 있으나 자질과 행동을 포함하여 네 개 내외의 리더십 요인이 적절하다고 생각한다. 위의 그림은 그 예시를 보여준다.

3. 리더십의 함정: 실패를 부르는 요인들

리더십 진단의 구체적인 방법과 사례는 본 책의 범위를 벗어나는 내용으로 다음에 기회가 되면 다루기로 한다. 다만, 리더십과 관련하여 흔히 간과되지만 중요한 요인 중 하나인 리더십 성격요인에 대해 간단히 보도록 한다. 리더십 성격도 진단에 포함될 수 있다.

리더십 성찰을 위해서는 자신의 성격을 리더십 관점에서 이해하는 것이 많은 도움이 된다. 외부에 리더십과 관련된 성격검사도 많이 있으므로 적은 비용으로 스스로 시행하는 것도 가능하다. 성격검사를 권장하는 이유는 활용 가치가 크기 때문이다. 성격은 어느 정도 안정적이고 일관된 행동을 보이는 개인의 고유한 특성을 의미한다. 즉, 리더가 보이는 행동은 일차적으로 자신의 성격에 크게 영향을 받는다. 특히 상위직일수록 소위 눈치를 볼 필요가 줄어 그럴 가능성이 더 커질 수 있다. 요구되는 행동에 대한 개인의 해석과 판단은 성격과 기존의 성공 실패 경험이 좌우한다. 성격은 동기, 흥미, 감정이나 가치관 등을 포함하고, 이는 곧 태도를 결정한다. 태도는 상황이나 자극에 대한 반응의 하나인 행동 경향성으로 이해할 수 있다. 어떤 자극이 주어지면 그에 대한 특정 행동을 일관되고 신뢰도 있게 보일 것이라는 가능성이 태도이다. 이 태도가 행동으로 바로 나타날 수도 있고 억제될 수도 있다.

성격이 리더십 성찰에 도움이 되는 이유는 성격이 가진 영향력 때문이다. 일반적으로 가장 편한 상태는 요구되는 태도와 행동이 본인의 성격과 일치하는 경우일 것이다. 외부의 자극에 대해 자신의 성격대로 행동하면 아무 스트레스가 없고 자연스럽다. 그러나 환경이나 해야 할 일이 본인 성격과 다르면 스트레스를 받고 심리적 갈등 상황이 된다. 이때 본인 성격에 대한 이해가 있다면 자신의 행동과 사고를 객관화하는 것이 좀 더 용이해진다. 성찰과 메타인지에 도움이 되기 때문이다. 비록 익숙하고 편안한 방식이 아닐지라도 자신이 왜 심리적으로 불편한지를 자각하면 훨씬 쉬워진다. 성격을 바꾸기는 어려워도, 행동이나 스킬은 얼마든지 개발할 수 있다. 모든 상황에 적합한 성격이나 태도는 없을 것이다. 리더십 개발을 위한 자기인식에 성격이 포함되는 이유이다.

이해를 돕기 위해 성격에 대해 좀 더 알아보도록 하자. 성격을 구성하는 요인으로 가장 널리 활용되는 이론은 'Big 5'이다. 심리학자 폴 코스타(Paul Costa Jr.)와 로버트 매크레이(Robert McCrae)가 1976년에 개발했다.[11] 이 이론은 다섯 가지 상호 독립적인 요인을 기반으로 한다. 영어 머리글자를 따서 대양을 뜻하는 'OCEAN'으로 표현한다. O는 개방성(Openness)을 의미한다. 개방성이 높으면 다양한 경험과 새로운 것들에 대해 호기심이 많고 지적인 탐구나 예술, 창의적 아이디어 등에 관심이 많다. C는 성실성(Conscientiousness)으로 높은 책임감, 성취 지향적, 신뢰감 등을 말한다. 규범에 대한 준수와 끈기 있는 노력과도 관련이 높다. 외향성(Extraversion)은 외부자극을 적극적으로 추구하고 사교적이고 활동적이다. 외부와 상호작용을 통해 에너지를 얻는 특징이 있다. 우호성(Agreeableness)은 친절하고 배려심이나 공감능력, 다른 사람과 조화 등과 관련이 높다. 마지막으로 신경성(Neuroticism)은 예민하고 걱정과 불안이 많고 정서적인 불안정성과 관련이 높다. Big 5에 대한 자세한 설명과 진단검사는 이미 많이 공개되어 있으므로 참고하여 활용하기 바란다.

Big 5 성격요인은 리더십과 강한 상관관계가 있다고 한다. 개인의 성격특성이 효과적인 리더십 성공요인이라는 연구도 많이 있다. 이 책의

---

[11] McCrae&Costa(1997).

목적상 성격요인에 대한 세부 내용을 깊이 다루지는 않지만, 이러한 논의는 자칫 리더십 특성이론을 뒷받침하는 근거로 오해될 소지가 있다. 그러나 리더의 개인적 특성만 보는 시각은 개발의 잠재력을 간과할 수 있다. 리더십은 특질이기보다 스킬에 가깝다. 성격 이해가 도움이 되는 이유는 개발을 위한 것임을 기억할 필요가 있다. 성격과 다른 행동이 필요한 경우를 이해하고, 단점으로 나타나지 않도록 행동 방식을 개발하는 데 참고가 될 수 있다. 성격에 대한 이해가 필요한 또 하나의 이유는 성격적 특성이 상대적으로 너무 강하거나 낮으면 단점이자 디레일먼트 요인도 될 수 있다는 점이다.

성격이 유전적 결과물인지 아니면 환경과 노력에 따라 변하는 것인지는 지능과 마찬가지로 논란이 되어 왔다. 대체적으로 학자들 사이에서는 성격은 유전적으로 타고 나지만, 변화와 개발의 정도는 후천적으로 달라질 수 있다고 결론을 내리고 있다. 특히 큰 사고나 인생 가치관이 변할 정도의 변화나 어려움을 겪으면 성격이 확연히 바뀔 수도 있다고 한다. 칼럼니스트 데이비드 브룩스(David Brooks)는 성격적 특성은 타고난 재능이기도 하지만 평생 연마하는 측면도 있다고 주장한다. 예를 들어 Big 5 중 신경증은 임상적 개입을 통해 수정 가능하다고 한다. 사람은 나이가 들수록 더 나은 인간으로 변화하게 된다. 더 상냥해지고 성실해지며 감정이 안정적으로 변한다. 와인처럼 나이가 들면 더 나아지는 것이다. 평생에 걸쳐 성격이 개발되고 성숙되어 간다는 점은 일리가 있다. 성격요인의 중요성과 더불어 개발과 변화도 어느 정도 가능하다는 반가운 관점이다.

Big 5 외에, 성격요인 중에서 리더십 탈선요인인 디레일먼트에도 유의할 필요가 있다. 디레일먼트는 기차가 철로 궤도에서 이탈하는 것을 말한다. 다시 말해 리더의 실패 가능성을 내포한 일탈적 요인을 말한다. 성공적인 리더가 시간이 지남에 따라, 성공을 가져온 요인이 원인이 되어 실패하는 경우도 많다. 이전의 바람직한 모습이 시간이 지나거나 지위나 직책이 높아지면 단점으로 작용하는 경우도 흔하다. 강점이 지나치면 약점이 되는 것이다. 예를 들어 강한 추진력이 때론 주위 사람을 피곤하게 하고 마음의 상처를 줄 수도 있다. 꼼꼼함이 실행력을 느리게 할 수 있다. 디레일먼트 요인은 잠재된 성격이나 자질로 인한 것이 많기에 모두 행동으로 드러나는 것은 아니지만 가능성이 있다는 점에서 주의가 필요하다. 탈선과 관련된 성격요인의 대표적인 것들은 다음과 같다.

- 나르시시즘(Narcissism): 자신의 능력을 과신하고 과장하는 경향으로 자신에게 관대하지만 타인에게는 엄격한 기준을 제시하는 성향
- 타인 조정(Manipulation): 자신의 성공을 위해 타인을 이용하는 성향
- 미시적 관리(Micro Management): 모든 일에 지나치게 세세하게 관여하는 성향으로 권한위임보다는 본인이 직접 다 하길 원함
- 공격성(Intimidation): 과도한 압박을 가하거나 자신의 권위와 힘을 이용하여 타인에게 겁을 주는, 긴장된 분위기 조성 성향

- 수동 공격성(Passive-aggressiveness): 타인의 의견을 수용하는 듯하지만 실제로는 자신의 고집을 꺾지 않고 자신의 의견을 솔직히 표현하지 않고 비협조적
- 냉담성(Aloofness): 타인과 관계형성에 무관심하고 대인관계 친밀감보다는 업무적인 관계에만 집착
- 지나친 야망(Overly Ambitious): 승진이나 성공에 지나치게 집착하는 성향으로 목표 달성을 위해 과도한 목표를 세우거나 성공에 집착하는 행동

디레일먼트 요인이 강한 특성으로 나타난다면 리더십에 부정적인 영향을 미치고 자신만이 아니라 조직에도 해로운 결과를 가져올 수 있다. 평소에는 잘 드러나지 않고 당장은 문제가 되지 않는 경우가 많다. 이런 성향을 가지고 있더라도 대부분 의식하지 못한다. 상황이 호의적이고 긍정적일 때는 큰 문제가 되지 않기 때문이다. 그러나 상대적으로 강한 성향을 가진 사람이 스트레스를 많이 받거나 본인이 상황을 주도하고 있다고 느끼면 이런 요인이 부정적으로 부각될 가능성이 크다. 특히 리더의 위치까지 성장한 사람은 정도의 차이는 있지만 이런 성향을 가지고 있을 수도 있다는 가능성을 스스로 점검하고 유의할 필요가 있다. 다시 말해 직위가 상승하면 잠재되어 있던 디레일먼트 성격요인을 억제하는 조건이 상대적으로 약해질 수도 있는 것이다.

리더십 성격 진단결과, 위에서 언급한 여러 요인들 중 우리나라 리더들에게 많이 보이는 성향이 수동 공격성이다. 본인의 속내가 달라도 직

설적으로 표현하는 것은 바람직하지 않다는 것을 사회화 과정을 통해 학습한 것이라고 추측해 볼 수 있다. 조직문화에 따라서는 지나치게 솔직하고 직선적인 것이 바람직하지 않는 것으로 여겨지면 이런 성향은 문제가 되지 않을 수도 있다. 그러나 앞서 논의한 격의 없는 대화나 건설적인 대립, 심리적 안전감 등에 부정적으로 작용할 가능성도 있다. 게다가 또 하나의 디레일먼트인 냉담성까지 겹치면 심각할 수 있다. 이 성향이 강하다면 스스로 인식하고 질문이나 경청기법 개발을 통해 보완하려는 노력이 필요하다. 조직 활성화를 위한 캔 미팅 등에서 구성원도 그럴 수 있다고 가정해야 한다. 구성원 개인의 노력에 의존하기보다는 다양한 토론의 방법을 도입·활용하는 것도 좋은 대안이다.

또, 리더의 위치에 올랐는데 이전의 미시적 관리성향이 바뀌지 않는 경우도 많다. 기존의 꼼꼼한 성향이 승진의 원동력이라고 생각한다면 관성으로 작용할 가능성이 크다. 임원인데 팀장처럼 일하는 경우도 많다. 보통 1년 정도 일하는 스타일을 점검하고 바꾸어 가기 위해 노력하면 달라지는 경우가 많다. 과감하게 위임하고, 본인이 할 것과 맡겨도 될 것을 의식적으로 구분하고 때로는 모른 척하는 연습도 필요하다. 어떤 임원의 경우는 자신이 하루, 일주일, 한 달간 하는 모든 일을 기록하고 그중에서 90%를 팀장에게 위임하고 직접 하지 않겠다고 관리하면서 고쳐가는 경우도 보았다.

평소 어떤 요인들이 리더십의 실패를 가져올 수 있는지를 의식하고 행동하는 것 자체가 충분히 예방적인 노력이 될 수 있다. 성격이나 가치관은 빙산처럼 눈에 보이지 않아 변화하기 쉽지 않지만 리더십 기술과 행동으로 충분히 보완이 가능하다. 역으로 행동을 반복함으로써 습관이 되고, 습관이 태도를 바꾸는 경우도 많다. 중요한 것은 자기 인식, 즉 먼저 나를 알아야 한다. 나를 잘 모르는 상태에서 겉으로만 보이는 스킬이나 행동만을 개발하는 것은 시간 낭비와 사상누각일 가능성이 크다.

Chapter 11

평가와 보상:
문화가 심어지는 하드웨어

B사는 상대평가를 시행하고 있었다. 상대평가는 선의의 경쟁을 유도한다는 가정이 깔려 있다. 이 회사는 업의 특성상 협업이 매우 중요하고, 팀워크와 'One Team Spirit'이 중요하다는 것을 강조하고 있다. 제도변화의 필요성을 느끼고 있던 차에, 벤치마킹 팀을 구성하여 실리콘밸리가 일하는 방식과 제도를 연구하게 된다. 치열한 논의 끝에, 일하는 방식에 맞지 않는 상대평가 폐지가 우선대상이 되었다. 1년 동안 연구와 파일럿 테스트(pilot test) 등을 통해 제도 변경을 시도한다. 회사의 밸류 체인(value chain)에 따라 조직별로 일하는 방식의 차이와 특성을 반영한 평가제도와 연중 상시 피드백을 도입하기로 한다. 이 과정에서 현업 리더의 셀프디자인이 이슈로 부각되었다. 기존에 리더는 재량권이 한정되는 단점은 있지만 제도와 규정에 따라 운영만 하면 되었다. 새로운 제도는 전사에서 가이드라인만 제공하고 각 조직 특성에 맞게 스스로 설계할 수 있도록 했다. 스스로 제도를 설계하게 되자 구성원에게 제도를 설명하고 납득하게 만드는 것이 필요하게 되었다. 평가철학, 성과의 기준, 평가 비율과 기준 등을 스스로 정하고 논의하는 과정이 필요해진 것이다.

1. 평가는 성장이다, 성과관리의 본질

인간은 평가하는 존재이다. 주변의 모든 것들에 대해 항상 평가한다. 평가한다는 것은 목적을 가진 행위이자 시스템을 지탱하는 인프라다. 평가가 없다는 것은 상상하기 힘들고 조직이 건강한 모습으로 스스로의 행동과 결과를 되돌아보는 시스템을 갖고 있지 않다는 말이다. 평가 자체로도 메시지를 전달하지만, 평가를 통해 무엇을 달성하고자 하는지가 중요하다. 평가가 없으면 조직에서 공정성과 형평성을 해결할 방법이 없다. 동시에 역설적이게도 공정성과 형평성 논란의 원인도 평가와 보상에서 비롯된 경우가 많다.

회사에서 경영전략이나 사업계획과 관련된 활동과 더불어 가장 많은 시간과 노력을 들이는 것은 단연코 평가와 보상이다. 연말이 되면 연례행사처럼 조직 전체가 들썩인다. 평가는 급여, 성과급, 승진, 이동, 역량개발 등 사람과 관련된 거의 모든 것에 연계되어 있다. 연계를 강하게 하지 않거나 평가의 등급이 없는 'No Rating'을 도입하는 경우도 있으나 정도의 차이다. 연말이 다가오면 최소 한 달은 평가와 피드백, 결과 조정 등에 노력을 투입한다. 이로 인해 심하게는 거의 일상적인 업무에 집중하지 못할 정도다. 게다가 평가제도를 보완하거나 변경할 필요성이 생기면 1년 이상의 시간과 노력을 들인다.

평가의 목적은 조직의 성과달성을 촉진하기 위한 것이다. 구성원 개인에게는 평가와 피드백을 통해 성장하고, 일을 통한 성취감과 의미를 발견하는 계기가 된다. 평가는 바람직하고 기대되는 성과와 행동을 직간접으로 제시한다. 따라서 기업문화에 가장 중요한 제도이자 환경이다. 중요한 것은 기대하는 결과를 얻고 있는지를 돌아보아야 한다. 평가와 보상이 가진 이슈는 단순히 너무 경직되거나 다양한 인사제도와 엄격하게 연계되기 때문만은 아니다. 투입하는 시간과 노력에 상응하는 효과와 영향력을 얻는 데 필요한 것이 무엇인지를 생각해 보자는 것이다. 따라서 철학에 근거한 목적을 가진 제도로 설계되고 운영되어야 한다. 그래야 문화로 승화되고 발전되어 간다. 어떤 조건이 필요한지 살펴보자.

평가의 방법, 내용 등에는 다양한 고려사항이 있을 수 있다. 세부적인 설계와 방법론은 실무에 해당하는 내용이므로 여기서 자세한 논의는 생략한다. 다만 중요한 것은 기업문화를 통해 기대하는 일하는 방식과 구성원의 행동을 고려해야 한다는 점이다. 앞의 사례처럼 팀워크과 협업을 중시하면서 평가는 개인주의와 경쟁을 위주로 하면 엇박자가 난다. 당연히 구성원 간 경쟁을 유도하는 상대평가 제도는 손질이 필요하다. 평가의 내용도 경영철학, 즉 기업관과 추구가치를 고려하여 성과, 역량, 태도 등의 비중을 결정할 필요가 있다. 본질적으로는 평가목적이 보상이나 승진 등 인력관리에 연계하기 위한 수단으로서 변별을 위한 것인지(사정(査正)형 평가라고도 한다), 육성과 개발을 목적으로 하는지를 생각해 봐야 한다. 물론 어느 하나만을 위한 제도는 없을 것이다. 어디에 더 중점을 두는지는 철학과 원칙의 문제이다.

업의 특성도 고려해야 한다. 회사의 업과 전략이 변하고, 이를 뒷받침하는 문화를 만들기 위해서는 연계된 제도의 변화가 필요하다. 마이크로소프트가 스택랭킹(Stack Ranking)이라고 불리는 상대평가 즉, 줄 세우기식 평가를 폐지한 사례는 잘 알려져 있다. 평가내용도 조직에 대한 기여와 협업, 전체 성과에 미친 영향력(impact)을 중요하게 고려한다. 단순히 평가제도를 바꾼 것이 아니라 회사의 사업과 전략의 변화와 그에 따른 조직문화 변화를 위한 것이었다. 사티아 나델라가 CEO로 취임하며 '성장형 마인드셋'을 중심으로 변화를 추진했다. 성장 마인드셋 실천을 위한 세 가지로 고객에 집중, 다양성 포용, 그리고 하나의 마이크로소프트를 제시한다. 내부경쟁, 조직 간 폐쇄적인 경계를 없애고 협업과 팀워크의 조직문화를 만들기 위한 일하는 방식과 제도의 변화였다.[12]

좀 지난 사례이긴 하지만 GE의 경우도 수십 년간 운영해 온 전통

---

12 사티아 나델라, 『히트 리프레시』 참고.

적인 상대평가 시스템인 바이탈리티 커브(Vitality Curve: 상위 20%, 중위 70%, 하위 10%로 평가)를 폐지하고 새로운 제도를 만들어 냈다. 연간 1회만 실시하는 평가가 아닌 피드백을 높이기 위한 방법에 대해 구성원들의 의견을 듣고 파일럿 프로그램을 운영했다. 모바일 앱을 통한 연중 실시간 피드백 방식으로 변경했다. GE 역시 비즈니스 모델 변화와 이의 실행을 위한 조직 문화 변화 시도였다.

우리나라 기업들은 구체적 방법과 정도의 차이는 있지만 대부분 성과주의를 토대로 한 상대평가를 기본으로 하고 있다. 건전한 경쟁문화를 조성하고 조직의 활력을 기대한 것이었다. 그런데도 여러 부차적인 문제점을 본질적으로 잉태하고 있다. 가장 많이 지적되는 단점이 협업이나 팀워크에 저해가 된다는 것이다. 강제로 줄 세우기 하는 방식이다 보니 경쟁으로 인한 부작용이 나타난다. 마치 나름 무림의 고수인데 자기보다 강한 상대가 있으면 살아남지 못하는 생존경쟁과 유사한 느낌이다. 당연히 조직 내 구성원 간 심리적인 견제 의식이 보이지 않게 작용한다.

우리나라는 집단주의 문화를 배경으로 가지고 있고, 일하는 방식도 직무 중심이기보다는 유연한 업무할당과 조직운영 방식을 택하고 있다. 그래서 근본적으로 성과를 명확히 구분하여 평가하는 것이 가능한가에 대한 의문 제기도 있다. 따라서 평가의 방법이 무엇인지가 중요한 것이 아니라, 평가를 통해 구현하고자 하는 조직의 모습을 염두에 두어야 한다는 것이다. 최근에는 상대평가를 폐지하고 절대평가를 적용하는 경향이 늘고 있다. 어떤 경우는 아예 평가 자체를 하지 않기도 한다. 상대평가도 등급별 비율을 유연하게 운영하기도 한다. 평가의 등급비율이나 기준이 현업 리더에게 위임된 정도가 크다는 것이 더 정확할 것이다. 이 모든 변화는 경영철학과 전략에 연계되어야 한다.

대개의 경우 1년에 한 번 시행하는 인사고과에 지나치게 의존한다. 그러다 보면 평가의 목적이 주로 이후에 이어지는 보상이나 승진, 이동 등 인사 제도에 활용을 전제로 하고 강하게 연계될 수밖에 없다. 평가를 위한 평가가 되기 쉽고, 성장과 발전을 위한 피드백이 간과되기 쉽다. 승진이나 이동 등 인력관리와 연계를 염두에 둔 '돌려 먹기'식 평가가 당연시된다. 그러다 보면 평가의 기준도 성과에 많은 비중을 둔다. 성과주의 보상철학(pat for performance)을 구현하기 위한 것이다. 평가를 통한 성장과 육성을 기대하기 위해서는 역량과 잠재력이 비중 있게 포함되고 반영될 필요가 있다.

평가 시즌이 되면, 몇 개월 전의 성과에 대해서는 결과와 이미지만 남고 구체성을 갖춘 피드백은 거의 불가능하다. 1년간의 성과와 노력이 가장 최근의 과제나 이벤트를 통해 남겨진 인상과 이미지에 의해 판단되는 경우도 흔하다. 심리학에서는 사람의 기억에 '신근성 효과'가 있다고 말한다. 처음의 것과 가장 최근의 것이 더 기억과 인상에 선명하다는 것이다. 특히 평가 시즌에 가까운 성과가 더 인상이 강하고, 과정에 대한 기억은 희미해진다. 당연히 성장을 돕기 위한 실시간 피드백은 어려워진다. 따라서 개발이나 육성을 목적으로 한다면 연말 1회성 평가가 아닌 연중 지속적인 피드백을 포함하는 방식을 고려해야 한다. 1회성 평가로 육성한다는 것은 어불성설이다.

구성원들과 정기적인 1 on 1과 조직 활성화 미팅을 자주 갖는 것부터 시작해야 한다. 일하는 방식과 성과에 대해 적시에 그리고 빠른 시점에 피드백을 해야 좀 더 발전이 있고 도움이 된다. 아무 말이 없다가, 연말에 한꺼번에 몇 마디 문장으로 평가하면 많은 경우 기분만 좋지 않다. 전형적인 과거형 평가와 질타형 피드백이 된다. 피드백은 발전 지향적으로 미래를 향한 것이어야 한다. 단점보다는 더 잘해야 할 것에 초점을 맞추어야 한다.

아래 사례의 화살표 왼쪽 부분은 특별하게 교훈적이지도 않은, 정성적 평가결과 코멘트의 전형적인 예시들이다. 작고 사소해 보이지만 역시 철학의 문제이다. 평가를 위한 평가가 목적이지 개발과 육성의 관점은 전혀 없다. 화살표 오른쪽에 해당하는 질문과 생각을 평가자가 하지 않기 때문이다. 구성원이 부족한 게 있다면 누구의 문제일까?

- 인성 훌륭, 전략적 사고 부족함. → 구체적으로 이렇게 하면 더 좋아지지 않을까?
- 장단점이 너무 뚜렷함. 성격의 문제. → 이러이러한 장점을 잘 키운다면 단점을 커버하는 것이 가능하지 않을까?
- 팀워크가 좋으나 일 처리가 느리고 결단력이 부족함. → 앞으로 어떻게 하면 좋을까?

- 고생하고 열심히는 하는데, 성과는 부족함. → 다음에 또 한다면 어떻게 다르게 할 수 있을까? 어떤 측면에 노력을 더 기울여야 할까?

연간과제가 진행되는 동안 개발과 육성 관점의, 미래 지향적이고 수시 피드백이 가능한 시스템을 갖추면 더 좋다. 그렇지 않으면 최소한 과제 진행과정과 성과에 대해 분기별 혹은 과제가 종료될 때마다 피드백하고 기록하는 절차라도 갖는 것이 좋다. 회사의 제도 유무를 떠나서 리더가 스스로 시행할 수 있는 방법이다.

우리나라 판소리가 세계 문화유산에 등재된 이유 중 하나가 고수의 추임새가 포함되기 때문이라고 한다. 몇 시간 동안 혼자서 창을 하는 동안 고수가 북을 치며 '얼쑤', '좋고' 등으로 추임새를 넣어 흥을 돋을 뿐만 아니라 창에 연극적인 요소를 가미한다. 기업문화도 이와 같다. 좋은 문화를 만들어가는 역할은 제도만이 아니라 리더도 동일한 역할과 책임을 담당한다. 서로 다른 수단과 방법을 사용하지만 결국 같은 목적을 가진 것이다. 기업문화 관점에서 그리고 구성원에게 미치는 영향 관점에서 제도와 리더십은 하나의 연극을 같이 하는 동료 관계이다.

평가제도를 설계하고 운영하는 과정이 독특한 문화로 정착되어야 한다. 그러기 위해서는 전제 조건이 필요하다.

육성을 목적으로 하고, 수시 피드백이 이루어지기 위해서는 단위조직의 자유도가 커져야 한다. 회사 전체의 일관성을 유지하기 위해 최소한의 기본적인 가이드라인만 공유하고 나머지는 자율에 맡기는 것이다. 하나의 제도로 획일적인 방식을 적용하기보다는 단위조직의 자율적인 판단을 최대한 보장하고 이를 지원하는 것이 바람직하다. 성과의 기준, 일의 성격과 일하는 방식, 협업과 개별적 업무방식의 구분, 평가의 방법과 절차, 평가 기준 등을 스스로 판단하고 설계하는 셀프디자인을 말한다. 물론 이 과정에서 보상과 연계로 인한 예산 통제의 이슈, 평가의 관대화 등 부작용을 우려하게 된다. 그러나 이는 운영을 통해 풀어야 할 대상이지 그 자체가 장애요인이 되면 안 된다.

셀프디자인은 필연적으로 구성원의 의견을 수렴하는 바텀업 과정을 요구하게 된다. 제도설계가 주 목적이 아니라 '성과대화'가 목적인 것이다. 이렇게 하면 리더가 조직의 일하는 방식과 성과를 보는 관점, 구성원의 기대사항이 동시에 명확해지게 된다. 구성원도 성과의 의미와 일하는 방식 등에 대해 스스로 고민하고 적극적으로 공유할 수 있게 된다. 리더에게 바라기만 하는 문화는 강하지 못하다. 시간이 걸리더라도 리더와 구성원이 함께 논의하는 장을 만드는 것이 좋다. 연간 경영계획이나 사업계획만이 아니라 바람직하고 기대되는 성과창출의 모습은 무엇을 말하는지, 그 과정에서 어떻게 일하는 모습을 지향하는지 등을 주기적으로 함께 고민하고 논의할 수 있어야 한다. 1 on 1과 캔 미팅 같은 조직 활성화 미팅이 일상화되면 가능한 것들이다. 이것이 곧 조직의 응집력을 가져오고 경쟁력의 원천이 된다.

단위조직 리더 스스로가 설계할 수 있도록 구성원 의견을 수렴하는 절차를 만들기를 권장한다. 평가는 인사권자인 리더만의 고유권한이라고 생각하지 않기를 바란다. 다양한 방법을 통해 의견을 듣고, 토론회를 여는 것이 좋다. 연말이나 연초에는 조직 활성화 미팅 형식의 성과 미팅을 하는 것이 좋다. 성과 리뷰, 일하는 방식의 장단점과 개선사항, 연중 성과관리 및 피드백에 대한 의견 등을 주제로 한다. 수렴된 의견을 반영한 시행계획을 소통 프로그램으로 구성원에게 설명하고 공유회를 갖는다. 번거롭고 낭비적으로 보일 수 있으나 그 효과는 기대 이상이다. 성과 지향적이면서 신뢰와 친밀감을 토대로 실행력이 강한 조직으로 변해 간다. 제도의 면밀하고 완벽한 설계에 신경을 쓰는 것도 중요할지 모르나 과정이 더 중요하다. 이 모든 과정 자체가 평가를 문화로 정착시켜 가는 방법의 일환이다.

리더의 제도설계와 운영과정을 지원하는 역할도 필요하다. 기업문화와 HR 등 관련 조직은 견제와 정책(policy) 조직을 넘어 컨설팅 기능을 해야 한다. 컨설팅은 프로세스 컨설팅(process consulting) 개념으로 해야 한다. 프로세스 컨설팅(에드거 쉐인)은 도메인 전문가이면서 문제해결 프로세스에 전문적인 역량을 가진 컨설턴트가 지원하는 방식을 말한다. 문제 자체에 직접 개입하여 해결하기보다는 현장의 역량을 신뢰하고 현업이 스스로 문제를 풀어나가는 과정을 지원하고 도와주는 역할을 한다. 현업 리더가 스스로 풀어갈 수 있도록 해결 과정을 지원하는 파트너 관계인 것이다. 각 사업조직을 지원하는 HR 기능이나 조직을 만들고 프로세스 컨설팅 역할을 갖추어야 한다.

요약하면, 평가는 방법의 문제 이전에 목적이 무엇이고 어떤 효과를 기대하는지를 경영철학과 전략 측면에서 고민해야 한다. 어떤 경우이건 성과창출과 더불어 구성원의 성장과 육성은 기본전제가 되어야 한다. 더 중요한 점은 평가의 설계와 운영과정에서 성과와 역량이 가진 의미, 일하는 방식에 대해 자연스럽게 논의하는 문화로 정착되어야 한다는 것이다.

2. 보상: 직무와 사람의 균형

보상은 평가와 더불어 바늘과 실의 관계다. 평가도 중요한 문화의 수단이지만 보상은 구성원의 심리와 정서, 회사와 일에 대한 태도를 좌우하는 지대한 영향력을 가지고 있다. 특히 우수한 인력을 끌어들이고 유지하고, 동기를 부여하는 측면에서는 보상이 더 큰 역할을 한다. 흔히 총 보상수준, 복리후생이나 성과급 등을 비교의 대상으로 삼는다. 외부로는 시장과 업계 경쟁력, 내부로는 성과에 따른 형평성 등이 가장 중요한 고려사항일 것이다. 이에 따라 연봉과 성과급, 복리후생을 포함한 보상의 구성과 수준, 지급 방식과 수단 등이 모두 달라질 수 있다. 그러나 보상의 구체적인 내용보다 더 중요한 것은 경영전략과 기업문화에 기반한 흔들리지 않는 명확한 원칙과 철학을 가지고 있는가 하는 것이다.

'연봉수준이 얼마나 되고, 주요 복리후생이 무엇인가?'라는 질문에 대해 구체적인 내용을 답변할 수는 있을 것이다. 그러나 인력관리 조직만이 아니고 리더라면 회사가 가진 성과관리와 보상의 원칙을 자신의 말로 설명할 수 있어야 한다. 회사의 제도가 있지만 결국 성과를 평가하고 보상을 결정하는 일차적 책임을 가진 사람은 현장의 리더이다.

이를 위해서는 보상제도에 대한 이해와 더불어 관련된 이슈를 이해하는 것이 필요하다. 보상은 문제가 발생하면 소속감, 공정성과 투명성 등의 이슈로 비화된다. 특히 우리나라 기업경영 현실에서 보상과 관련하여 비교의 대상이자 논란이 되는 것은 주로 성과급이다. 그러다 보면 보상의 기본 틀이 되는 급여에 대해서는 간과하기가 쉽다. 성과급에 대해서는 이어지는 파트에서 살펴보기로 하고, 급여제도에 대해 생각해 볼 부분을 먼저 짚어보기로 하자. 성과급과도 연계된 이슈임과 동시에 우리나라 기업들의 일하는 방식과 조직문화에 깊숙이 내재되어 있는 인력관리의 기본 가정과도 관련되어 있다.

우리나라 기업문화는 한국적 특성인 집단주의와 연공을 중시하는 풍토가 뿌리깊게 자리하고 있다. 연공과 유연한 인력활용은 한국형 인사관리의 근간이 되어 온 것이다. 연공은 근속연수에 따라 보상 수준이 상승하는 구조다. 숙련도에 따른 보상 차이와 연령에 따른 생활급 증가 필요성을 가정한다. 흔히 말하는 호봉제가 전형적인 연공급이다. 장기근속을 유도하고 고용 안정을 확보하려는 의도도 있었다. IMF 이후 2000년 초반 성과주의 인사관리 도입 이후, 지금은 대부분 연봉제를 시행하고 있다. 그러나 외형적으로 연봉제지만 연공이 깊숙이 내재되어 있다. 오랜 시간이 흘러 많이 변화되고 발전되어 왔다. 그럼에도 임금 구조와 수준은 연공이라는 큰 틀 속에서 유지되고 있다.

연공구조가 가진 가장 큰 문제는 성과나 역량을 충분히 반영하지 못한다는 점이다. 경험과 연공이 곧 성과나 역량과 정비례하던 시대는 지났다. 개인적인 특성과 공정성을 중시하는 환경을 고려하면 연공을 기준으로 보상을 하는 것이 이상해 보일 수 있다. 연차가 낮은 사람도 소위 이연보상(deferred salary)으로 참고 기다리면 연차가 쌓여 나중에 더 많은 보상을 받을 수 있다고 말할 수 있다. 그러나 평생직장 개념이 없어진 환경에는 수용되지 않을 공산이 크다. 좋은 기업문화를 만들어가기 위해 변화가 필요한 대목이다.

현장에서 보상제도에 대해 의문을 제기하는 경우가 종종 있다. 그러나 기존제도의 관성이 강하고, 집단주의 문화로 변화에 대한 저항이 강하다. 연공을 제외한 공정하고 납득할 만한 객관적 기준을 만들어내지 못한 것일 수 있다. 메리토크라시(meritocracy), 즉 능력주의를 지향하지만 기준에 대한 타협과 합의가 어렵다. 하지만 변화가 필요하다. 성과를 기준으로 하는 것은 물론이지만 근간을 이루는 연공형 보상 틀을 직무와 역량 중심으로 전환해야 한다. 개별 직무가 어려우면 단위가 넓은 직군부터 시작할 수도 있다. 또는 기술이나 환경의 변화로 새롭게 부각되는 직무와 전문성을 가진 조직이나 개인부터 담아낼 수 있어야 한다.

또 하나의 원인은 복잡하게 얽힌 인력관리 제도의 특징이다. 보상을 연공중심에서 벗어나게 하려면 직무의 구분이 명확해야 하고, 직무가치에 대한 평가가 선행되어야 한다. 그러나 분석이 되어 있는 경우는 많지 않다. 더 중요한 점은 일하는 방식이 그렇지가 않다. 담당업무가 그야말로 유연하게 분배된다. 이동할 때도 역량과 직무가치가 우선하지 않는다. 역량과 직무경험을 고려하기는 하지만 보상이나 처우가 다르지 않고 자격요건이나 직무특성 등을 엄밀하게 따지는 기준도 없다. 게다가 복잡하게 얽힌 제도 간 어려움도 있다. 아마 고구마 줄기처럼 많을 것이다. 그러나 엄두를 내지 못하고 복잡하고 어려운 것이라고 귀인하는 점이 더 문제이다. '나아가야 할 방향이 맞으나, 지금은 아닌 것 같다(That's the right direction, but not in my generation)'는 전형적인 반응이다.

한양대 유규창, 이혜정 교수가 주장하는 속인주의와 직무주의의 차이에 귀를 기울일 필요가 있다. 전통적인 연공서열형 속인주의 인사관리는 적재적소라고 말한다. 즉 적재(적합한 인재를 찾아서) 적소(어디에 배치할 것인지 판단)이다. 반면 직무주의는 적소(필요한 일이 무엇인지 분석한 후) 적재(그 일에 적합한 사람을 찾는다)로 이루어진다. 두 교수는 한국 사회에 만연한 문제의 원인이 '사람이 자리를 만든다'는 관념에서 비롯되었다고 지적한다. 이는 고도 성장기 패스트 팔로워(fast follower) 전략이 양산한 제도이다. 스펙을 따지고 관계를 중시하는 문화가 사회를 지배하게 되었으며, 사람에 대한 리더의 호불호와 친소관계가 중요해진다.

이제 한국 사회와 기업이 선진문화로 도약하기 위해서는 직무중심으로 바뀌어야 한다고 주장한다. 중요한 것은 일의 가치와 역량에 비례하는 보상이 이루어져야 공정하다는 것이다. 직무가 가진 성과에 대한 중요도와 기여도를 기준으로 직무가치를 결정한다. 배치는 직무에 필요한 역량을 갖추고 있는지가 기준이 되어야 한다. 물론 직무주의의 경우에도 연공에 의한 숙련도를 무시하지는 않는다. 그에 상응하는 보상도 이루어진다. 그러나 일률적으로 계속 상승하는 구조는 아니다. 가치가 높은 직무로 이동하거나 승진하지 않는 한 한도(ceiling)가 존재한다. 어느 것이 더 중요하고 우선하는 기준인가 하는 점이 다르다. 우리의 발전 방향을 고민할 때 참고할 필요가 있다.

최근 몇몇 기업들은 직무급으로 전환을 시도하고 있다. 분명히 저항이 있고 어려움이 클 것이다. 그러나 바람직한 방향이고 그렇게 변화해 가야 한다. 일하는 문화로 기업문화를 바꾸겠다는 강력한 의지가 절대적으로 중요하다. 급여를 삭감할 수 없기 때문에 과도기에는 일시적인 인건비 상승을 초래할 수도 있다. 그러나 장기적으로 일하는 문화, 성과와 역량 중심의 문화로 변화가 가능하게 될 것이다.

보상을 중심으로 논하고 있지만 우리의 인력관리 시스템이 서구식 직무주의로 바뀌어야 한다고 주장하는 것은 아니다. 직무주의가 가진 경직성과 단점이 분명히 존재하고 우리 문화에 그대로 맞지 않는다는 점도 명확하다. 서구식 직무주의가 사람중심의 인력관리로 전환하는 추세도 있다. 우리 기업들은 우리의 독특한 사람관리 방식을 통해 경쟁력을 확보하고 성장해 왔다. 공동체 가치를 존중하고, 조직 구성원 간 강력한 유대관계, 조직에 헌신과 협업 등 한국 문화특성이 강점으로 작용해 왔다. 이러한 장점에 더해서 글로벌 확장, 시대적인 가치관 변화, 급격한 기술과 역량 발달 등을 고려하여 보상을 포함한 인력관리 전반의 패러다임을 고민해 볼 필요가 있다. 직무나 연공, 어느 한 방향이 아니라 둘 모두의 장점을 극대화하는 창의적인 융복합을 고민할 시점이 되었다는 것이다. 우리에게는 이를 위한 경험과 통찰력이 충분히 축적되어 있다.

전사차원의 정책을 수립하고 제도를 설계하는 경영층과 담당 조직만의 이슈가 아니다. 앞서 살펴보았듯 결국 제도운영의 융통성과 효율성은 리더에게 달려 있다. 평가와 보상의 바탕에 있는 기본적인 가정과 원칙에 대한 문제점과 이슈를 인식하는 것이 중요하다. 이를 토대로 경영철학과 전사방향에 연계하되 조직 성과관리에 대한 자율성을 스스로 확보하는 것이 출발이 될 것이다.

3. 성과급: 제도를 넘어 수용과 공감으로

보상과 관련되어 또 하나 짚고 넘어가야 할 숙제가 있다. 매년 말이나 연초가 되면 이슈가 되는 것 중 하나가 인센티브 보너스 즉 성과급이다. 연례행사처럼 언론들은 추측성 기사를 내고 기업 간 비교를 한다. 제도 시행 자체가 어려운 기업들에게는 부러움의 대상이자 박탈감을 느끼게 한다. 대기업들도 막상 속내를 보면 그렇게 부러워할 대상만은 아닌 것처럼 보인다. 조용하게 넘어가는 경우가 거의 없어 보인다. 성과급 규모와 산정 기준을 두고 기업 간 규모비교 등을 중심으로 논란이 계속된다. 무엇을 기대하는 것이고, 무엇이 문제로 부각되는 것일까? 이는 기업문화만의 문제가 아니고 사회적인 이슈가 된다.

특히 성과급은 CEO나 인력관리 등 관련 조직이 아니면 다소 먼 이야기처럼 들릴 수도 있다. 그러나 조직문화를 직간접으로 만들어가는 위치에 있는 리더는 성과급에 대한 이해와 스스로의 관점이 필요하다. 성과급 본래의 목적을 달성하고 바람직한 방향으로 발전해 나가기 위해서는 구성원 모두의 집단지성을 발휘할 수 있어야 한다. 그런 의미에서 관련 내용과 이슈를 짚어보도록 하자.

성과급은 성과에 따라 보상이 달라지는 변동급을 말한다. 성과주의 관점에서 연봉제와 더불어 시행되고 있는 제도이다. 성과 배분제(Gain Sharing), 이익 공유제(Profit Sharing), 스팟 어워드(Spot Award), 생산성 장려금(Productivity Incentive), 경영목표 달성 성과급(Target Incentive), 주식매수 선택권(Stock Option) 등 다양하지만 모두 성과급이다. 기업에 따라 성과급의 종류, 구성 등 다소간의 차이가 있을 수 있으나 이슈가 되는 것은 주로 집단 성과급의 성격을 지닌 이익공유제(PS, Profit Sharing)이다. 따라서 PS를 중심으로 살펴보기로 하자.

집단 성과급의 기본개념은 초과성과를 달성하면 내부유보나 신규투자, 주주 등 이해관계자에 대한 배분 이외에 노력을 함께 한 구성원과 일정비율로 이익을 공유한다는 개념이다. 원래 성과급은 프레드릭 테일러의 과학적 관리법의 근간을 이루는 내용이다. 태업에 관심이 있었던 테일러는 생산성을 올리기 위한 방법으로 초과 생산에 대한 일정 비율로 성과급을 지급하는 것을 골자로 한 과학적 관리법을 제안하였다. 테일러의 성과급은 개인별 성과급제라 할 수 있지만 현재 성과급의 기본 원리를 이룬다.

우리나라는 2000년대 초 집단 성과급을 제도로 도입하면서 시작되었다. 그 전에도 특별 상여금이라고 있었다. 그러나 일정한 기준이나 배분방식, 정해진 계획(scheme)이 없이 인위적으로 결정되었다. 그러다가 목표를 설정하고 성과달성을 독려하기 위하여 보상의 기대치를 사전에 제시한다는 의미에서 도입되었다. 보상의 가시성(line of sight)이라고 한다. 노력-성과-보상-노력으로 이어지는 선순환을 가정한다. 주로 연 단위로 매년 또는 기간별 초과성과의 일정 부분(pot)을 전체 구성원이 공유하는 개념이다.

성과 기준으로는 경제적 부가가치인 EVA(Economic Value Added)를 주로 사용하였다. 2000년대 초반 미국을 중심으로 주주자본주의가 강조되고 그 지표 중 하나로 제시된 기준이 EVA다. EVA는 간단히 말하면 주주가 투자한 자본에 대한 기대수익이 통상적인 이자소득 등의 수준보다 높아야 한다는 것이다. 예를 들어 주주가 안전한 은행에 돈을 예치하여 얻는 수익보다 투자위험을 부담한 대가에 상응하는 초과수익을 거둘 수 있어야 하는 것을 말한다. 이를 적용하여 목표 이상으로 창출된 EVA의 일정비율을 성과급으로 공유하는 제도로 설계·운영하게 된다. 물론 기업에 따라 EVA 이외에 지표를 활용하는 경우도 없진 않았으나 기본적인 가정은 같다고 할 수 있다.

의도는 구성원과 회사에 모두 바람직한 결과를 가져온다는 것이다. 회사에 대한 소속감은 물론이고, 우수 인력유치와 장기근속 유도, 동기부여 등 다양한 효과를 기대할 수 있다는 가정이다. 실제로 지난 20여 년이 넘는 기간 동안 그런 역할을 해온 점을 부인할 수 없다.

성과달성에 대한 동기부여 이외에 부수적인 기대효과도 있었다. 총보상의 규모를 크게 가져가면서도 보상의 유연성을 확보할 수 있다. 연봉은 고정급이면서 동시에 생활급 성격을 갖고 있다. 고정급 중심으로 보상을 운영하면 인원 규모가 줄지 않는 한, 연공구조로 인해 총 인건비는 지속적으로 늘어날 수밖에 없다. 회사가 어려워지면 인건비가 부담이 되고 심하면 인력 구조조정을 해야 한다. 생활급 성격인 연봉을 삭감하는 것은 거의 불가능하기 때문이다. 이에 대한 해결책의 하나로 성과와 연계된 변동비 성격의 보상을 운용하면 인건비를 유연하게 운영할 수 있다는 장점이 있다. 성과가 좋아 지급여력이 충분할 때는 보상 크기 증대가 가능하다. 경영이 어려워지면 연봉은 유지하면서 변동급 규모를 줄이는 방법이 가능하다. 즉, 총 보상을 유연하게 유지하면서 운영이 가능한 제도인 것이다.

집단 성과급은 연대의식, 집단 전체의 조화와 연공을 중시하는 한국형 기업문화에 어느 정도 부합하는 보상 제도로 여겨졌다. 그러나 시대가 흐르고 환경이 변함에 따라 일부 부작용들이 부각되는 현상도 나타나기 시작한 것이다. 그렇다면 무엇이 문제일까?

첫째, 성과급 규모에 대한 심리적 기대치를 관리하는 것이 쉽지 않다. 지속적으로 일정 규모의 초과 성과를 창출하는 경우에는 성과급을 안정적으로 지급하는 것이 가능하다. 그러나 환경이나 업종에 따라 호황과 불황이 예민하게 변하는 경우는 달라진다. 특히 최근처럼 경기의 변동이 심하고 예측이 불가능한 경우, 매년 안정적 규모의 성과 달성은 기대하기 어렵다. 한마디로 성과급도 변동 폭이 심해진다. 많이 받다가 조금이라도 줄어들면 심리적 상실감은 더 커진다. 손실혐오(loss aversion)의 심리적 기제가 작동한다. 사람은 얻는 것보다 가진 것을 잃어버리는 것에 대한 두려움과 상실감이 훨씬 크다.

직업관이나 가치관도 변화하고 있다. 과거에는 장기근속과 평생직장 개념이 강했다. 성과가 업다운이 있더라도 기다리면 좋은 시절도 온다. 그것이 기존의 사고방식이었다. 그러나 최근에는 기다리면 더 큰 보상이 실현될 것이라고 기대하지 않는다. 게다가 일정 규모로 성과급이 한동안 지속되면 심리적으로 고정급화된다. 더 이상 변동급이 아닌 당연히 지급되는 고정급 성격의 생활급이 된다. 기대수준도 계속 올라가게 된다. 고정급을 보완하는 기능을 못 하는 것에 그치는 것이 아니다. 결국에는 심리적인 상실감과 열등감, 투명성과 공정성 이슈로 부각된다. 동시에 같은 업종이나 다른 회사와 비교를 한다. 비교가 나쁜 것도 아니고 본능적인 사고에 가깝다. 그러나 합리적인 제도의 설계와 운영취지가 무색해진다. 경쟁회사의 보상 규모가 더 커지면 상대 비교로 박탈감이 더 커진다. 이런 문제를 극복하기 위해서는 호황기에 초과분을 이연하고 불황기에도 보상규모를 비슷한 수준으로 유지하는 방법밖에 현실적으로 없다. 그러나 이는 심리적으로 쉽게 받아들여지지 않는다. 이렇게 되면 성과급 제도의 본래 취지 자체는 모두 사라지고 더 받겠다는 측과 안 된다는 측의 이상한 갈등으로 전개되어 기대했던 효과가 무색해진다.

둘째, 공정하지 못하다고 여겨지는 나눠먹기식 제도라는 인식이 있을 수 있다. 성과급은 전체 성과(profit)를 구성원 전체가 가급적 공평하게 공유(share)하는 것이다. 공평하다고 공정한 것은 아닐 수 있다. 공정이 중요한 가치로 부각된 현대사회에는 납득하기 어려운 방식일 수 있다. 역량도 떨어지고 성과 기여가 크지 않은 것 같은 저성과자도 큰 규모의 보상을 가져간다. 무임승차로 보이는 것이다. 또 고성과 조직이나 저성과 조직이나 보상 규모의 큰 차이가 없다. 불공정해 보인다. 물론 조직이나 사업부 성과를 반영하여 차등하기도 한다. 그러나 전사 성과를 기준으로 하고, 결과적으로 흑자 사업부가 적자 사업을 지탱한다는 것을 공정하다고 받아들이지 못한다.

셋째, 앞에서 언급한 연봉제 문제가 성과급에도 그대로 적용된다. 성과급의 개인별 지급기준은 연봉을 기준으로 한다. 연봉제지만 근간은 연공이다. 따라서 개인별 성과나 역량을 반영한다고 해도 연공의 기본 틀을 벗어나는 것은 어렵다. 연차가 낮은 사람이 좋은 평가를 받아도 고연차 저성과자보다 성과급 규모가 작을 수도 있는 구조다. 이를 보완하기 위해 직위나 연차를 넓게 묶어 동일한 지급 기준을 적용하는 소위 브로드 밴드(Broad Band)를 도입, 적용하기도 한다. 근본적인 해결책은 아니지만 하나의 대안일 수는 있다.

마지막으로, EVA는 주주가치 경영이라는 점에서는 설득력이 있는 기준이다. 그러나 구성원을 대상으로 설명이 쉽지 않고 기준이 불투명해 보일 수 있다. 특히 가중평균 자본비용(WACC: Weight Average of Capital Cost, 부채와 자기자본에 대한 비용. 부채비율은 통상 시장 이자율, 자기자본은 주주의 기대 수익률을 말한다. 이 둘을 가중 평균한다)이 증가하면 EVA는 줄어든다. 자기자본의 기대수익율 등 자본비용에 대해 자의적인 판단과 조작이 가능하다는 오해 섞인 인식이 강해질 수밖에 없고 투명성 이슈로 부각된다.

가시성(line of sight)이란 구성원의 노력과 헌신이 성과로 연계되어 보여지는가 하는 질문이다. 전략과 연계되면서도 좀 더 가시적인 성과 지표에 대해 추가적인 고민이 필요하다. 최근 많은 기업들은 직관적이고 이해가 쉬운 영업이익, 세전 이익, 경상이익, EBITDA, 기업가치 등 다양한 성과 지표를 활용하는 추세로 바뀌고 있다. 지급 수단도 현금만이 아니라 주식 등 다양한 방식으로 혼합하는 추세이다. 바람직한 변화방향이라고 생각한다.

이외에도 성과급의 종류와 구성(보상 Mix), 규모, 지급 수단 등 다양한 방안이 있을 수 있다. 다만, 좀 더 본질적인 질문은 성과급 본연의 목적 달성에 관한 것이다. 2000년대 초부터 시작하여 20년을 넘게 운영해 오면서 총보상에서 성과급이 차지하는 비중이 지속적으로 증가해 온 점도 부담이다. 보상 수준에 대한 심리적인 기대치의 상승과 끊임없는 비교는 제도의 공정성 이슈로 번진다. 언론 보도만이 아니고 기업 간 좋은 인재 확보를 위한 경쟁의 수단이 되기도 한다. 심리적 기대치가 상향되고 관리하기가 어려워지는 이유 중 하나일 것이다. 기업은 환경변화에 따라 다양한 노력을 기울이며 많은 발전을 이루어 왔다. 그럼에도 회사의 성장과 구성원 동기부여의 선순환을 위한 지속적인 고민이 필요하다.

> 아무리 좋은 기업문화를 만들고, 함께하는 가족 같은 전통을 축적해 왔더라도 단 한 번에 신뢰가 무너지고 기업문화가 손상되는 경우도 생길 수 있다. 전략과 지향하는 기업문화에 도움이 되는 방향인지, 집단지성이 필요한 시점이다.

많은 것들이 변했다. 환경도, 구성원의 가치관도, 성과와 보상을 바라보는 기준도 달라졌다. 따라서 근본적인 가정에 질문을 던질 필요가 있다. 연공과 집단주의는 직무 전문성과 개인 역량을 중시하는 분위기로 변해가고 있다. 구성원도 시장가치가 있는 역량을 보유하는 것에 중요한 가치를 두고 있다. 성장 가능성을 더 중시하는 것이다. 성과급만이 아니라 앞서 언급한 보상의 원칙과 철학에 대한 보다 근본적인 질문이 필요한 이유다. 그중에서도 특히 성과급은 집단적 성격을 가진 획일화된 방식을 그대로 계속 유지할 것인지 생각해 봐야 한다.

획일적으로 적용되는 기준과 비중을 줄여가면서 사업, 조직, 개인 단위로 차등을 두고, 점진적으로 확대해 나가야 한다. 전략적으로 중요한 기능이나 신규사업과 같은 혁신조직, 고도의 전문성이 요구되는 조직 등에는 별도의 보상체계를 적용하는 시도도 필요하다. 성과급만이 아니라 보상체계를 전문성, 조직의 미션과 특성 등을 반영하여 차별화를 고민해 봐야 한다. 이 과정에서 단위조직 리더의 자율성과 셀프디자인이 가능한 재량의 범위가 커져가야 한다.

글로벌 기업들은 우수한 역량과 전문성에 대해서는 차별적이면서 파격적인 보상으로 시작한다. 집단 성과급을 시행하는 기업도 20% 내외 정도로 많지 않은 것으로 알려져 있다. 전체 보상에서 집단 성과급이 차지하는 비중도 연봉의 10% 정도로 크지 않고, 개인성과 또는 직무에 따른 차등 비중이 더 크다. 우리도 IT기업 등 전문적인 업종이나 벤처 등 비교적 신생기업의 경우는 처음부터 이러한 측면을 고려하여 시작한 경우가 많다. 전체 회사에 공통적인 기준도 있지만 획일적이기보다 조직이나 개인에 따라 다양한 기준과 지급수단이나 방식을 활용한다. 성과의 기준은 장·단기가 동시에 포함된다. 지급 방식도 연 단위나 일회성만이 아니라 수시, 분기, 일정 기간 경과 후 지급 옵션 등의 방법 등을 혼용한다. 현금만이 아니라 주식이나 미래가치가 있는 수단도 택하고 있다. 문화와 환경이 다르고 성장과정과 업이 다르기 때문에 같을 수는 없다. 시장 환경과 인력 이동이 자유로운 측면 등을 고려한 리텐션

(retention) 목적도 크게 작용한다. 그럼에도 성과 달성을 촉진하고 역량이 탁월한 인재를 발굴하고 육성한다는 관점은 같다. 여러 가지 어려움을 극복해 오며 많은 발전을 이루어온 것이 사실이나 근간에는 집단 형평성 중시가 암묵적으로 자리하고 있다는 것을 부인할 수 없다. 동일한 수준과 모두 비슷한 것이 형평성은 아니라는 것은 누구나 안다. 공정하지도 않다.

당연하지만 성과급은 근로의 대가로 일정하게 지급되어야 하는 고정급이 아니고 성과의 크기에 따라 변동하는 제도이다. 인위적이 아닌 기준과 원칙을 가지고 있는 시스템이다. 심리적인 상향 기대감만이 아니라 하향 가능성도 늘 존재하는 것이다. 총보상에서 성과급이 차지하는 비중도 전체 보상 제도에 미치는 영향과 의미를 고려할 필요가 있다. 당장 눈앞에 보이는 단기적 보상규모에만 집착하면 지속 가능하지가 않다. 먼저 이것을 모두가 동의하고 수용할 수 있어야 한다. 제도의 대전제이다.

보상제도의 목적과 구성원이 느끼는 효과가 어느 정도 일치할 수 있는가 하는 것도 중요한 관건이 된다. 보상 수준의 문제로 출발하는 듯하지만 결국은 투명성, 공정성, 형평성 이슈로 번진다. 사회적으로 공정성과 투명성의 요구가 커진 것도 무시할 수 없다. 그렇다고 투명성과 공정성 이슈가 없는 완벽한 제도를 설계한다는 것은 어렵다. 기대하는 효과가 무엇인지, 그리고 방법이 맞는지를 고민해 봐야 한다.

투명성과 공정성 이슈는 대부분 수용과 공감의 문제이다. 충분한 설명과 공유과정이 필요하다. 무엇보다 솔직하고 진정성이 담긴 의사소통이 중요하다. 조금이라도 임의성이 있거나 비밀이 있다고 느끼면 제도가 도전을 받는다. 연말에 성과 달성 여부와 성과급 규모 등을 일회성으로 공지하듯 운영하면 보상수준에 대한 온갖 추측성 소문이 돌고 기대감만 높아진다. 한번 높아진 기대감은 손실혐오의 군중심리 상태를 만든다. 사후에 수습될 것이라는 기대는 착각이다.

연중 정기적으로 소통 프로그램을 통해 제도의 운영 원칙과 성과달성 정도를 선제적이고 지속적으로 공유할 필요가 있다. 성과급 규모를 포함하여 예측이 가능하도록 지속적으로 팔로우업하는 것이 바람직하다. 보다 근본적으로는 CEO가 주관하는 전사 소통 프로그램은 물론 단위조직 리더가 중심이 되어 보상 이슈 이전에 성과관리와 일하는 방식에 대한 적극적인 논의와 소통이 선행되어야 한다.

평가와 보상은 가장 영향력이 큰 기업문화 환경조성 요소이다. 쉽게 접근하면 위험하고 장기적으로 예기치 못한 부작용을 초래할 수도 있다. 한 번에 정답을 찾을 수 있는 것이 아니다. 환경변화와 전략에 따라 지속적인 진화·발전의 숙제를 가진 것이 평가와 보상이다. 그동안의 경험과 통찰력을 토대로 진지한 고민과 논의를 지속해 가야 한다. 이 과정에서 무엇보다 중요한 것은 CEO를 포함한 모든 리더가 명확한 원칙과 철학을 가지고 소통을 통해 집단지성을 발휘하는 것이다.

Chapter 12

기업문화 변화 추진:
지속 가능한 혁신을 향하여

문화에 의한 경영의 중요성, 우수한 기업문화의 조건, 문화의 개념과 구성요소, 그리고 방법론까지 살펴보았다. 이 과정에서 다양한 사례와 개념을 통해 어떻게 기업문화를 관리하고 변화해 가야 하는지도 포함하여 다루었다. 개념과 구성요소를 중심으로 하는 설명의 특성상 변화추진 관점에서 내용을 파악하기는 쉽지 않았을 것이라고 생각된다. 기업문화 변화 추진 프로세스와 방법을 중심으로 다시 한번 내용을 마무리하면서 정리하고자 한다. 내용의 성격상 지금까지 설명한 내용이 불가피하게 중복하여 포함될 수밖에 없다는 점은 이해를 구한다.

1. 저항을 넘어 성공으로

변화관리는 쉽지 않다. 특히 기업문화와 관련된 변화 추진은 실패율이 높다. 에이켄(Aiken) 등은 변화 프로그램의 약 30% 정도만이 성공했다고 말한다. M&A가 실패하는 이유도 잘못된 가치평가, 전략의 불일치 등 전략적인 요인도 있지만 인수 후 통합 과정인 PMI(Post Merging Integration)에서 실패하는 것이 중요한 요인으로 꼽힌다. 특히 인사조직 문제, 조직문화의 통합 실패가 대표적이다. 이는 그만큼 문화의 중요성을 간과하기 때문에 나타나는 현상이라는 것을 반증한다. 성공적인 변화나 이문화 간 통합을 위해 문화에 대한 관심과 노력이 요구된다. 병에 걸려 약을 먹거나 수술을 해야 하는데 치료 확률이 30% 정도라면 무슨 생각이 들까? 원인이 무엇이고, 어떻게 접근해야 하는지 고민이 필요한 대목이다.

왜 실패하는 것일까? 크게 심리적인 요인과 구조적인 요인으로 구분해 볼 수 있다. 심리적인 요인은 조직과 구성원의 변화에 대한 저항심리를 고려하지 못하기 때문이다. 구조적인 요인은 기업문화에 대한 체계적인 이해 부족과 이로 인한 성급하고 단순한 변화 시도 때문이라고 할 수 있다.

첫째, 심리적 요인으로 대표적인 것이 인지부조화(cognitive dissonance)다. 미국의 사회심리학자 레온 페스팅거(Leon Festinger)가 제안한 이론으로 태도와 행동이 불일치할 때 심리적 불편함을 느끼고 이를 해소하기 위해 노력하는 것을 말한다. 여우와 신 포도 우화나 흡연이 스트레스 해소에 도움이 된다고 생각하는 것 같은 자기 합리화가 인지부조화를 해소하려는 반응의 대표적인 예이다. 특히 평소의 태도나 신념과 일치하지 않는 행동을 하고 나면, 심리적 불편을 해소하기 위해 노력한다. 이미 저질러진 행동은 외부로 표출되어 바꿀 수가 없으므로 자신의 태도나 생각을 바꾸어 합리화하는 것이 심리적으로 더 편안하다. 한국전쟁 당시 중공군이 미군 포로를 공산주의로 전향하기 위해 사용한 심리전도 인지부조화를 활용한 것이다. 공산당을 찬양하고 미국을 비판하는 글을 쓰거나 발표하면 포상을 제공했고, 이러한 행동을 반복한 결과 일부 포로들은 미국으로 송환을 거부하는 사태까지 이르는 세뇌의 과정을 보여준다. 이미 저질러진 행동을 합리화하는 쪽으로 태도와 생각을 바꾸는 것이다.

변화 요구에 직면하면 새로운 반응을 보이기보다 무시하고 지나가기를 기다리는 현상이 나타날 수 있다. 또는 새로운 문화가 적절하지 않다고 다양한 이유와 근거를 제시하며 반발하는 경향으로 나타날 수도 있다. 포기하고 침묵하거나, 속으로 수용하지 않으면서 겉으로만 그런 척을 할 수도 있다. 문화변화에 대한 시도는 인지부조화를 어쩔 수 없다고 받아들이거나 피하는 것이 아니라 자연스러운 반응이라고 생각하고 행동을 통한 실패의 두려움을 줄이고 새로운 방식이 수용될 수 있도록 노력하는 과정이라고 생각해야 한다. 이는 문화의 변화를 위해서는 기대하는 행동으로 실천이 용이해야 한다는 것을 시사한다. 특히 스스로와 자발성에 근거하여 작지만 나아가고 있다는 성공경험을 많이 하면 생각과 태도의 변화가 일어나기 쉽다. 억지로 타의에 의한 행동은 원인을 외부로 귀인하면 그만이기 때문에 태도변화가 나타나지 않는다. '사람들은 변화를 싫어하는 것이 아니라 변화를 당하는 것을 싫어 한다'는 피터 센게(Peter Senge)의 말을 기억할 필요가 있다.

   에드거 쉐인도 변화를 위해서는 학습과 변화에 관한 일반적인 이론을 이해할 필요가 있다고 말한다. 사람은 감정과 인지의 평형상태를 유지하고자 한다. 새로운 외부 자극이나 정보를 접하고 변화의 요구에 직면하면 평형상태의 변화가 온다. 새로운 정보나 자극은 기존의 인지와 불일치하는 것을 말한다. 특히 조직에서 불일치를 경험하면 무시하면 안 될 것 같은 느낌 혹은 변화하지 않으면 안 될 것 같은 죄의식과 불안감을 느낀다. 이를 생존불안(survival anxiety)이라고 한다. 동시에 변화하고자 하는 의지는 있지만 학습이 어려울 것 같거나 새로운 신념이나 가치관을 수용하기 어렵다고 느낄 수 있다. 이것을 학습불안(learning anxiety)이라고 부른다. 학습불안은 다양한 형태의 심리적 장애로 나타난다. 권력이나 지위상실 두려움, 새로운 것 시도에 따른 일시적 무능력감, 처벌에 대한 두려움, 정체성 상실 우려, 집단으로부터의 따돌림 등의 형태를 띤다.

변화를 위해서는 생존불안이 학습불안보다 커야 하고, 당연히 생존불안을 키우기보다는 학습불안을 줄이는 것이 바람직하다. 학습불안을 줄이려면 학습과정에서 심리적 안전감이 있어야 한다(앞서 조직 활성화 미팅에서 말한 심리적 안전감과는 다른 맥락의 개념이다). 심리적 안전감을 키우기 위해서는 개인이 아니라 조직 차원의 접근에 집중하고, 역할 모델이나 행동 예시를 제시해 주어야 하며, 변화 방향과 연계된 구조와 시스템이 있어야 한다고 강조한다. 문화의 변화를 위한 시사점을 제공하고 있다. 다시 한번 행동 중심적이고 관찰가능한 실천모습 제시의 중요성을 일깨운다.

둘째, 구조적 요인으로 변화를 너무 가볍게 생각하거나 문화에 대한 입체적인 이해의 부족을 들 수 있다. 대표적인 것이 CEO나 경영층이 느끼는 변화의 필요성을 구성원에게 몇 가지 메시지로 제시하면 행동의 변화가 있으리라 기대하는 것이다.

> 경쟁사에 뒤처지는 이유는 책임을 회피하는 문화, 위험을 감수하지 않으려는 안이한 자세 때문이다. 조직에 기강이 필요하다. 출퇴근 시간, 복장과 근무태도부터 바꿔야 하고 안이한 사고방식을 일신할 때다… 등.

흔히 접하는 메시지다. 구성원들이 액면 그대로 받아들이고 행동할 것이라고 기대하는 것부터 착각이다. 경영층의 잘못을 구성원 탓으로 돌린다고 느낄 가능성이 더 크다. 구성원의 참여와 이해 그리고 공감이 없으면 오히려 위축되고 변화는 일어나지 않는다. 겉으로 보이는 단기적인 행동은 변화가 있을 것이다. 처벌에 대한 두려움과 복종의 분위기 속에서 새롭게 요구되는 일하는 방식을 따르긴 할 것이다. 그러나 새로운 행동이 구성원 자신의 이미지로 내재화되지 않으면 진정한 학습과 변화는 어렵다.

변화를 위한 메시지가 시의적절하고 설득력이 있다 해도 바로 행동 변화로 일어날 것이라는 기대는 섣부르다. 원하는 기업문화의 모습을 막연한 추상적인 개념이 아니라 명확한 행동으로 제시해야 한다. 탑다운으로 제시만 하고 구체적인 행동모습이 그려지지 않으면 안 된다. 변화의 궁극적인 모습은 행동변화이다. 핵심가치보다 내부의 일하는 절차, 정책, 제도, 시스템 등이 행동에 더 가깝고 영향력이 크다. 제시한 경영철학과 핵심가치에 맞는 방향으로 기업문화 환경조성 내용의 변화가 일어나야 한다. 다시 말해 문화의 구성요소 간 일관성이 있어야 행동변화로 나타난다.

또 하나 조직 내에 존재하는 하위문화에 대한 이해다. 흔히 최고 경영층이 메시지를 던지면 모든 조직에 일사불란하게 적용될 것이라고 생각하는 것은 착각이다. 기업의 역사가 오래되고 규모가 커지면 조직 단위 문화는 자연스럽게 만들어진다. 엔지니어 문화, 스탭 조직문화처럼 기능별 문화도 있지만 계층이나 직위에 따른 하위문화도 있을 수 있다. 마치 러시안 인형처럼 상자 속의 상자인 것이다. 자연스러운 현상이지만 회사 전체 문화와 연계성이 떨어지면 심각한 문제가 될 수 있다.

회사 전체에 대한 소속감이나 자부심보다 해당조직 구성원 간 응집력이 더 큰 경우는 변화에 저항할 수 있다. 규모가 크거나 역사가 오래된 기업에는 흔하게 나타날 수 있다. 문화의 변화를 시도할 때는 개개인에 집중하기 보다는 집단이나 조직을 대상으로 접근하는 것이 더 효과적이다. 개인은 집단으로 돌아가면 집단의 압력에 쉽게 굴복한다. 학습의 전이가 어려운 이유이다. 전체 구성원에 대한 확산과 지속적인 소통도 중요하지만 리더에 대해 지속적이고 반복적인 교육이 필요하다. 경영철학의 공유와 실천을 주제로 한 조직 활성화 미팅이 매우 효과적인 방법인 이유이다.

문화의 변화는 많은 시간이 걸린다. 맞는 말이지만 꼭 그렇지 않을 수도 있다. 리더에 대한 지속적인 관심과 투자, 끊임없는 교육과 소통, 명확한 원칙과 행동기준 제시, 잘된 사례의 발굴과 포상, 제도와 시스템 연계 등 다양한 변화추진의 방법을 활용하면 얼마든지 단축시킬 수 있다. 특히 가장 중요한 것은 경영층의 지속적인 관심과 더불어 변화추진을 위해 더 많은 시간을 소통과 현장 리더 지원에 투입해야 한다. 마이크로소프트의 사티아 나델라는 CEO의 'C'가 'Culture'의 약자라고 한다. 과거 GE의 경영혁신으로 유명한 잭 웰치는 최소 30% 이상의 시간을 인재육성과 변화관리에 투자했다고 입버릇처럼 말했다. 오래된 사례지만 울림이 있다. 사람과 문화에 리더와 경영층이 얼마나 시간을 투자하고 있을까?

2. 성공적인 문화 변화를 위한 단계별 실천 가이드

　변화관리의 가장 전통적인 프레임은 독일의 심리학자 쿠르트 레빈(Kurt Lewin)의 3단계 변화모형이다. 레빈의 변화 모델은 변화관리 프로세스를 가장 간단하면서도 효과적으로 설명하고 있다. 이후에 세상에 널리 알려지고 활용되는 변화관리 프로세스나 이론들은 사실상 레빈의 3단계 모델의 변형에 지나지 않는다고 해도 과언이 아니다. 레빈은 변화의 과정을 해동(Unfreeze), 변화(Change), 재동결(Refreeze)의 단계로 설명하고 있다. 직관적이고 쉽게 이해가 가능한 단계이자 프레임이다. 해동은 변화의 필요성을 인식시키고 기존의 관점이나 사고방식으로 인한 저항을 '녹이는' 과정을 말한다. 위기의식 강조든, 반복적 소통을 통한 필요성 공감이든 가장 어렵지만 중요한 단계이다. 변화는 현재 상태에서 기대하는 상태로 변화를 도입하여 실행하는 단계이다. 재동결은 변화가 안정적으로 효과가 지속될 수 있도록 노력을 기울여 다시 '동결'시키는 것을 말한다.

　3단계 변화 프로세스를 토대로 변화를 시도할 때 필요한 과정과 각 단계별 어떤 활동과 고려사항이 필요한지 살펴보기로 하자. 다음 그림은 3단계 모델을 응용하여 기업문화 변화 프로세스가 선순환을 이루는 것을 이미지로 표현한 것이다.

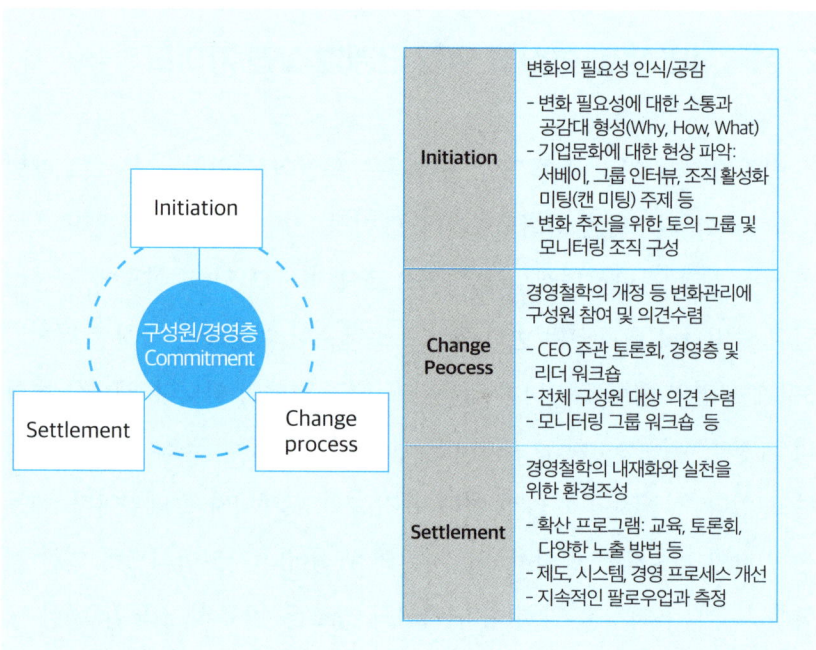

변화의 시작은 환경변화에 따른 경영의 위기, 전략과 사업모델의 변화부터 내부적인 실천과정에서 변화 필요성의 제기까지 다양한 동인이 있을 것이다. 어떤 경우든 경영철학을 비롯한 제도와 시스템, 프로그램 등의 변화를 통해 행동 변화를 요구하게 될 것이다. 이 중에서 경영층을 비롯한 전체 구성원의 역량 집중이 필요한 경우는 경영철학 즉, 기업관 (미션과 비전을 포함)과 핵심가치의 정립과 변화일 것이다. 경영철학의 정립과 개정은 최고 경영층이 직접 제시하는 경우, 외부의 전문가나 컨설팅을 통해 만들어가는 방법, 담당 조직 등에서 초안을 만들어 최고 경영층 피드백을 받아가며 만드는 방법 등 다양할 수 있다. 어떤 형태든 단순한 위기의식 강조만으로는 한계가 있다. 구성원의 참여와 필요성에 대한 공감을 어떻게 확보할 것인가가 가장 중요하다. 그래야 자신의 것으로 수용하고 실천할 수 있는 기반이 만들어진다. 기업관과 핵심가치의 재정립과 수정 보완은 구성원의 신념과 가치관만이 아니라 제반 환경조성 요소의 변화를 수반하게 되므로 회사 전체 프로젝트로 진행될 필요가 있다. 물론 단위조직에도 동일한 원리가 적용되지만 여기서는 이 경우를 가정하고 변화의 과정을 살펴보기로 한다.

- **변화착수(Initiation)**

CEO 및 경영층의 지시 혹은 구성원의 제안이나 건의의 형태든 경영철학의 개정 필요성에 대한 공감대를 토대로 해야 한다. 최고 경영층의 제안에 의해 시작된 경우에도 변화 프로젝트나 과정이 어떤 배경에서 무엇을 기대하며 시작되었는지를 것을 전체 구성원에게 공지하고 시작해야 한다. 흔히 경영 효율화, 느슨한 조직의 쇄신 같은 행동모습을 제시하면서 배경과 필요성은 명확하지 않은 경우가 많다. 잘 알겠지만, 변화의 필요성은 인지부조화와 생존불안, 학습불안을 동반한다는 심리적인 기제를 고려해야 한다. 전략과 행동의 변화를 요구하면서 그 배경에 대한 이해가 없이 성과를 기대하는 것은 성급하다. 변화의 착수를 위해 왜(Why) 변화가 필요한 지를 명확하게 위기의식 혹은 미래의 방향으로 제시해야 한다. 동시에 어떤 과정(How)을 거쳐 무엇(What)을 기대하는지를 명확하게 소통해야 한다.

변화의 필요성에 대한 소통과 공감대 형성과 더불어 변화 착수에는 두 가지 방법이 필요하다. 먼저 평소 기업문화 현황에 대해 지속적이고 정기적으로 파악하고, 그 결과가 공유되고 있어야 한다. 두 번째는 기업문화를 담당하는 정규 조직 이외에 변화과정에서 토론회를 진행할 리더 그룹과 진행과정에서 토론회 내용에 대한 구성원의 의견을 취합하는 모니터링 조직을 구성하는 것이다.

기업문화 현황에 대한 정보의 원천은 크게 세 가지가 있다. 기업문화 서베이, 포커스 그룹 인터뷰(FGI), 단위 조직별 조직 활성화 미팅에서 시사점 도출 등이 일상적으로 이루어지고 있어야 한다. 기업문화 서베이는 최소 1년에 한 번, 정기적으로 전체 구성원을 대상으로 시행할 필요가 있다. 서베이가 가진 여러 가지 한계점이 있지만 경영철학을 비롯한 기업문화에 대한 공감 수준과 문제의식을 파악하는 데 도움이 된다. 서베이에 포함될 내용의 예시는 다음과 같다.

- 기업관, 추구가치(핵심가치)에 대한 이해도, 공감도, 실천 정도
- 환경조성과 기업관, 추구가치와의 일관성과 연계성

특히 평가보상의 기대효과 및 목적달성 여부

리더십 효과성(리더십 진단을 별개로 시행하고 있다면 그 내용을 참고)
- 구성원 행복: 일하는 과정에서의 유능감, 성장감, 관계감에 대한 인식
- 조직구조 및 일하는 방식을 포함한 효과성, 조직 분위기

추가로 환경이나 전략 변화에 따른 시의성이 있는 내용을 포함할 수도 있을 것이다. 서베이 결과는 조직별 혹은 계층별로 포커스 그룹 인터뷰를 통해 추가 분석을 하는 것이 좋다.

토론회 진행 팀은 CEO, 리더 중 대표자, 기업문화 담당조직, 필요 시 외부 전문가를 포함하여 10명 이내로 구성한다. 토의는 CEO가 주관하는 것이 가장 바람직하다. 리더는 고정 참석 보다 번갈아 가면서 참석하는 것도 방법이다. 모니터링 그룹은 변화의 전 과정에서 구성원을 대표하여 의견을 수렴하고 제시하는 역할을 한다. 조직별, 계층별로 샘플링하여 워크숍이나 토의가 가능한 규모로 구성하는 것이 좋다. 너무 많으면 집중력이 떨어질 가능성이 있고 너무 적으면 대표성에 의문이 있을 수 있다. 회사의 구성원 규모에 따라 다르겠지만 최소 30명에서 많아야 100명 이내가 적합하다고 판단된다. 원칙적으로 자발적인 지원을 토대로 해야 참여의식과 동기수준이 제고된다.

- 변화과정(Change Process)

변화추진 과정은 변화가 필요한 경영철학과 기업문화를 만들고 정리

해 가는 과정이다. 기업문화의 구성요소 세 가지를 중심으로 개정 보완할 내용을 정리하고, 구성원의 공감대 확보와 확산방법 도출, 제도와 시스템, 경영 프로세스로 정립 방안 등이 이 단계의 결과물이다. 이 단계에서 핵심적인 고려사항은 내용의 개정과 보완을 주도하는 경영층 및 리더의 토론회도 중요하지만 전체 구성원이 참여를 통해 합의하는 과정이라고 느끼는 것이 필요하다. 내용이 아무리 잘 만들어져도 구성원의 참여와 의견개진 기회가 없으면 '스스로'와 '나의 것'이라는 인식을 갖기가 어렵다. 인지부조화나 심리적 불안감을 극복하는 가장 확실한 방법은 참여의식과 그 과정에서 느끼는 자부심이다. 만장일치나 물리적으로 구성원 하나하나가 모두 참여해야 한다는 것을 말하는 것이 아니다. 최소한 관심이 있으면 누구라도 의견을 개진할 수 있는 창구와 방법이 열려 있고, 구조화된 다양한 방법을 통해 의견을 수렴하는 과정을 포함해야 한다.

경영철학을 개정해 가는 과정은 크게 세 가지 활동으로 구성된다. CEO 주관 토론회는 변화의 범위와 필요성에 따라 토론의 횟수, 기간, 방법 등은 달라질 수 있지만 경험상 경영철학의 개정과 재정립은 최소 1년은 소요된다고 생각해야 한다. 경영층이 변화의 핵심 메시지를 하향식으로 제시하고 행동변화를 시도하는 경우에도 단기간의 변화를 기대하는 것은 우물에서 숭늉을 찾는 격이다. 토론회는 2주에서 3주 간격으로 시행하여 매 토론회 결과의 공유와 의견수렴을 위한 인터벌 기간을 확보하는 것이 좋다. 너무 간격이 멀어지면 집중도가 떨어지고 구성원의 관심을 지속하기도 쉽지 않다. 매 토론회 결과는 전사에 공유하고 구성원은 누구나 관심이 있으면 자유롭게 의견을 개진할 수 있도록 하고 다음 토론에 반영한다.

모니터링 그룹은 진행과정에 따라 각 조직과 계층을 대표하여 의견을 수렴하고 취합하는 활동을 한다. 토론회 결과를 토대로 구조화된 질문형식을 통해 모니터링 그룹의 멤버들이 자신이 담당한 조직의 구성원 의견을 수렴한다. 변화추진 과정에서 중요한 의사결정의 변곡점마다 하루 혹은 반나절 정도의 모니터링 그룹 워크숍을 갖는다. 통상 개정기간을 1년으로 가정하면 2~3개월 단위로 연간 4~5회 정도 시행하는 것이 적절하다. 워크숍에서는 의견취합만이 아니라 평소 경영철학 공유와 확산과정, 실천수준에 대한 논의를 포함하여 개정 이후 팔로우업에 반영될 수 있도록 한다. 추가적으로 고려할 수 있는 또 하나의 방법은 개정 초안이 정리되면 이를 토대로 경영층 세미나 혹은 리더 대상 워크숍을 추가로 시행하여 논의와 합의 과정을 거치는 것은 더욱 바람직하다.

- 정착(Settlement)

경영철학 개정보다 더 중요한 단계가 재동결 곧 경영철학이 구성원의 마인드와 실제 경영활동에 정착되도록 하는 것이다. 일차적인 과제는 다양한 방법을 통해 변화된 내용을 구성원에게 노출하고 자연스럽게 내재화하는 것이다. 변화의 필요성부터 시작하여 주요 변화내용, 그리고 실천방법까지 포함해야 한다. 확산의 방법도 조직 단위 조직 활성화 미팅을 기본으로 직책별 워크숍과 토론회 등을 다양하게 시행할 필요가 있다. 전체 구성원을 대상으로 하는 확산도 있겠지만 더 중요한 것은 리더의 무장이다. 리더는 문화의 접착제이자 역할 모델이고 조직이 투영된 모습이다. 리더는 가장 우선적으로 기업문화의 개념과 구성요소에 대한 이해, 기업문화 요소 간 연계와 일관성에 대한 지식이 필요하다. 리더십의 지혜는 기업문화에 대한 지식을 토대로 한다. 이를 토대로 변화된 내용은 리더가 자신의 목소리로 해석하여 전파하고 강조하는 것이 가장 좋은 방법이다. 공식적인 교육이 아니더라도 리더는 기업문화와 경영철학에 대해서는 사내 강사 수준이 되어야 한다. 앞서 언급한 가족 테스트, 친구 테스트를 기억하기 바란다. 리더의 철학에 대한 무장과 행동이 가장 중요하다. 경영철학의 공유와 전파, 실천 방법에 대한 조직 차원의 논의와 고민 등을 위해 조직 활성화 미팅을 적극 활용하는 것을 권장한다.

모니터링 그룹으로 활동한 구성원들이 사내 강사 혹은 체인지 에이전트(change agent)로 활동하는 것이 바람직하다. 변화의 과정에 깊숙이 참여하고 관여했기 때문에 내용에 대한 이해도만이 아니라 책임감과 자부심도 대단할 것이다. 구성원 대상 워크숍이나 교육 이외에도 다양한 확산방법을 생각해 볼 필요가 있다. 책자, 브로슈어, 액자, 게시물, 경영수첩, ID 카드, PC 화면 보호기까지 노출 방법을 다각도로 활용하는 것이 좋다.

중요한 것은 내용의 정립만이 아니고 실제 행동으로 옮길 수 있도록 구체적이고 세부적인 행동 요령과 기준이 제시되어야 한다. 구성원들이 스스로 구체적인 실천방법과 Dos and Don'ts를 워크숍이나 조직 활성화 미팅 등에서 토의하고 사례를 만들어가는 것도 좋은 방법이다. 계속 강조하는 내용이지만 협업, 혁신, 팀워크, 위기의식, 책임감, 개방성 등은 추상적인 개념이고 희망 사항이지 행동을 말하는 것이 아니다. 어떤 행동을 해야 하고, 기대하지 않는 태도와 행동은 무엇인지를 구체적이고 관찰 가능하게 제시해야 한다. 이 과정에서 구성원들의 참여와 스스로가 중요하다. 구성원들이 워크숍 등에서 토의를 통해 만든 내용을 공유하는 것도 좋은 방법이다.

기업문화 환경조성 요소인 제도와 시스템의 재정립과 보완은 물론이고 경영 프로세스로 접목되어야 한다. 특히 가장 중요한 것이 평가와 보상 제도 등 시스템이다. 새로이 정립된 경영철학과 일하는 방식이나 제도가 일관성이 부족하다면 이를 위한 또 하나의 팔로우업 변화 프로젝트와 프로세스를 진행해야 한다. 이 과정에서 단위조직 리더의 역할이 다시 강조된다. 기업문화 환경조성 요소인 평가와 보상, 일하는 방식 등 시스템을 스스로 디자인하고 실행하면서 문화로 정착시켜 가는 가장 중요한 역할을 담당하는 것은 리더이다.

정착단계로 변화의 과정이 마무리되는 것은 아니다. 기업문화 진화·발전은 자연스럽게 이루어지는 경우보다 다분히 의식적이고 의도적인 활동이 더 많다. 경영환경 변화에 따른 전략과 비즈니스의 실행력을 높이기 위해 항상 진행되어야 하는 과정이라고 생각해야 한다. 이를 위해서는 기업문화 현황에 대한 파악이 지속적으로 다양하게 이루어져야 한다. 측정, 변화추진, 또 측정의 반복이라고 생각해야 한다.

• **구성원과 경영층의 커미트먼트(Commitment)**

　마지막으로 가장 중요한 것은 경영층과 구성원이 시간과 노력을 투입하여 헌신하는 것이다. 최고 경영층은 구성원이자 대표 구성원이다. CEO를 비롯한 경영층이 기업 문화에 대한 관심, 시간과 노력을 투입하는 것은 기업문화가 절대적으로 중요하다는 메시지를 구성원에게 던지는 것이다. 개정을 위한 토론회 진행만이 아니라 CEO부터 경영층이 구성원과 직접 경영현황과 경영철학, 기업문화, 환경조성 등을 주제로 소통하고 토론하는 과정이 많아야 한다. 지나치다 싶을 정도로 시간과 노력을 투입해야 한다. 그렇게 되었을 때 구성원의 자발성과 참여를 기대할 수 있다. 그것이 곧 기업의 응집력이고 실행력을 강하게 만드는 토대가 된다. 구성원 한 사람 한 사람은 자신이 회사를 대표하고 스스로의 행복을 위해 기업을 선택했다는 것을 커미트먼트할 수 있어야 한다. 우수한 기업문화의 가장 중요한 출발이고 전제라고 강조한 점을 다시 한 번 기억하기 바란다.

에필로그

스스로의 선택,
자율과 성과를 아우르는 문화

    이 책에 흐르는 핵심 메시지는 기업문화에 대한 이해가 깊어야 리더십의 지혜를 발휘할 수 있다는 것이다. 이를 위해 기업관, 기업경영의 주체, 행복이라는 핵심개념을 이해하고 무장되어 있어야 한다. 경영철학을 토대로 제도와 시스템을 운영하고 소통을 근간으로 개인과 조직에 대한 리더십을 발휘하는 것이 온전한 모습인 것이다. 왜 이것들이 중요하고 핵심이 되는지를 일의 속성이라는 원론적 관점에서 다시 한번 돌이켜 보자.

    우리는 일을 하면서 만족감과 성취감을 느끼고 자신의 정체성을 확인한다. 하루 대부분의 시간을 일하면서 보낸다. 삶의 가장 중요한 요소

중 하나이다. 그러나 동시에 기회가 되면 일에서 벗어나려 하고 피하려고 한다. 일할 때는 놀러 갈 생각하는 것이 즐겁고, 놀 때는 휴가 끝나고 해야 할 일을 걱정한다. 돈이 많아 경제적으로 아무 문제가 없는 사람도 일은 하고 싶어 한다.

일의 이중성과 역설

일이 가진 이중성이다. 지나치게 많은 근로시간이 이슈가 되고는 한다. 선진국일수록 근로시간이 적은 것도 사실이다. 노동운동이나 정부 정책도 시간을 줄이기 위한 과정이었다 해도 과언이 아니다. 주 52시간이 법제화되면서 제한된 시간 이상은 일을 하지 못한다. 워라밸(Work and Life Balance)은 이제는 상식이다. 정해진 시간에 집중해서 일하고 나머지는 쉬거나 자기개발을 하자는 것이다. 다른 각도에서 보면 일은 괴롭다는 것을 가정하고 있다. 시간만이 아니라 공간도 중요해졌다. 워케이션이라는 신조어가 코로나19를 계기로 일상화되었다. 재택근무, 거점 오피스, 공유 오피스를 넘어 'Work from anywhere'라고 한다. 왜 이런 이중성과 모순이 발생한 것일까?

미하이 칙센트미하이는 '일과 여가의 역설'이라고 말한다. 역사적으로 일의 의미가 변화해 온 과정을 설명하는 것에서 일부 시사점을 얻을 수 있다. 수렵채집 시대에는 사냥과 채집활동은 일이라기보다는 곧 삶

자체였다. 자신과 가족을 위한 것이었고, 다른 누군가를 위한 일은 없었다. 굳이 있다면 공동체를 위한 정도였을 것이다. 축재의 개념도 없었다. 필요한 만큼 필요한 시기에 조달하는 것이 더 중요했을 것이다. 그러다 대략 1만 년 전 농업혁명이 일어났다. 농사를 위해 정착하고 도시가 만들어지고 잉여 농산물 축적이 일어나고, 땅이 중요해지기 시작했다. 자연스럽게 계급사회가 만들어지고, 누군가는 다른 누군가를 위해 노동을 해야 하는 세상이 되었다.

중세에는 기독교적 종교관에 기반한 프로테스탄트적 노동윤리를 제시하며 일은 신에게서 주어진 소명이자 신성한 것이었다. 이때만 해도 노동은 농업과 가내수공업 정도였다. 노동의 대상도 영주나 귀족으로 분명했다. 증기기관이나 전기와 같은 발명으로 시작된 산업혁명은 또 한 번 노동에 큰 변화를 가져왔다. 공장과 도시로 사람들이 모여들어 누군가에게 고용되어 정해진 시간과 장소에서 분업화된 일을 파편적으로 수행하는 시대로 바뀌었다. '노동의 소외'가 시작된 것이다. 중세까지는 남을 위해 일을 해도 자기 스스로 일의 전체적인 과정과 결과를 알 수 있었다. 일의 의미와 통제가 가능했다. 시간도 비교적 자유롭던 시대가 바뀌었다. 철저히 파편화된 기능을, 출퇴근 시간을 지켜가며 일을 하게 되었다. 노동환경은 열악하기 그지없었고 잠자는 시간을 제외하고는 공장에서 일해야 했다. 그 이후로 노동시간과의 치열한 투쟁이 벌어지고 어떻게든 줄이고자 하는 시기가 계속되었다. 일은 괴로운 것이니 짧은 노동시간이 바람직하다는 인식이 굳어졌다.

4차 산업혁명의 시대가 되었다. 기술의 발달은 일하는 방식만이 아니라 직업의 의미도 바꾸고 있다. 인간의 일을 기계가 대체하는 것이 긍정적일 수도 부정적일 수도 있다. 논의는 아직 진행 중이다. 본질적으로 일의 이중성과 모순은 거의 동일하다. 마치 창세기의 아담과 이브가 죄를 저질러 일하지 않고는 먹고살 수가 없는 형벌을 받은 것처럼 된 것 같다. 왜 일은 중요한 의미임과 동시에 피하고자 하는 것이 되었을까?

첫째, 아마도 일의 과정과 결과를 전체적인 관점에서 알기 힘들고 일의 의미가 자신의 것이 아니라는 점일 것이다. 전문적이거나 창조적인 일을 하는 예술가, 과학자, 변호사, 발명가, 개인 사업을 하는 사람들은 일과 자신의 삶이 거의 일치한다. 일하는 목적과 결과에 대한 상정, 시간, 일의 양, 장소 등 선택의 자유와 재량권이 상대적으로 많다. 에디슨은 "난 평생 하루도 일한 적이 없다. 늘 재미있게 놀았다"고 했다. 아인슈타인은 "어떤 분야에서든 성공하고 싶다면 일을 놀이처럼 하고, 놀이를 일처럼 하라"고 말했다. 그러나 대부분의 사람들은 누군가를 위해 일하고 누군가가 정한 시간에 정해진 장소에서 정해진 일을 해야 한다. 일의 성격이 보람을 느끼거나 성장감을 갖게 하는 데 도움이 되지 않는다. 주어진 일, 누군가를 위한 일, 인정받지 못하는 파편적인 느낌 등으로 만족감을 느끼기 어려운 것이다.

둘째, 역사적으로 일은 고달프고 힘든 것으로 인식되어 온 측면이 있었던 듯하다. 우리나라 경우만 보더라도 전통적인 유교문화와 귀족사회에서 양반은 일하지 않고 학문과 정치, 풍류만 즐기면 되었고 일은 하층

민이 하는 것이었다. 우리 근대사도 노동시간을 줄이기 위한 투쟁의 시간이었다. 노동시간을 줄여 여가시간을 더 갖는 것이 행복한 삶의 조건이라는 가정이 있는 것이다. 그럼에도 역설적으로 회사에서 승진하고 사회적 명성을 얻으려면 일하는 시간이나 물리적 투입의 정도가 현실적으로는 중요한 판단기준 중에 하나라는 점도 부인할 수 없다. 이 역시 또 하나의 역설이고 모순이다.

셋째, 객관적으로 지금까지 일하는 환경 자체가 그렇게 우호적이지 않았다. 고용주가 피고용인의 노동환경이나 환경 등을 중시하지 않았던 것도 이유일 것이다. 우리나라도 산업현장 안전문제나 물리적 환경, 복지에 신경을 쓰기 시작한 것은 거의 최근이고 그것도 대부분은 수동적이었다. 중대재해처벌법이 발효된 것도 몇 년 되지 않았다. 물론 지금은 대부분의 물리적 환경도 복지를 근간으로 많이 바뀌었다.

우수한 기업 문화의 조건

지금까지 살펴본 것들은 무엇을 의미하는가? 지금까지 강하고 우수한 기업문화를 다루면서 강조하고 논의한 내용들을 다시 한번 생각해 보자.

첫째, 일이 고통스럽고 지겨운 이유의 대부분은 일이 가진 의미와 나와의 관계가 보이지 않는 것에서 출발한다. 책의 서두에 좋은 문화의 조건으로 구성원이 주체라는 철학적 의미를 제시하면서 시작했다. 경영의 주체와 객체, 경영자와 직원으로 구분되는 것이 아니라 구성원 모두가 기업경영의 주체이자 객체이고, 리더와 구성원은 역할에 따른 구분일 뿐이다. 구성원이 주체가 되어야 스스로에게 일의 의미가 달라진다. 누군가를 위해 일하는 것이 아니라 스스로의 선택에 기초하여 스스로의 행복을 위해서 자신의 일을 회사를 대표하여 하고 있는 것이다. 그것이 구성원이 주체이고 행복을 추구한다는 개념이 내포한 철학적 함의이다. 기업관이 중요한 이유이다.

둘째, 일에 자유와 선택이 있는가 하는 것이다. 그렇게 되어야 일은 나에게 성취감과 성장감을 주는 의미가 있는 것이 된다. 스스로 선택하는 것이 아니라 주어지는 것이면 싫은 것이다. 기업문화 환경조성, 특히 일하는 환경, 일의 의미와 방법 등을 설계하고 만들어갈 때 자율과 선택의 여지가 있도록 해야 한다. 인간의 삶에서 역사적으로 증명된 가장 중요한 행복의 조건이다. 인류의 역사는 어떤 면에서는 자유를 위한 투쟁이었다. 자유와 자율은 다르다. 자유는 억압과 굴레가 없는 주체적인 상태를 말하고 자율은 스스로의 행동을 선택하고 책임을 진다는 의미이다. 자율을 전제로 한 자유를 말한다. 행복은 곧 자발성과 의욕의 또 다른 표현이다. 앞서 기업 문화의 구성 요소 중 추구가치에서 '자발적이고 의욕적인 몰입을 보이는 사람들의 행동 특성'을 기억하자. 상사, 동료 등에 대한 신뢰와 회사에 대한 자부심도 스스로가 아니면 만들어지지 않는다. 스스로의 선택지가 없는 일과 사람 관계가 행복할 리가 없다.

자발성, 스스로는 행복의 가장 기본이 되는 조건이다.

어떤 문화, 조직, 가정, 국가에서 생활하는 것이 더 행복할까? 행복은 다양하지만 공통분모를 추구한다. 기업관과 인생관을 함께하는 가치로 공감하고, 스스로와 자발성이 존중되고 권장되는 것이 너무나 당연한 문화를 만들어갈 수 있어야 한다. 이를 위해서는 리더의 지혜와 실력이 결정적인 영향력을 갖는다. 아는 것이 힘이고 지혜이다. 기업문화는 리더십의 핵심이자 기업을 움직이는 힘이다.

책을 마치며

30년 이상 경력 대부분을 인력관리를 비롯하여 직간접적으로 기업문화와 관련된 업무를 경험했다. 특히 최근 2년간 기업문화, 경영철학과 관련하여 임원과 팀장 등 리더, 때로는 CEO를 비롯한 회사 전체 구성원을 대상으로 50회 넘게 강의와 토의를 진행하는 행운을 얻었다. 기업문화 관련 조직과 리더를 상대로 자문과 컨설팅도 병행해 왔다. 스스로 안다고 착각했던 것들을 새롭게 돌아보고 많은 깨달음과 배움을 얻었던 감사의 기회였다. 급변하고 예측이 불가능한 환경에서 비즈니스 모델과 전략이 하루가 다르게 민첩한 대응을 필요로 한다. 이에 더불어 구성원의 다양성과 조직의 복잡성도 함께 증가해 간다. 리더십의 어려움은 점점 복잡한 수수께끼를 풀어야 하는 것처럼 난이도가 올라간다. 리더들과의 만남을 통해 리더가 개인기를 발휘하여 고군분투하는 것이 안타깝고 한계가 있다는 것을 절감했다. 리더 개인의 자질이나 특성에만 의존하면 기업이 튼튼하기 어렵다는 것을 이 책을 통해 말하고 싶었다.

  복잡하고 어려운 환경일수록 강하고 우수한 기업문화의 중요성은 더 커진다. 결국 응집력과 실행력은 한 방향으로 벡터가 모여야 가능하다. 벡터의 합은 경영철학을 함께하고 강한 신념을 가진 리더와 구성원이 한 방향으로 결집하고 결정한다. 그것이 우수한 시스템을 가지고 이를 통해 문화에 의한 경영을 실현하는 방법이다. 리더는 개인과 조직을 아우르는 리더십을 발휘해야 하고 이를 위해서는 기업문화에 대한 이해를 토대로 해야 한다. 기업문화와 경영철학이 왜 중요하고(Why), 어떻게 구성되어 있으며(How), 무엇을 해야 하는지(What)를 알아가는 디딤돌이었기를 바란다. 훌륭한 리더는 경영철학에 대한 무장과 주체로서 구성원에 대한 믿음을 토대로 한다. 이 책이 훌륭한 리더로 성장하고 또 리더가 될 사람들에게 여정을 함께하는 친구로 동행하기를 희망해 본다.

참고자료(Reference)

국내

- 『SKMS』(1979 초판부터 2020년 14차 개정판까지), SK Inc.
- https://www.sk.co.kr/, SK그룹 홈페이지, SKMS 내용 참고
- 노나카 이쿠지로(2009), 『노나카의 지식경영』, 21세기북스
- 데이비드 브룩스(2024), 『사람을 안다는 것』, 이경식 역, 웅진지식하우스
- 로버트 M. 갈포드, 밥 프리쉬, 캐리 그린(2016), 『회사를 망하게 하는 법』, 이지민 역, 리얼부커스
- 로버트 윌딩거, 마크 슐츠(2023), 『세상에서 가장 긴 행복탐구 보고서』, 박선령 역, 비즈니스북스
- 리처드 니스벳(2004), 『생각의 지도』, 최인철 역, 김영사
- 미하이 칙센트미하이(1999, 2021), 『몰입의 즐거움』, 이희재 역, 해냄
- 사티아 나델라(2018), 『히트 리프레시』, 최윤희 역, 흐름출판
- 신현탁(2021), 'ESG 경영과 진화하는 주주중심주의', 『DBR』, 2021, Oct., Issue 1
- 유현준(2020), 『공간이 만든 공간』, 을유 문화사
- 이욱정·염지선 연출(2008), 〈인사이트 아시아 - 누들로드〉, KBS
- 재레드 다이아몬드(2023), 『총 균 쇠』, 강주헌 역, 김영사
- 존 칠드러스(2020), 『컬처 레버리지』, 신한카드 조직문화팀 역, 예미
- 짐 콜린스(2002), 『좋은 기업을 넘어 위대한 기업으로』, 이무열 역, 김영사
- 짐 콜린스, 제리 포라스(2002), 『성공하는 기업들의 8가지 습관』, 워튼 포럼 역, 김영사
- 팀 마샬(2016), 『지리의 힘』, 김미선 역, 사이
- 프레드릭 테일러(2010), 『프레드릭 테일러 과학적 관리법』, 방영호 역, 오정석 해제, 21세기북스
- 피터 F. 드러커(2006), 『경영의 실제』, 이재규 역, 한국경제신문사
- 현순엽(2023), 『구글은 알지만 우리는 모르는 고성과 리더의 비밀, 원온원』, 파지트

해외

- Aiken, Carolyn and Scott Keller(2009), 「The Emotional Side of Change Management」, McKinsey Quarterly, April, 2009
- Albert Bandura(1997), 『Self-Efficacy: The Exercise of Control』, W.H. Freeman, USA
- Amy Edmondson(2018), 『The Fearless Organization: Creating Psychological Safety in the Workplace for Learning, Innovation, and Growth』, Willey, USA
- Carol S. Dweck(2016), 『Mindset: The New Psychology of Mindset』, Ballantine books, New York, USA
- Chris Argyris(1999), 『On Organizational Learning, 2nd Ed.』, Wiley-Blackwell, New Jersey, USA
- Edgar Schein and Peter Schein(2017), 『Organizational Culture and Leadership, 5th Ed.』, John Wiley & Sons Inc. New Jersey, USA
- Edgar Schein(1985), 『Organizational Culture and Leadership』, Jossey-Bass, San Francisco, USA
- Edgar Schein(1987, 1999), 『Process Consultation: Lessons for Managers and Consultants, Volume II』, Addison-Wesley Longman, Boston, USA
- Edgar Schein(1999, 2009), 『The Corporate Culture Survival Guide』, Jossey-Bass, San Francisco, USA
- Edward L. Deci & Ryan(1985), 『Intrinsic motivation and self-determination in human behavior』, Plenum Press, New York, USA
- Eric Sinoway(2012), 「When to Fire a Top Perfomer who hurts your company culture」, Harvard Business Review, 15, October, 2012
- Hofstede, Geert(1984). 『Culture's Consequences: International Differences in Work-Related Values』, SAGE Publications, Beverly Hills CA:, USA

- James Hesket & John Kotter(1992), 『Corporate Culture and Performance』, HBR
- John Kotter(1996), 『Leading Change』, Harvard Business School Press, Boston, USA
- Kurt Lewin(1935), 『Field Theory in Social Science』, Harper & Low, New York, USA
- Leon Festinger(1957), 『A theory of cognitive dissonance, Evanston』, Row, Peterson and Company, Illinois, USA
- Marcus Buckingham(2022), 『Designing Work that People Love』, HBR, May-June
- McCrae, R. R. & Costa, P. T.(May 1997), 『Personality trait structure as a human universal.』, American Psychologist, 52 (2): 509-16.
- Ryan, R. M.; Deci, E. L.(2000), 『Self-determination theory and the facilitation of intrinsic motivation, social development, and well-being』, American Psychologist, 55 (1): 68-78.
- Simon Sinek(2009), 『Start with why: How Great Leaders Inspire Everyone to take Action』, Penguin Group, USA
- Solomon Asch(1955), 『Opinions and Social Pressure』, Scientific American, 193 (5): 31-35.
- Stanley Milgram(1974, 2009), 『Obedience to Authority: An Experimental View』, Harper & Row, USA
- Terrence Deal &Alan Kennedy(1982), 『Corporate Culture: The rules and rituals of a corporate life』, Perseus Books, New York, USA
- Thomas S. Khun(1962), 『The Structure of Scientific Revolution』, University of Chicago Press, USA
- William Ouchi(1981), 『Theory Z How American Business Can Meet the Japanese Challenge』, Avon Books, New York, USA

파워 컬처 시크릿: 초일류기업의 DNA

초판 1쇄 발행	2025년 9월 1일
지은이	유만석
펴낸이	신민식
펴낸곳	가디언
출판등록	제2010-000113호
주소	서울시 마포구 토정로 222 한국출판콘텐츠센터 419호
전화	02-332-4103
팩스	02-332-4111
이메일	gadian@gadianbooks.com
CD	김혜수
마케팅	남유미
디자인	미래출판기획
종이	월드페이퍼(주)
인쇄 제본	㈜상지사P&B
ISBN	979-11-6778-166-6 (03320)

* 책값은 뒤표지에 적혀 있습니다.
* 잘못 만들어진 책은 구입하신 서점에서 바꾸어 드립니다.
* 이 책의 전부 또는 일부 내용을 재사용하려면 사전에 가디언의 동의를 받아야 합니다.